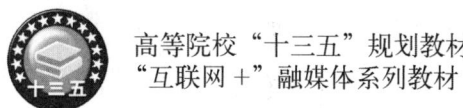

会计信息系统

郑秀丽　戚艺馨／主　编
姚禹齐　唐伟云／副主编

图书在版编目(CIP)数据

会计信息系统 / 郑秀丽，戚艺馨主编. —上海：立信会计出版社，2023.4(2024.1重印)
ISBN 978-7-5429-7195-1

Ⅰ.①会… Ⅱ.①郑… ②戚… Ⅲ.①会计信息—财务管理系统 Ⅳ.①F232

中国国家版本馆 CIP 数据核字(2023)第 053732 号

策划编辑　郭　光
责任编辑　郭　光
助理编辑　郑文婧
美术编辑　吴博闻

会计信息系统
KUAIJI XINXI XITONG

出版发行	立信会计出版社			
地　　址	上海市中山西路 2230 号	邮政编码	200235	
电　　话	(021)64411389	传　真	(021)64411325	
网　　址	www.lixinaph.com	电子邮箱	lixinaph2019@126.com	
网上书店	http://lixin.jd.com	http://lxkjcbs.tmall.com		
经　　销	各地新华书店			
印　　刷	浙江临安曙光印务有限公司			
开　　本	787 毫米×1092 毫米	1/16		
印　　张	15.5			
字　　数	387 千字			
版　　次	2023 年 4 月第 1 版			
印　　次	2024 年 1 月第 2 次			
书　　号	ISBN 978-7-5429-7195-1/F			
定　　价	48.00 元			

如有印订差错，请与本社联系调换

前　言

党的二十大报告中提出"加快发展数字经济，促进数字经济和实体经济深度融合，打造具有国际竞争力的数字产业集群"，而财务数字化正是企业数字化转型的重要一环。数字时代对财务数字化转型提出了必然要求，新一代信息技术不断推动会计工作的创新发展，大数据、人工智能、移动互联、云计算、互联网、区块链等新技术得到了初步应用。本教材深入学习贯彻党的二十大精神，探索信息技术与企业会计工作的融合，推动数字技术在实体经济中的应用。

通过本书的学习，读者能够了解我国会计信息系统的发展历程，熟悉会计信息化的一般原理和管理方法，掌握用友U8V10.1的操作方法，为进一步的学习和实际工作打下良好基础。本书共有十章：第一章会计信息系统概述，介绍了会计信息系统的结构框架、发展历程、功能结构等内容；第二章用友U8V10.1系统安装，介绍了用友U8V10.1安装环境、安装流程等内容；第三章至第九章是会计业务处理及系统应用部分，在用友U8V10.1软件环境下实现会计业务核算与处理，主要包括系统管理与基础设置、总账系统、报表系统、薪资管理系统、固定资产管理系统、应收款管理系统、应付款管理系统等内容，每一章都设计了相应的实验，利用系统功能处理企业的实际业务，达成理实一体的学习目标；第十章会计信息系统发展趋势，介绍了物联网、电子商务、云计算、区块链技术对会计信息系统发展的影响，以及ERP系统与会计信息系统的融合发展。

本书有如下主要特色：

（1）本书的内容设置注重理实一体化的学习目标，全书对理论知识点设计了相应的实验。读者根据实验资料在会计信息系统中进行操作处理，巩固对理论知识的理解并加强实际应用能力，熟悉会计信息系统的基本功能和基本流程。

（2）操作步骤讲解详尽，对每一个业务环节都设置了操作案例，并采用图文结合的方式展示、讲解操作流程，内容清晰，增强会计信息系统的易学性与易用性。

（3）编者都是从事会计信息系统教学的一线教师，根据多年的教学实践经验对每一个操作步骤的易错点和注意事项进行了总结凝练，能够帮助学员迅速掌握用友U8V10.1系统的操作技巧。

（4）案例内容设置依据最新的财税政策及会计准则编制，并将会计信息系统在实际应用中的最新研究成果纳入教材，以更好地解决会计信息系统滞后于国家财税政策和会计实务的问题。

本书由郑秀丽、戚艺馨、姚禹齐、唐伟云、孔令一、刘燕、李满林、程亚惠编写，总结了一线教师们在教学实践中的心得和宝贵经验，希望本书能对读者的会计信息系统学习提供帮助。

由于编者水平有限，书中可能存在疏漏，如有不当之处，恳请各位读者批评指正，以便我们对本书修订和完善。

编　者

2023年4月

目 录

第一章 会计信息系统概述 ... 1
第一节 会计信息化概述 ... 1
第二节 会计信息系统发展历程 ... 2
第三节 会计信息系统的构成 ... 4
第四节 会计信息化的特点及意义 ... 8

第二章 用友 U8V10.1 系统安装 ... 11
第一节 安装要求 ... 11
第二节 安装过程 ... 12
第三节 登录问题解决办法 ... 21

第三章 系统管理与基础设置 ... 26
第一节 系统管理概述 ... 26
第二节 系统管理应用 ... 28
第三节 注册企业应用平台 ... 43
第四节 基本信息 ... 45
第五节 基础档案 ... 48
实验一 系统管理 ... 69
实验二 基础设置 ... 70

第四章 总账系统 ... 77
第一节 总账系统概述 ... 77
第二节 总账系统初始化 ... 79
第三节 总账系统日常业务处理 ... 88
第四节 总账系统期末业务处理 ... 103
实验一 总账系统初始化 ... 112
实验二 总账系统日常业务处理 ... 113
实验三 总账系统期末业务处理 ... 114

第五章 报表系统 ... 115
第一节 报表系统概述 ... 115
第二节 自定义报表 ... 116
第三节 模板报表 ... 123

实验一　报表系统 ··· 126

第六章　薪资管理系统 ··· 127
　　第一节　薪资管理系统概述 ··· 127
　　第二节　薪资管理系统初始化 ··· 129
　　第三节　薪资管理系统日常业务处理 ·· 144
　　第四节　薪资管理系统期末业务处理 ·· 152
　　实验一　薪资管理系统初始化 ··· 157
　　实验二　薪资业务处理 ··· 159

第七章　固定资产管理系统 ··· 161
　　第一节　固定资产管理系统概述 ·· 161
　　第二节　固定资产管理系统初始化 ·· 163
　　第三节　固定资产日常业务处理 ·· 174
　　第四节　固定资产期末业务处理 ·· 177
　　实验一　固定资产系统初始化 ·· 181
　　实验二　固定资产业务处理 ·· 183

第八章　应收款管理系统 ·· 185
　　第一节　应收款管理系统概述 ··· 185
　　第二节　应收款管理系统初始化 ··· 187
　　第三节　应收款管理日常业务处理 ··· 195
　　第四节　应收款管理期末业务处理 ··· 202
　　实验一　应收款管理系统初始化 ··· 206
　　实验二　应收款管理系统业务处理 ··· 207

第九章　应付款管理系统 ·· 209
　　第一节　应付款管理系统概述 ··· 209
　　第二节　应付款管理系统初始化 ··· 211
　　第三节　应付款管理日常业务处理 ··· 218
　　第四节　应付款管理期末业务处理 ··· 225
　　实验一　应付款管理系统初始化 ··· 229
　　实验二　应付款管理系统业务处理 ··· 230

第十章　会计信息系统发展趋势 ··· 232
　　第一节　物联网、云计算、电子商务技术 ································· 232
　　第二节　区块链技术在会计信息系统的应用 ···························· 235
　　第三节　ERP与会计信息系统 ·· 237

第一章　会计信息系统概述

> **知识导航**
>
> 会计信息系统概述
> ├─ 会计信息化概述 ─┬─ 会计信息化的概念
> │　　　　　　　　└─ 会计信息化对会计工作的影响
> ├─ 会计信息系统发展历程 ─┬─ 国外会计信息化的发展概况
> │　　　　　　　　　　　└─ 我国会计信息化发展概况
> ├─ 会计信息系统的构成 ─┬─ 会计信息系统的物理结构
> │　　　　　　　　　　├─ 会计信息系统的功能结构
> │　　　　　　　　　　└─ 会计信息系统模块组成及关系图
> └─ 会计信息化的特点及意义 ─┬─ 会计信息化的特点
> 　　　　　　　　　　　　　└─ 推进会计信息化建设的意义

学习目标

1. 掌握会计信息系统的概念及构成。
2. 熟悉信息化的概念及对会计工作的影响。
3. 了解信息化环境下会计核算的特点与推广会计信息化建设的意义。

第一节　会计信息化概述

一、会计信息化的概念

会计信息化,是指企业利用计算机、网络通信等现代信息技术手段开展会计核算,以及利用上述手段将会计核算与其他经营管理活动有机结合的过程。会计信息系统将全面运用现代信息技术,通过网络系统,使业务处理高度自动化,信息高度共享,能够主动和实时报告会计信息。它不仅是信息技术运用于会计上的变革,更代表一种与现代信息技术环境相适应的新的会计思想。

由于企业其他经营管理活动与会计活动可能存在一定的交叉重叠,其他信息系统也是会计信息系统重要数据来源,会计信息化不仅包括与会计核算相关的信息化,同时也将会计核算与其他经营管理活动相结合的内容纳入会计信息化的范围。

二、会计信息化对会计工作的影响

1. 促使会计从传统的核算职能向管理职能转变

会计信息化促使会计管理思想从事后核算型向管理型转变,影响会计信息系统的构建。

由于信息处理手段的现代化,信息的处理和传递更加方便和简洁,传统的手工会计工作,如填制记账凭证、登记账簿、编制报表等工作可以由会计软件全部或部分完成。

信息化使会计人员从繁杂、单调的事务中解脱出来,将更多的精力用于承担会计的决策、管理、控制职能。

2. 对会计人员的知识结构有了新的要求

会计信息化对会计人员知识结构的深度和广度有了更高的要求。信息化条件下,会计人员需要掌握更丰富的专业知识、信息技术知识和相关知识。

专业知识是会计人员应具备的最基础的从业知识,不管是在传统会计还是在电算化会计环境下,扎实的会计专业知识是一名合格的会计人员必须具备的基本素质。会计专业知识主要包括会计基础、财务会计、财务成本管理、行业财务制度、会计电算化等。

信息技术知识的应用逐渐深入到会计工作,会计人员的业务处理由手工记账转变为计算机记账,传统的会计业务处理转变为以会计数据分析为主,会计人员的主要精力由制造会计信息转变为对计算机产生的会计信息的进一步加工、分析、处理,因此,会计人员必须能熟练地运用计算机信息技术处理会计工作。此外,会计人员还必须具备财政、税收、金融等相关知识。

3. 对会计工作岗位分工的影响

传统的会计工作岗位结合内部控制的要求,按会计工作的不同内容进行划分,相应地配备会计人员开展数据处理工作。实施会计信息化后,原先由会计人员分工完成的许多内容都由计算机集中自动完成,同时也会产生一些新的工作内容和岗位,因此组织分工和人员配备必然会发生较大变化。

尤其是当企业会计信息化发展到一定程度和规模时,企业内部传统的部门界限、数据处理职能分隔将越来越模糊,企业会计组织内部的岗位职责都需要重新定义和组合。

第二节 会计信息系统发展历程

一、国外会计信息化的发展概况

1. 数据主导阶段(1946年至20世纪60年代末)

1946年,美国研制出第一台计算机之后,美国通用电气公司将计算机应用到公司的工资计算和存货统计上,开创了计算机应用于会计领域的新纪元。该阶段计算机应用主要围绕对会计领域的数据统计和整理展开,利用计算机模仿手工操作,实现数据量大、计算重复次数多的专项会计业务核算工作的自动化,以提高效率,所处理的数据要经过传统会计的进一步加工。计算机技术的应用减少了过账、分类、汇总等会计程序上的差错,提高了会计信息的可靠性,降低了会计成本,减轻了会计人员的劳动强度和复杂计算的难度,解决了会计信息的及时性。这一阶段的应用只是对手工会计系统进行了全程仿真模拟,在信息相关这一重要价值特征上难以满足用户个性化的需求。

2. 信息管理阶段(20世纪70年代至20世纪90年代初)

这一阶段,计算机硬件技术飞速发展,高性能微型计算机、局域网(LAN)、多用户系统可视化开发工具开始出现并得到迅速推广。计算机应用从工资、材料等单项核算扩展到账务处理、固定资产核算、成本核算等会计核算业务,逐渐形成较为完善的会计信息系统。闭环

MRP、MRP-Ⅱ正与会计信息相融合,形成新的管理信息系统,带来会计信息系统由核算型向管理型转变的新思路。信息管理阶段主要存在的问题是:信息系统提供的信息滞后、输出形式单一、信息含量不充分、信息时效性差,会计管理功能比较低级,彼此之间无法集成,"信息孤岛"和"管理割据"现象普遍存在。

3. 管理集成阶段(20世纪90年代至今)

20世纪90年代初,企业资源计划(enterprise resources planning,ERP)理念的提出,打破了管理信息系统割据的局面。ERP的内涵是打破企业的四壁,把信息集成的范围扩大到企业的上下游,实现供应链管理。这个阶段应用的重点是企业管理的各种信息资源,包括市场信息、战略信息、物料需求计划信息、流程管理信息、会计信息、人力资源信息等各个方面。信息处理技术飞速发展,管理软件的升级频率加快,高性能微型计算机、局域网、广域网、互联网等网络系统和可视化开发工具逐渐成熟。会计预测、全面预算、集团财务管理、报表分析、集成管理和中小企业信息化管理等功能正在发挥作用,"信息孤岛"和"管理割据"的局面得到了初步改善。

二、我国会计信息化发展概况

1. 自行研发与自行应用阶段(1979—1988年)

在这个阶段,大部分企、事业单位还是采用手工记账的方式,一些企业自主开发财务软件在内部推广使用。1979年,中华人民共和国财政部(以下简称财政部)给长春第一汽车制造厂拨出专款,使用计算机进行工资、产值等方面的计算,这成为我国会计电算化的起点。1981年,中国会计学会在长春市召开的"财务、会计、成本应用电子计算机专题讨论会"上正式提出"会计电算化"一词。1983年,中华人民共和国国务院(以下简称国务院)成立电子振兴领导小组,全国掀起计算机应用的浪潮。但由于国家在宏观上缺乏对会计电算化统一的规划指导与管理,在基层中缺乏各种配套的组织管理制度和其他控制制度,采用工程化方法开展会计电算化工作的软件很少,各单位多是自行组织开发,会计软件开发水平低,重复开发情况严重。

2. 商品化财务软件大发展阶段(1988—1998年)

1988年,在政府的推动下,金蝶、金蜘蛛、浪潮等一大批软件公司相继成立,这些公司的成立推动了会计电算化的发展。1989年12月,财政部发布了《会计核算软件管理的几项规定(试行)》,明确了以财政部为中心的会计电算化宏观管理体系。财政部于1994年发布了《会计核算软件基本功能规范》《商品化会计核算软件评审规则》,1996年发布了《会计电算化工作规范》;各地财政部门和主管部门加强了对会计电算化工作的管理,制定了相关管理制度和发展规划。会计软件向通用化、规范化、专业化、商品化方向发展,我国已初步培养和形成了一支力量雄厚的会计电算化队伍。

3. 会计信息化和企业信息化融合阶段(1998—2008年)

1998年6月26日,中国软件行业协会财务及企业管理软件分会暨用友、安易、金蝶、浪潮等8家骨干财务软件企业在京举行大型新闻发布会,联合宣布"向企业管理软件领域全面进军",吹响了由财务管理向企业管理转型的号角。1998年,用友推出ERP企业管理软件ERP-U8,使会计信息化得以实现,使财务信息系统融入整个企业信息化和企业管理系统中,在业界具有一定代表性。会计信息化的概念最早是在1999年会计信息化理论专家座谈会上提出的;2005年8月,中国会计学会年会提出了"会计电算化"向"会计信息化"发展的理念。

会计信息化是会计与信息技术融合的过程,将会计信息作为管理信息资源,全面运用以计算机、网络与通信为主的信息技术对会计信息进行获取、加工、传输、存储应用等处理,为企业内部的经营管理者、企业外部的信息使用者提供全面、及时的信息,会计信息化是企业信息化的重要组成部分。

4. 会计信息化向标准化和国际化发展阶段(2008年至今)

2008年11月12日,我国会计信息化委员会暨XBRL(可扩展商业报告语言)中国地区组织成立,这是中国会计信息化发展史上一个新的里程碑。财政部于2009年4月份发布了《关于全面推进我国会计信息化工作的指导意见》,要求在5到15年建立健全会计信息化法规体系和会计信息化标准。2013年5月29日,财政部发布了《企业会计准则通用分类标准编报规则》,制订了XBRL格式财务报告的编报规则,推动企业会计信息化,节约社会资源,提高会计软件和相关服务的质量,规范信息化环境下的会计工作。2013年12月6日,财政部发布了《企业会计信息化工作规范》,使中小企业会计信息化工作有了标准和规范。

2013年后,在国家推进信息建设的总指导方针下,会计信息化工作蓬勃发展,会计工作向着数字化方向转型,推动会计信息化工作向更高水平迈进。企业资源计划(ERP)技术的普及促进了会计信息系统与业务信息系统的初步融合,业财融合程度逐步加强,有效提升了企业服务管理效能和经营管理水平。近年来,大数据、人工智能、云计算、物联网、区块链等新技术在会计工作中得到了初步应用,智能财务、财务共享等理念以及财务机器人等自动化工具逐步推广,推动了会计工作创新发展,优化了会计机构的组织形式,拓展了会计人员的工作职能。

第三节 会计信息系统的构成

会计信息系统,是指由会计软件及其运行所依赖的软、硬件环境组成的集合体。会计信息系统是管理信息系统的一个子系统,以现代信息技术为基础,以人为主导,充分利用计算机硬件、软件、网络通信设备及其他办公设备,进行企、事业单位会计业务数据的收集、存储、传输和加工,输出会计信息,并将其反馈给各有关部门,为企业的经营活动和决策活动提供帮助,为投资者、债权人、政府部门提供财务信息的系统。

一、会计信息系统的物理结构

(一)硬件

硬件是实现数据的输入、处理、输出等一系列操作的根本。一般硬件设备包括数据采集设备、处理设备、存储设备、输出设备和网络通信设备。例如,键盘、光电扫描仪、条形码扫描仪等输入设备;计算机主机等数据处理设备;磁盘机、光盘机等存储设备;打印机、显示器等输出设备。

计算机硬件设备的不同组合方式构成了不同的硬件体系结构,也决定了不同的计算机工作方式。

1. 单机结构

单机结构,即在单台计算机上安装会计信息系统,以单机处理会计信息,适用于小型企业,是会计信息系统的物理结构中最简单的一种。

2. 多用户结构

当企业的规模足够大(如中、大型企业),会计业务量很多时,财务会计部门分工详细,这时企业会计信息系统需要架构在企业局域网络环境上,通过 HUB 网络集线器将网络中的各个微机连接到服务器,运行网络财务会计信息系统支持一台或多台微机共同处理一种会计业务。

3. 局域网结构

在这种局域网结构中,企业的会计信息系统不是单独建立的,而是构筑在企业的经营管理信息系统中,成为其一个有机运行的子系统,如企业制造资源计划(MRP-Ⅰ)信息系统、企业资源计划(ERP)信息系统等。由于会计信息系统的特殊性,在这一结构中,会计信息系统的运行应具有相对独立性,并进行严密的控制。

在企业经营管理信息系统中,企业以科学的经营管理计划协调企业的经营活动。依据销售订单的情况(或市场预测的情况)制订各类计划,合理安排人、财、物,对采购、生产、供应、库存、运输等活动进行经营和管理,使企业整体运行效率最优,效益最佳。

4. 企业网结构

对于特大型企业,如企业集团或跨国公司,其业务不仅限于一个区域,那么它们的信息系统也是跨地域的。这种信息网络虽然在技术上与国际互联网相同,但是它却是一种对外封闭的网络,即企业网。其中,既有局域网络,也有远程网络。这种企业网络的物理连接可能有多种形式,如电讯线路、光纤线路、卫星通信线路等。在这种情况下,企业在某一个地区的会计业务,可与当地的经营业务集成在一起,也可直接与总部(或地区总部)进行沟通。

需要说明的是,企业网与公众网是完全不同的,公众网没有权威管理,良莠不分,无法保证信息的安全。而企业网则是封闭的,没有权限难以进入。会计信息系统作为企业经济管理信息系统的子系统,应当是相对独立地进行控制和管理的。

(二) 软件

会计信息系统的软件包括系统软件、通用应用软件和财务软件。在会计信息系统中财务软件是最重要的部分,没有财务软件,现代会计信息系统就无法实施。财务软件俗称会计软件,是专门用于完成各种会计核算和会计管理工作的计算机应用软件。财务软件由软件开发人员根据具体的会计工作,结合计算机特点,使用一种或多种计算机语言编写而成,能在计算机平台上操作,完成会计的记账、算账、报账,以及部分会计管理和辅助决策工作。任何一个财务软件都是由模块、数据库和财务软件文档三大部分组成的。

模块是程序的集合体,一个或多个程序组成一个模块,完成一个相对独立的功能。例如,凭证输入模块、总账打印模块、报表编制模块等。数个相互联系又相对独立的模块装配在一起形成一个独立的财务软件,如账务处理子系统、工资核算子系统等。一个模块完成的功能可多可少,通常将"账务处理子系统"称为一个功能模块。

数据库是数据的集合体,用于存放各种数据,如凭证、账簿、报表等。数据库由多个数据文件组成,任何一个财务软件都必须有数据库,用于存储相关数据。

财务软件文档是对财务软件模块和数据库等所作的文字说明,包括用户需求说明书、概要设计说明书、软件测试报告、用户手册等技术文档和使用文档。国际和国内均对计算机软件文档有标准的要求,如国际质量认证标准 ISO90000、国标 GB/T19021.3。

按照适用范围,财务软件又可分为通用和专用两种。

通用财务软件,是指在一定范围内都适用的财务软件。通用财务软件又可分为全通用财务软件(如用友、金蝶)和行业通用财务软件(如速达、管家婆)两种。

通用财务软件的一般特点是不含或含有较少具体的会计核算规则与管理方法,在软件中预留相应的接口,在由用户通过软件初始化的过程中,结合本单位的实际情况输入具体的核算规则和管理方法。因此,从市场上刚刚购来的通用财务软件是不能直接用于会计核算的,需要经过软件的初始化处理过程。通用财务软件的这种设计方法,使财务软件真正突破了空间和时间上的限制,实现了软件的通用化。但要指出的是,财务软件的通用化程度越高,其初始化的工作量将越大,就具体用户单位而言,其会计核算的工作细节就越难兼顾。因此,为合理确定财务软件的通用化程度,软件开发商又适时开发出了一些行业通用的财务软件,如分别适用于行政事业单位、工业企业、农业企业、商品流通企业、旅游饮食业、房地产业、铁路运输业、交通运输业、金融企业、邮电通信业、股份制企业等行业通用的财务软件。

在通用财务软件中,有一类需要指出的财务软件,这类软件已申请通过了财政部门的专业评审,可在软件市场上销售,我们把这软件称为通用商品化的财务软件(简称商品化财务软件)。商品化财务软件具有通用性、合法性和安全性的特点。商品化财务软件市场,经过多年的运作已经比较规范和健全,商品化财务软件的评审规则也已比较完善,加之商品化财务软件的成本低、见效快、安全可靠、软件公司全程维护等特点,当前大多数企业(特别是普通的中小型企业)在实现企业会计信息化的过程中,已将购买商品化财务软件作为其主要的途径之一。但是商品化财务软件必须要经过初始化设置才能具体使用,这就要求用户单位的会计人员必须要具备与之相适应的知识结构和操作水平。当然,用户在购买商品化财务软件时,也可根据自身的核算需要购买部分通用的软件模块和程序,利用商品化财务软件提供的数据接口,自行开发适合自身特殊需要的其他模块再将它们连接起来,形成具有一定企业特色的财务软件系统。

专用财务软件,是指仅适用于个别单位会计核算与管理需要的财务软件。它是由企业自行研制开发或委托外单位研制开发的仅适合自身会计核算和管理需要的财务软件。专用财务软件的特点是,在财务软件的开发研制过程中,预先将适合本单位特点的会计核算规则和管理方法编入软件程序中,使软件在格式、计算方法、数据输出等方面都符合自身的需要,使用起来更为直接、方便,更能满足用户的实际需要。其缺点是,开发成本高,开发目标受时间和空间上的限制,适用范围小,只能在个别企业的一定时期内使用。

(三) 人员

会计信息化的人员是指研制开发、使用和维护会计信息系统的人员。这些人员一般可分为两类:一类称为系统开发人员,包括系统分析员、系统设计员、系统编程人员和测试人员;另一类称为系统的使用和维护人员。

在传统方式下,会计人员所需掌握和运用的工具是算盘和计算器。会计信息化后,一般会计人员不仅要熟悉会计知识和一定的电子计算机及网络方面的知识,而且应该能够熟练运用电子计算机完成会计业务工作。同时,他们还应初步具备排除系统运行中的一般性故障的能力。

实现会计信息化的过程中,参与系统开发和使用的人员,不仅有财会人员,还有计算机专业人员和操作员等。计算机专业人员应掌握一定程度的财会理论知识,对会计工作有比较全面细致的了解,熟悉基本工作流程、方法和要求。操作使用人员要熟悉软件的基本功能,熟练地操作计算机并运用软件完成各项工作。会计信息化要求系统人员是复合型人才,同时具备计算机专业和财务专业两方面的知识。

（四）规程

规程是指各种法令、条例、规章制度。主要包括两大类：一是政府的法令、条例；二是基层单位在会计信息化工作中的各项具体规定，如岗位责任制度、软件操作管理制度、会计档案管理制度等。

我国财政部于1994年6月30日发布了《会计电算化管理办法》《商品化会计核算软件评审规则》《会计核算软件基本功能规范》3个全国性会计电算化管理规章；为指导基层单位开展会计电算化工作，1996年发布了《会计电算化工作规范》；为进一步促进财务及企业管理软件开发的规范化，1998年6月，由财务软件分会发起，在国内多家著名厂商的大力支持下，出台了《中国财务软件数据接口标准》。这些是目前指导我国会计信息化工作最重要的文件。

（五）数据

经济业务数据处理是财会部门的传统职责，也是会计信息系统处理的对象，在会计信息系统中，数据量大、面广，数据载体无纸化。尽管一个质量可靠的会计信息系统为生成真实、完整的会计信息提供了前提条件，技术设备操作人员水平方面的原因容易导致会计资料失真，因此法律上要求实行会计信息化的单位使用电子算机生成的会计凭证、会计账簿、财务会计报告和其他会计资料，在格式、内容以及会计资料的真实性和完整性等方面，都必须符合国家统一的会计制度的规定。

二、会计信息系统的功能结构

会计信息系统的功能结构是指其由哪些子系统组成，每个子系统要完成哪些任务，以及各个子系统之间的相互关系。会计信息系统按业务功能可以划分为财务系统、购销存系统、管理决策系统三项子功能系统。

（一）财务系统

财务系统主要用于完成会计核算任务，包括总账子系统、工资子系统、固定资产子系统、成本核算子系统、应收账款子系统、应付账款子系统、资金管理子系统和报表子系统等模块。

用友财务软件将财务系统分为财务会计和管理会计两大层次，财务会计主要完成企业日常的财务核算，并向外界提供财务会计信息；管理会计则灵活运用多种数据组合和方法，收集整理各种信息，围绕成本、利润和资本三个中心，分析过去、控制现在、规划未来，为管理者提供经营管理决策信息，帮助他们做出科学的决策。

（二）购销存系统

购销存系统主要用于生产单位的供应链管理，包括采购计划、采购子系统、库存管理子系统、存货管理、销售子系统等模块。用友财务软件购销存系统为企业的操作员层、部门经理层和企业决策层三个层次角色提供了对应的功能模块。决策层需要根据前两个层次反馈的信息进行综合的统计、分析，继而做出相应的经营决策。

（三）管理决策系统

管理决策系统主要用于完成会计管理和会计决策任务，包括领导信息系统(EIS)、决策支持系统(DSS)、财务评价系统等模块。用友财务软件使用户在决策分析过程中把注意力集中在分析的数据上，引导用户从不同角度、不同层次、不同时期观察和分析数据，层次分析和角度分析交互进行，提示数据之间隐含的关系，从而得到产生结果的内在原因，真正做到辅助经营决策。

三、会计信息系统模块组成及关系图

整个会计信息系统以购销存业务处理为基础,以总账系统为核心,最后通过核算、分析得到决策支持所需的信息。各系统模块组成及关系如图 1-1 所示。

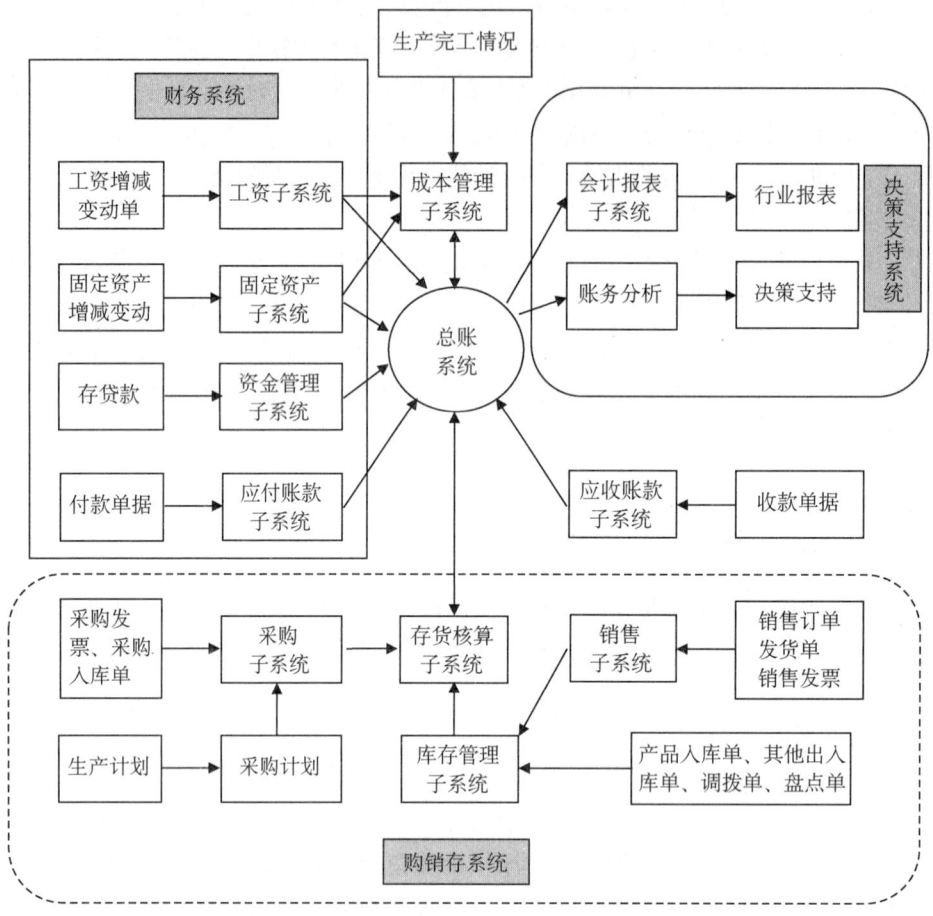

图 1-1 会计信息系统模块组成及关系图

第四节 会计信息化的特点及意义

一、会计信息化的特点

1. 全面性

会计信息化涉及会计基本理论与方法、会计实务、会计教育、会计管理等会计领域,是会计系统的全面信息化,是根据信息管理原理和信息技术要求对会计流程的重整和对会计模型的重构。

2. 集成性和共享性

会计信息化将传统会计组织和业务处理流程进行重整,以支持"虚拟企业""数据银行"等新的组织形式和管理模式。这一过程的出发点和终结点就是实现信息的集成化。信息集成包括三个层面:一是在会计领域实现信息集成,即实现财务会计和管理会计之间的信息集成;二是在企业组织内部实现财务和业务的一体化,即集成财务信息和业务信息,在两者之间实现联结;三是建立企业组织与外部关系人(客户、供应商、银行、税务、财政、审计等)的信息网络,实现企业组织内、外部信息系统的集成。

信息化的发展过程,本质上是不断突破信息壁垒,实现信息集成,并在不同领域进行信息联通的过程。当孤立的电脑通过局域网互联互通时,信息化突破了硬件壁垒,实现了硬件集成;当管理软件在部门层面打通业务上下环节时,信息化突破了流程壁垒,实现了业务信息集成;当SAP、ERP等大型软件在企业层面大规模应用时,信息化突破了部门壁垒,实现了企业信息集成;当优秀企业将信息化的端口延伸到供应商和客户时,信息化突破了企业壁垒,实现了社会信息集成。会计信息资源的高度共享,消除了"信息孤岛"现象,提高了组织的适应能力和管理水平。

3. 实时动态性

首先,会计数据的采集是动态的。无论是企业组织外部的数据(如发票、订单),还是企业组织内部的数据(如入库单、产量记录),无论是局域数据,还是广域数据,一旦发生,都将被存入相应的服务器,并及时送到会计信息系统中处理。其次,会计数据的处理是实时的。在会计信息系统中,会计数据一经输入,就会立即触发相应的处理模块。对数据进行分类、计算、汇总、更新、分析等一系列操作,可以保证信息动态地反映企业组织的财务状况和经营成果。

4. 多元性和智能性

进入会计信息化阶段后,会计信息系统是一个由人、计算机网络、数据及程序等有机结合的应用系统,不仅具有核算功能,还具有控制和管理功能,会计系统不再是简单地模拟手工的系统,而是人机交互作用的智能型系统。它既可以按既定的月、季、年来提供会计信息,也可以随机快速地生成需要的会计信息;既可提供历史信息,也可以提供当前信息和未来信息(如预定成本、目标利润等),还可以提供图形化信息(如直方图、折线图等)和语音化信息;既可以提供货币的信息,也可以提供非货币的信息。其处理信息的方法同样体现了多元化和智能性,如折旧计提不仅可采用直线法,也可同时采用双倍余额递减法等其他方法进行试算来比较差异。会计信息化的一个重要特征是数据处理的起点不再是会计凭证,而是业务发生初始环节所生成的各种单据,会计凭证可由系统自动生成,未来无需由会计人员录入。

二、推进会计信息化建设的意义

会计工作是经济社会发展的基础。直接关系到各单位会计信息质量和内部管理,国家社会管理、宏观决策和市场监管,以及市场经济秩序和社会公众利益等各个方面。信息化是当今世界发展的必然趋势,是推动我国现代化建设和经济社会变革的技术手段和基础性工程。会计工作与信息化建设密切相关、相辅相成。在新的历史时期,全面推进会计信息化建设具有重要而深远的意义。

1. 全面推进会计信息化建设,是顺应信息技术发展趋势,贯彻落实国家信息化战略的重大举措

信息化充分利用信息技术,开发利用信息资源,可以促进信息交流和资源共享,提高经济增长质量,推动经济社会发展转型。会计信息化是国家信息化的重要组成部分,既是完善国家信息化总体布局的重要环节和基础工程,也对提高全社会信息化水平有着十分重要的促进作

用。在信息化时代背景下,会计只有与先进的信息技术手段相结合,才能深度挖掘会计的信息功能,才能充分发挥会计的管理职能,才能实现会计信息的决策目标,才能提升会计在经济社会中的地位。

2. 全面推进会计信息化建设,是顺应市场经济发展要求,改善宏观调控与微观管理的有力支撑

在市场经济条件下,信息资源已经成为弥足珍贵的经济资源。会计信息作为资源配置的引导员、资本市场的风向标和经济信息的主要载体,对于政府加强宏观调控和企业加强微观管理都发挥着无可替代的基础性作用。全面推进会计信息化建设,促进会计信息生成与披露的标准化和规范化,促进信息应用的科学化集成化,在会计信息化条件下将迟滞的信息变为实时的信息,把相对单一的信息变为联结价值链的整合信息,把单项"零售"的信息变为多项"批发"的信息。全面推进会计信息化建设,对于提高国民经济预测、预警与监测水平以及增强宏观调控的前瞻性、针对性和有效性均有积极的促进作用,对于加强会计工作的科学化、精细化管理水平具有重要的支撑作用,对于企业整合信息资源、延伸管理触角、实施精细管理、防范风险舞弊、做出科学决策具有重要的战略意义。

3. 全面推进会计信息化建设,是顺应会计行业发展战略,构建适应社会主义市场经济所需要的会计体系的内在要求

近年来,我国会计改革取得了显著成效和长足进展。财政部初步确定了未来较长一段时期内会计行业的发展战略,把全力加强法制建设、会计准则、内部控制、可扩展商业报告语言(XBRL)、会计鉴证、人才评价、会计指数和会计国际交流与合作等方面的工作作为重中之重,更好地发挥其在促进经济社会发展中的基础作用和服务效能。会计信息化作为其中重要的一环,对于法规制度、会计准则、内控标准的实施等具有支持保障作用,对于监管方式的改进、人才结构的优化和理论研究的拓展具有引领、指导作用,在整个会计管理体系中居于联结整体、承接上下的基础地位。在新的形势下,全方位的会计改革与发展要求推进会计信息化建设,我们应当顺应时势、抓住机遇,全面推进会计信息化建设,建立健全适应社会主义市场经济要求的会计体系,促进我国经济社会全面协调可持续发展。

4. 全面推进会计信息化建设,是顺应经济全球化要求,参与国际规则制定和协调的必然选择

在信息技术、信息资源日益深刻影响全球产业分工和竞争格局的新形势下,包括会计信息技术标准在内的信息技术规则的制定,成为各国普遍关注的重要问题。谁掌握了信息技术标准的制定权,谁就掌握了行业和市场的主动权。全面推进会计信息化建设,在会计信息化标准方面加强研究、丰富知识、储备人才、积累经验,全面介入有关国际会计信息化标准的研究与制定工作,充分发挥中国在会计信息化标准方面的国际影响力,不断学习借鉴国外先进成果并大力推进自主创新,积极推动我国会计信息化领域的标准成为国际标准,逐步树立具有中国特色和国际影响力的会计信息化品牌,这必将成为我国会计行业维护国家经济安全的又一积极贡献。

思考题

1. 简述我国会计信息系统的发展历程。
2. 推动会计信息系统发展的主要动力是什么?
3. 网络技术和信息技术的发展对会计信息系统有什么影响?

第二章　用友 U8V10.1 系统安装

知识导航

用友 U8V10.1 系统安装 ┬ 安装要求 ┬ 操作系统
　　　　　　　　　　　│　　　　　├ 数据库
　　　　　　　　　　　│　　　　　└ 浏览器
　　　　　　　　　　　├ 安装过程
　　　　　　　　　　　└ 登录问题解决办法

学习目标

1. 熟悉用友 U8V10.1 系统安装流程。
2. 熟悉用友 U8V10.1 系统安装要求。
3. 了解用友 U8V10.1 系统安装注意事项。

第一节　安 装 要 求

一、操作系统

（1）安装操作系统及其关键补丁：Windows 7(SP1 或更高版本补丁)、Windows 2008 R2 (SP1 或更高版本补丁)。

（2）使用 Windows Update 对其他所有微软补丁进行更新(推荐)。

（3）英文和繁体操作系统,必须通过 Windows 安装盘安装简体中文语言包后才能正常使用用友 U8V10.1 产品。

用友 U8V10.1 支持 64 位环境,推荐安装和使用服务器端产品(包括应用服务器和数据库服务器)。安装之前,需先安装用友 U8V10.1 所需要的基础环境补丁和缺省组件。

如果在 Windows Vista、Windows 2008、Windows 7、Windows 2008 R2 等操作系统上安装运行用友 U8V10.1 产品,建议配置 2G 以上内存。

二、数据库

（1）如果安装数据库服务器,请先安装数据库,用友 U8V10.1 支持以下 SQL Server 数据库版本：SQL 2000(包括 MSDE)SP4(及更高版本补丁)、SQL 2005(包括 EXPRESS)SP2(及更高版本补丁)、SQL 2008(SP1 或更高版本补丁)、SQL 2008 R2,安装方法请参照 SQL Server

的安装帮助。

(2) 简体中文数据库默认安装即可。

(3) 在繁体和英文操作系统上安装相应语言的数据库时,请选择"自定义安装","服务器排序规则"设置为简体中文(PRC),安装成功后显示"Chinese_PRC_CI_AS",一旦安装完毕,此设置不可修改,只能在安装数据库时进行选择。

(4) 在繁体和英文操作系统上安装数据库后,必须先将操作系统的默认语言修改为简体中文(PRC),否则将导致用友 U8V10.1 数据库服务器无法使用。

(5) 支持数据库的多实例使用,但前提条件为必须有默认实例(包括对应的关键补丁),否则将导致安装用友 U8V10.1 数据库服务器失败。

(6) SQL Server 服务器的登录身份必须要设置为"本地系统账户(local system)"或属于本机管理员组的用户,否则将导致无法正确创建 U8 账套。

(7) SQL Server 服务器的身份验证模式请选择"混合模式"选项,并设置管理员"sa"账号的密码。

三、浏览器

支持微软 IE 浏览器 IE6.0＋SP1 和以上版本(IE7、IE8、IE9)使用用友 U8V10.1 的 Web 产品。

第二节 安装过程

用友 U8V10.1 系统安装流程如下。

(1) 打开光盘目录,双击"SetupShell.exe"文件,运行用友 U8V10.1 安装程序,如图 2-1 所示。

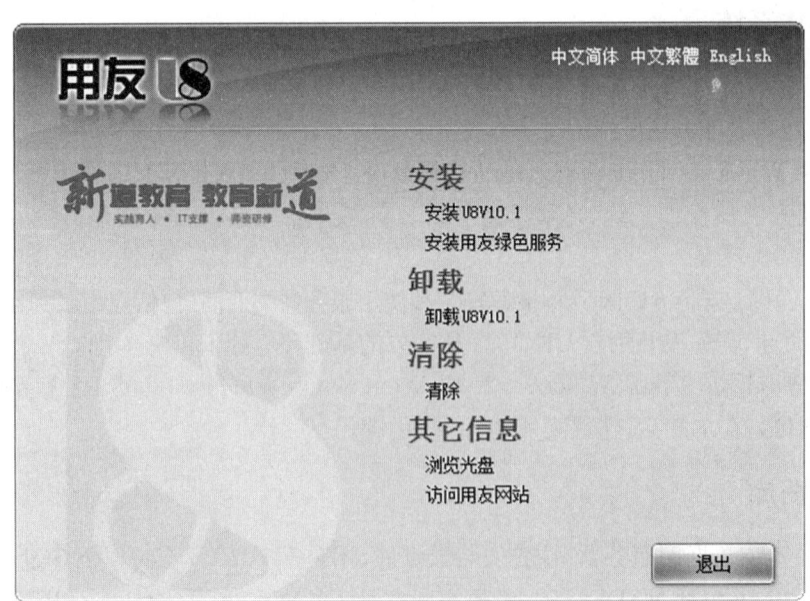

图 2-1 安装界面

点击安装用友 U8V10.1，程序将根据客户端操作系统环境自动选择对应语言的安装界面。如果客户端操作系统为中文简体、中文繁体、英文三种环境之一，自动选择对应语言"中英繁"的安装界面；如果客户端操作系统是其他语言，自动选择英文安装界面。

如果已经安装过用友 U8V10.1 版本，需要卸载重新安装，可以点击"卸载用友 U8V10.1"进行卸载。

由于软件环境问题导致旧版 U8 程序不能正常卸载，无法安装用友 U8V10.1 应用程序，在执行了旧版本的正常卸载之后，可以通过"清除"来彻底清除未卸载干净的内容。

如果是用友 U8V10.1 纯客户端，则可以直接点击安装界面的"升级用友 U8V10.0 客户端"升级到用友 U8V10.1；如果是 U8 其他版本或用友 ERP-V10.0 的服务器端则需要卸载后重新安装用友 U8V10.1。

（2）选择"中英繁安装"后，进入安装欢迎界面，可以选择查看"安装手册"，如图 2-2 所示。

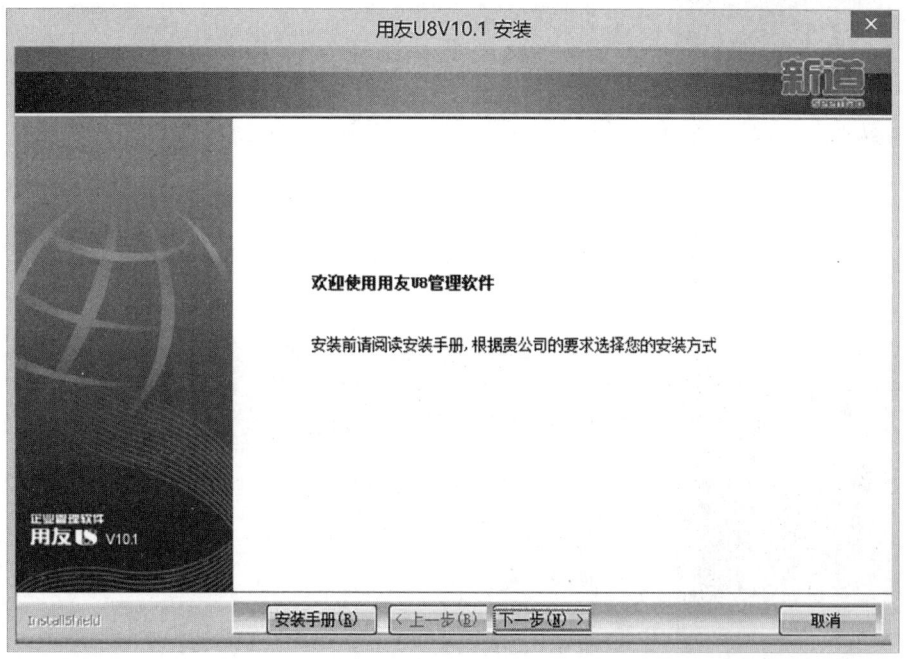

图 2-2　安装前阅读手册

（3）确认许可证协议，如图 2-3 所示。

（4）检测是否存在历史版本的 U8 系列产品。

（5）如果检测到已经安装 U8 系列产品，系统提示并开始清理历史版本残留内容（清理 MSI 安装包时间较长，请耐心等待）。

如果因为安装过程（包括卸载、修改或修复过程）异常或中断导致失败，可以在清理完毕提示重新启动后，按照提示操作。

（6）录入用户信息，如图 2-4 所示。

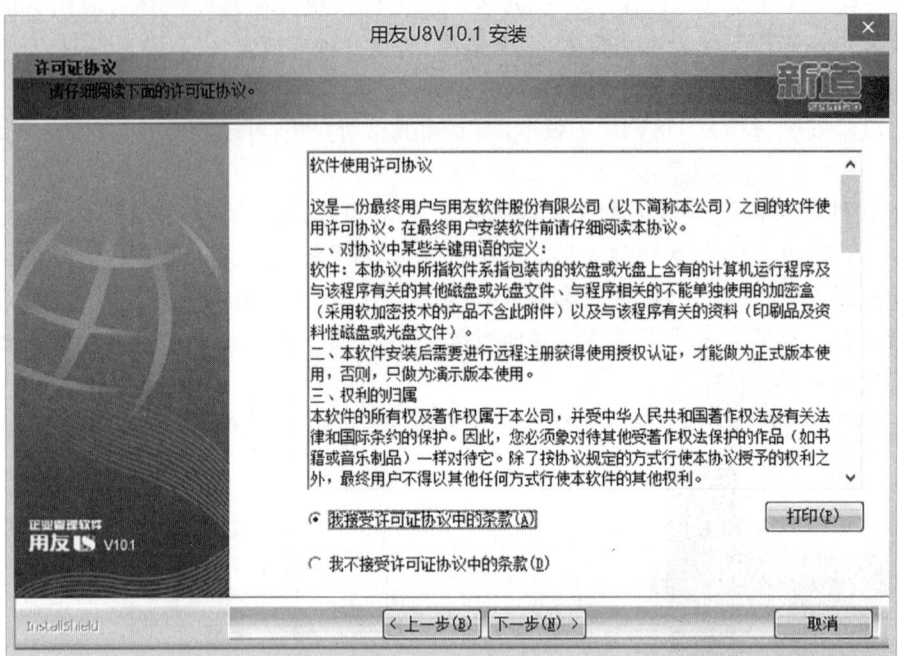

图 2-3 许可证协议

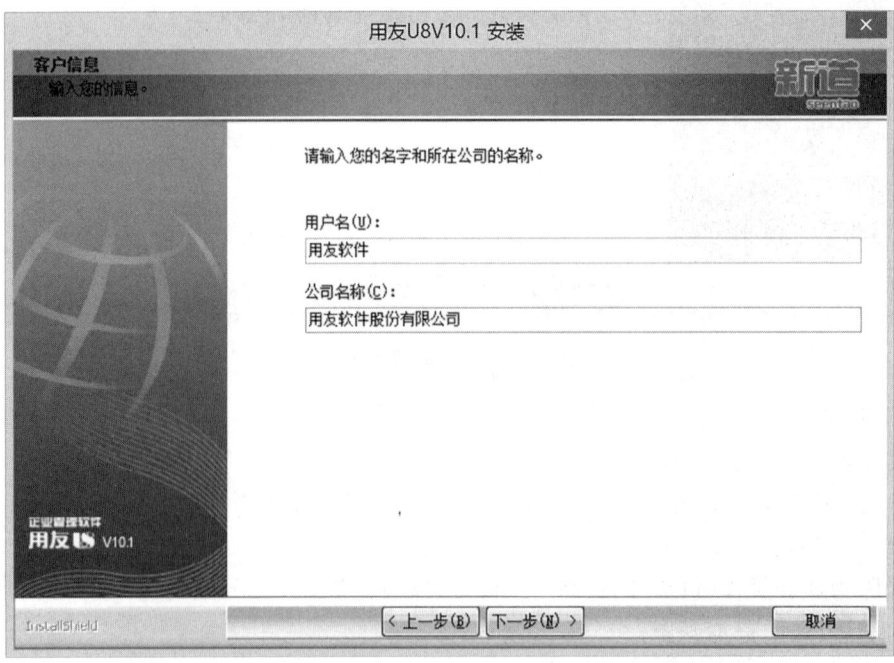

图 2-4 输入客户信息

（7）选择安装路径，安装路径默认为系统盘的"U8SOFT"，并设置不允许安装在根目录下，如图 2-5 所示。

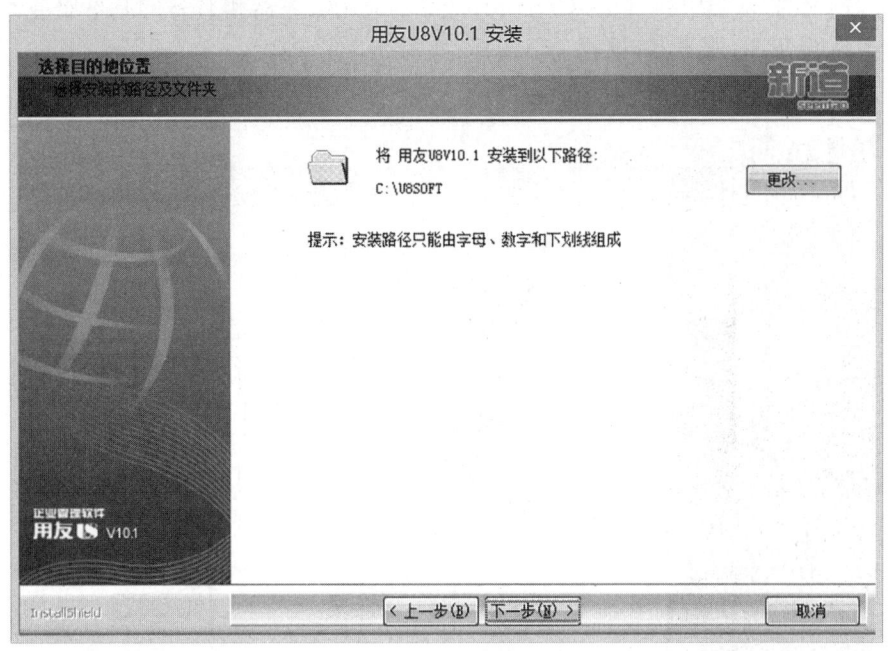

图 2-5　选择安装路径

（8）可以选择的安装类型有"全产品""服务器""客户端""自定义"四种类型。除了"全产品"，其他类型的安装都可以自行选择需要安装的产品内容，并根据选择计算需要的空间和可用空间。然后选择安装的语种，如图 2-6 所示。

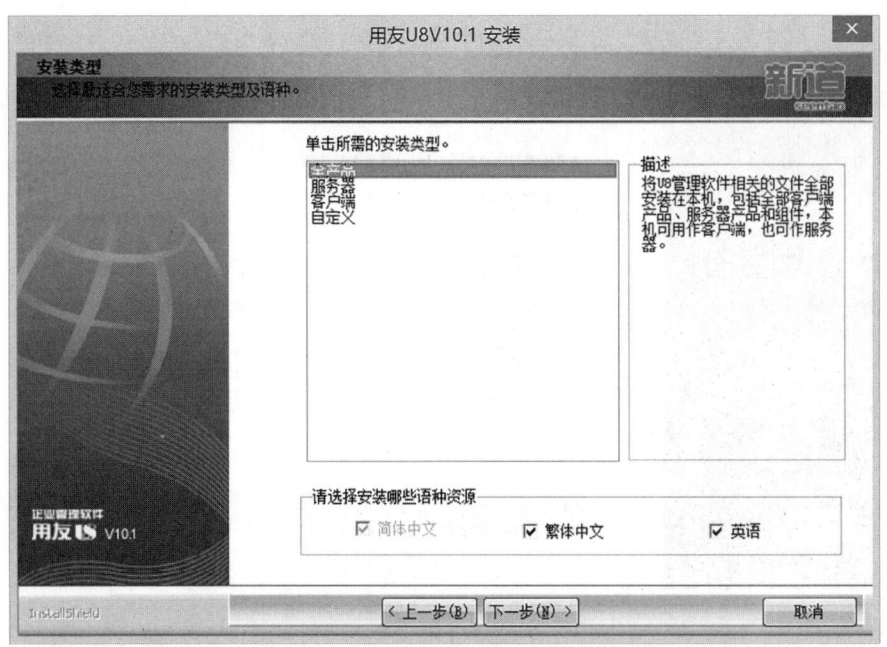

图 2-6　选择安装类型

① 全产品:安装全部客户端产品、服务器产品和组件。

② 服务器:可以选择"应用服务器""数据服务器""加密服务器""文件服务器"进行安装。"应用服务器"下的"基础服务"包括 C/S 所有产品的应用服务器和 B/S 的基本服务器,其他产品指相应产品的 WEB 服务器,推荐全部选择,如图 2-7 所示。

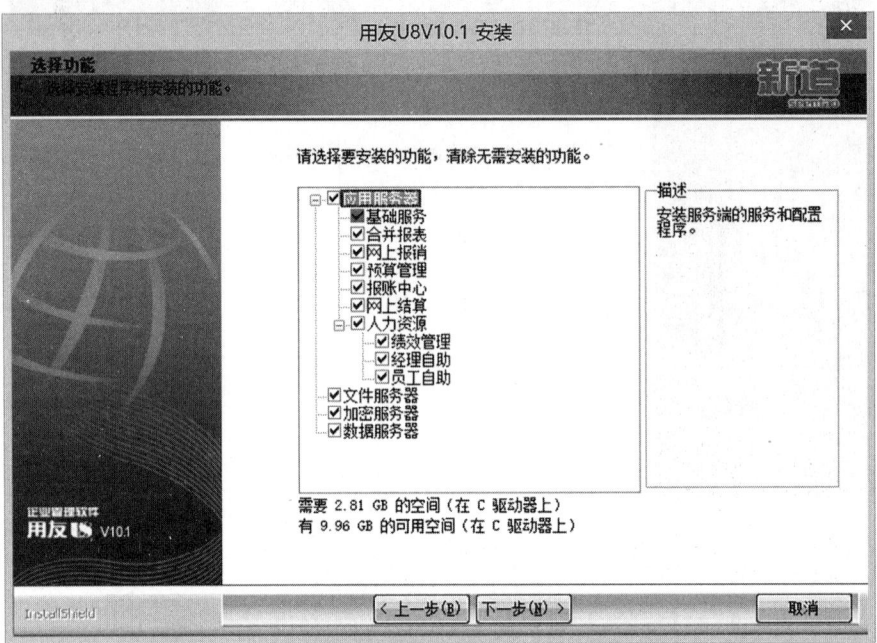

图 2-7　选择服务器安装功能

③ 客户端:按产品组—产品细分,可选择产品进行安装,如图 2-8 所示。

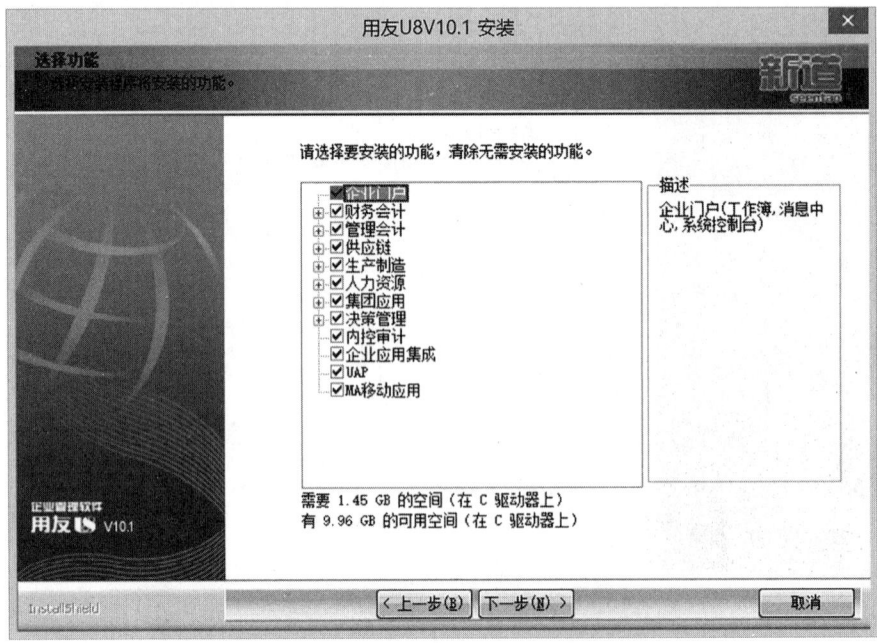

图 2-8　可选择客户端安装功能

需要注意的是如果只安装供应链客户端，供应链产品（包括库存、销售、采购、委外、进口、出口、质量、售前等）中与生产制造相关的功能将不能使用，需要同时安装生产制造客户端才能使用这些功能。

④ 自定义：包含客户端和服务器的所有产品和组件，以及用友 U8V10.1 实施与维护工具，可选择安装，如图 2-9 所示。

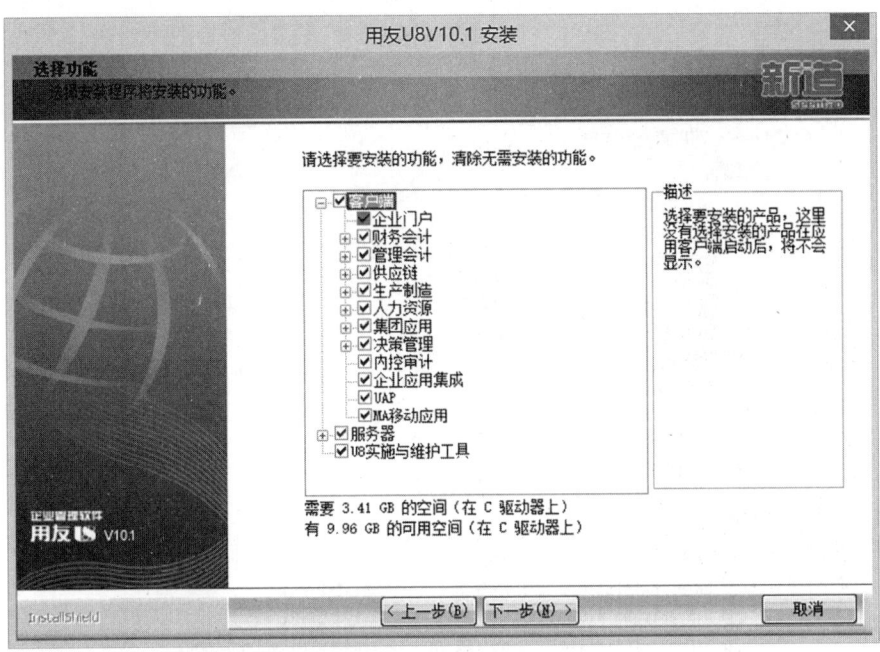

图 2-9　自定义安装功能

（9）环境检测：根据上一步所选择的安装类型及其子项，检测环境的适配性，如图 2-10 所示。

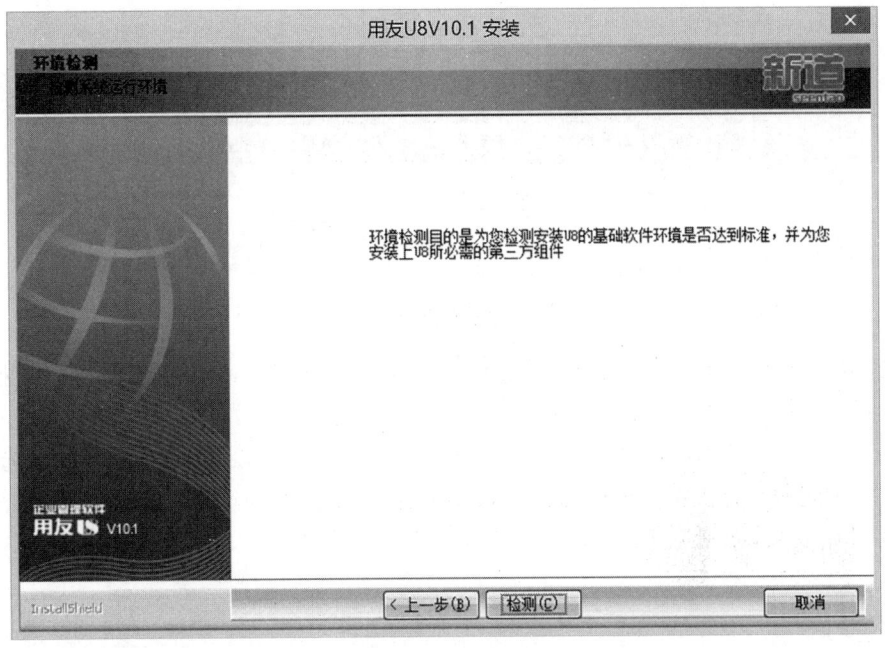

图 2-10　环境检测

当"基础环境"和"缺省组件"都满足要求后,点击"确认"进入下一步。检测报告以记事本自动打开,检测结果可以保存。"基础环境"需要手动进行安装,"缺省组件"可以通过"安装缺省组件"进行自动安装,也可以选择手动安装,"可选组件"可选择安装,如图 2-11 所示。

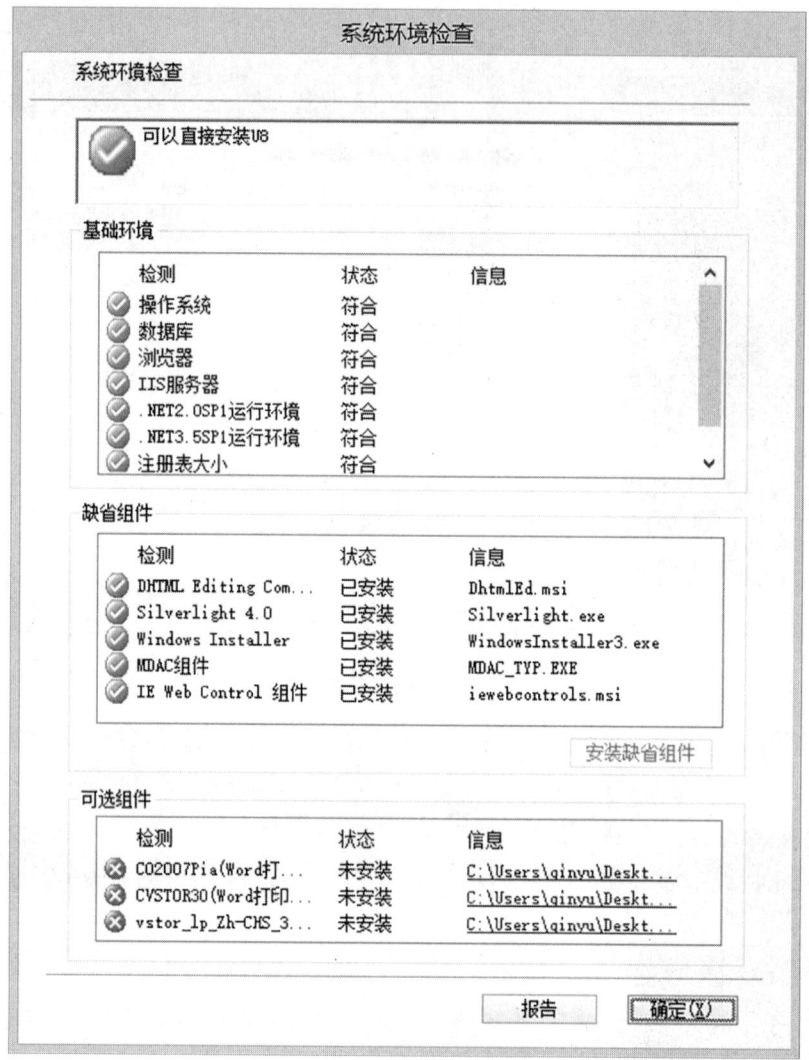

图 2-11　系统环境检查

"缺省组件"中的项目"DHML Editing Component"只在 Windows Vista 及以上操作系统中需要检测。

(10) 记录日志:可以选择是否记录安装每一个 MSI 包的详细日志,默认不勾选;勾选将延长一定的安装时间并占用部分磁盘空间,正常情况下不推荐勾选,如图 2-12 所示。

(11) 开始安装,如图 2-13 所示。

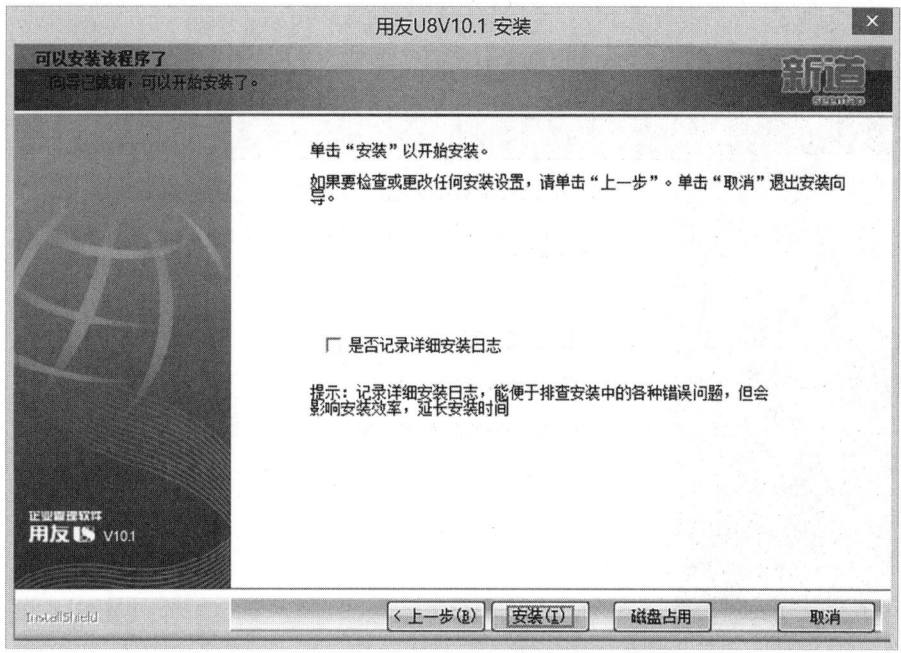

图 2-12　安装向导

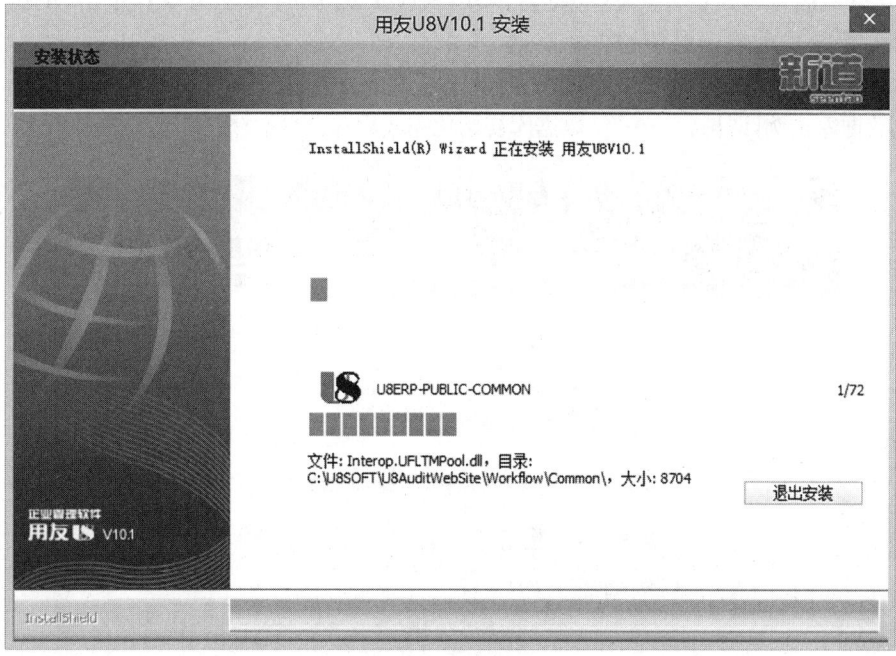

图 2-13　正在安装

(12) 安装完成,并重新启动,如图 2-14 所示。

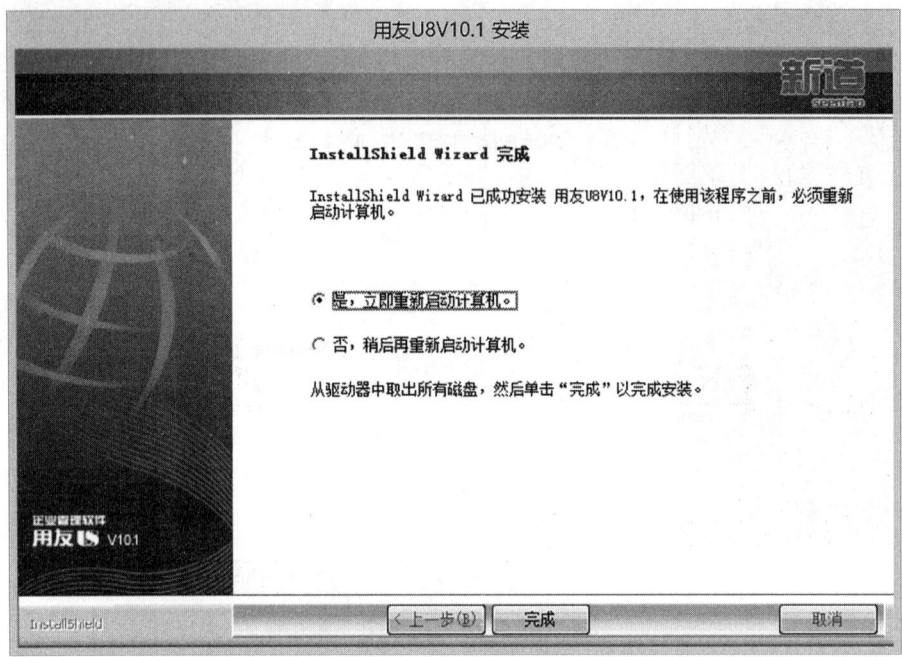

图 2-14　安装完成

(13) 系统重新启动后,出现"正在完成最后的配置"提示信息。在该界面输入数据库名称(即本地计算机名称),SA 口令为空(安装 SQL Server 2000 时设置为空),单击"测试连接"按钮,若正确,系统出现连接成功的提示信息。

(14) 连接测试成功后,单击"完成"按钮,系统提示是否初始化数据库,单击"是"按钮,提示"正在初始化数据库实例,请稍后……"。数据库初始化完成后,会出现"登录"窗口,如图 2-15 所示。

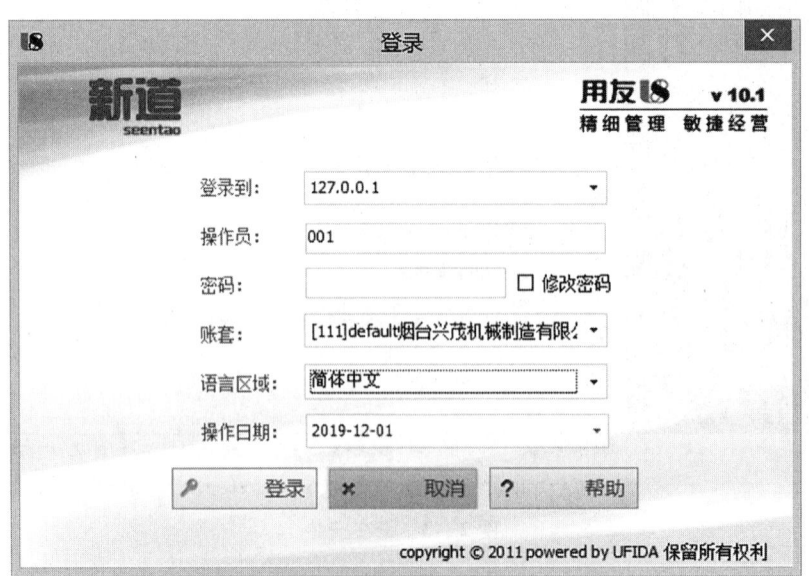

图 2-15　登录界面

如果图中未出现"default"账套,可参照第三节的解决方法。

第三节 登录问题解决办法

在"登录"窗口中未出现登录的服务器名称和账套"default"的解决办法如下:
(1)按照"安装步骤"安装数据服务器、应用服务器、加密服务器和多个客户端。
(2)客户端启动"企业应用平台"时指向应用服务器;启动"企业应用平台"后,出现登录界面,请在"登录到"的位置输入应用服务器的机器名或 IP 地址,如图 2-16 所示。

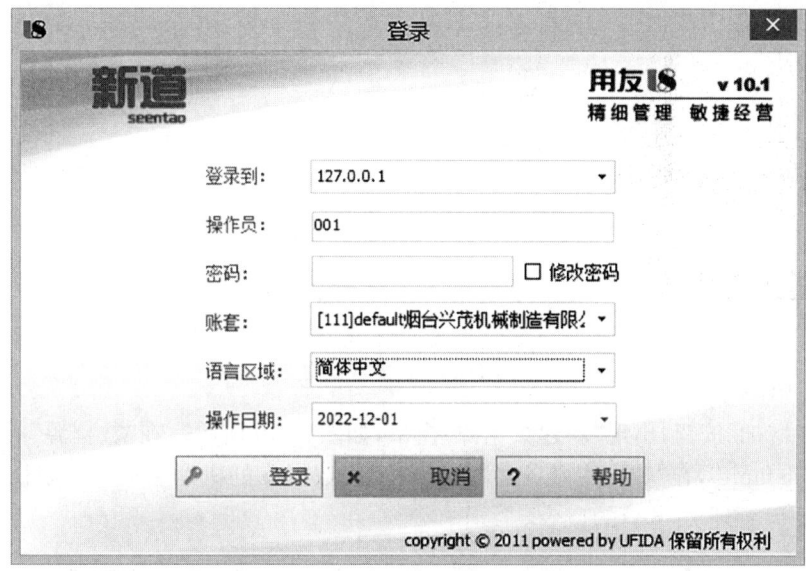

图 2-16 登录窗口

(3)配置应用服务器指向数据库服务器和加密服务器。
① 在应用服务器上点击"开始菜单—程序—用友 U8V10.1—系统服务—应用服务器配置",弹出"U8 应用服务器配置工具"窗口,如图 2-17 所示。

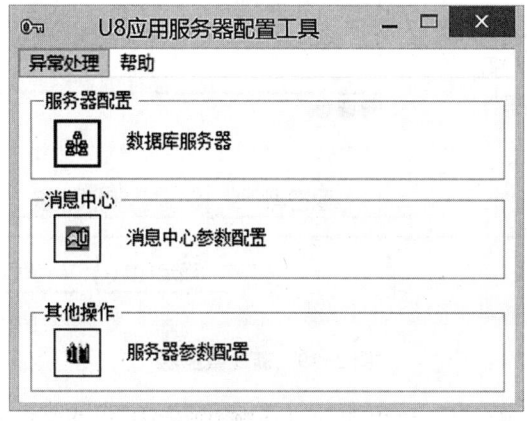

图 2-17 配置工具

② 点击"数据库服务器"按钮,出现"数据源配置"窗口,如图 2-18 所示。

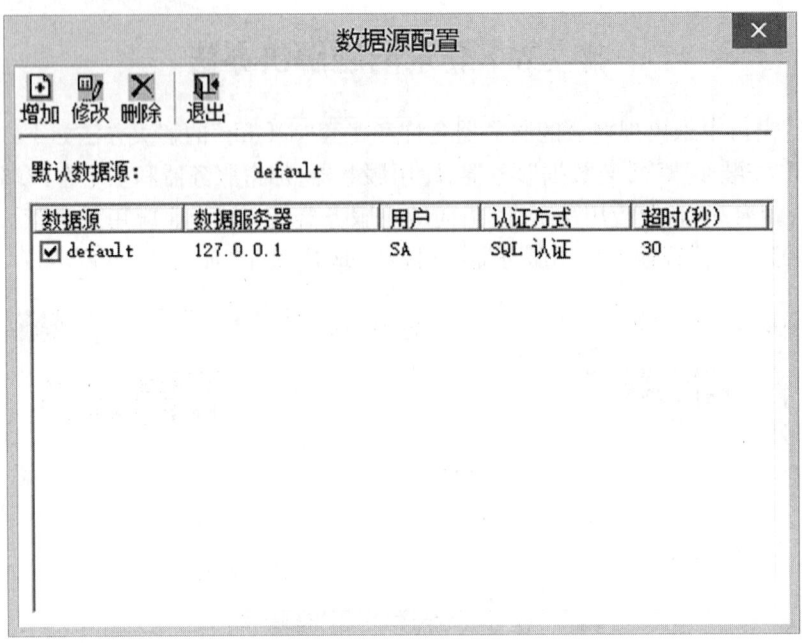

图 2-18　数据源配置

③ 点击"增加"按钮,出现"新建数据源"窗口,如图 2-19 所示。在"数据源"的位置填入数据源的名称"default",在"数据库服务器"的位置填入数据库的机器名或 IP 地址,在"密码"的位置填入数据库管理员"SA"的口令。

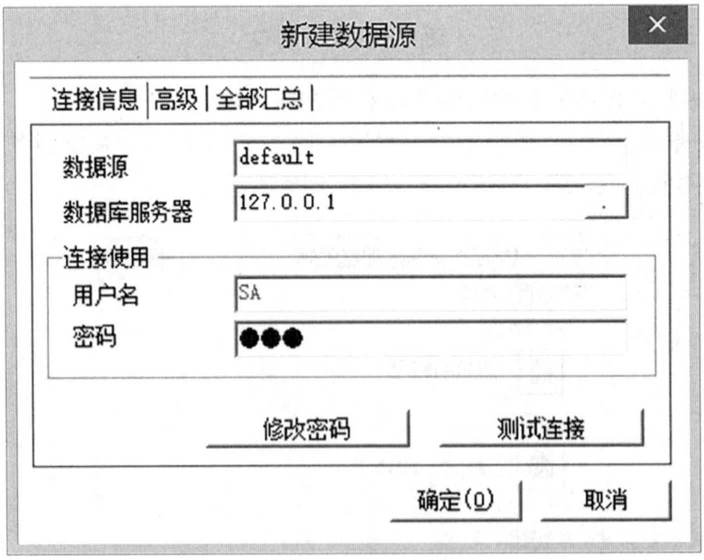

图 2-19　新建数据源

④ 点击"测试连接",出现"连接串测试成功"窗口,如图 2-20 所示,说明数据源配置正确,点击"确定"按钮后新的数据源就配置完成。

图 2-20　连接串测试成功

(4) 配置应用服务器指向加密服务器和其他服务器。

① 在"U8 应用服务器配置工具"窗口中点击"服务器参数配置"。

② 进入"服务器参数配置"窗口,在相应的位置填写加密服务器的机器名称或 IP 地址,如图 2-21 所示。

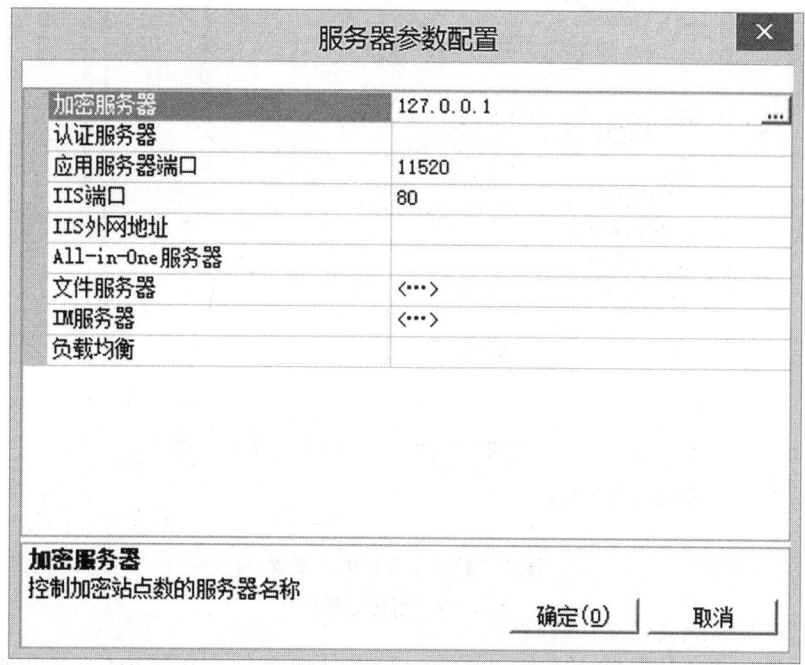

图 2-21　服务器参数配置

③ 如有短信服务，在"U8应用服务器配置工具"窗口中点击"消息中心"，设置短信和邮件服务参数，如图2-22所示。

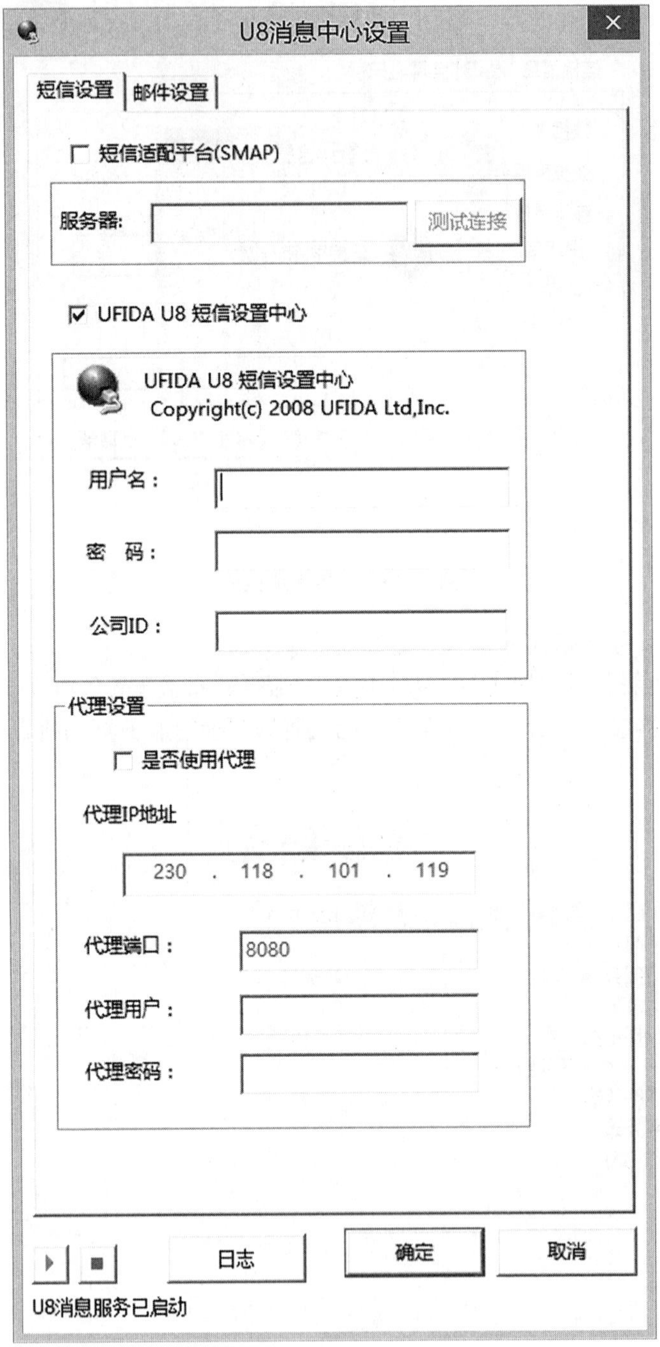

图 2-22　U8 消息中心设置

④ 关闭窗口，系统会自动保存设置。
⑤ 点击"开始菜单—程序—用友 U8V10.1—系统服务—系统管理"，打开"系统管理"窗

口,点击"系统—注册",打开"登录"窗口,登录系统。

思考题

1. 简述用友 U8V10.1 系统安装的流程。
2. 安装用友 U8V10.1 系统对电脑系统环境的要求是什么?

第三章 系统管理与基础设置

知识导航

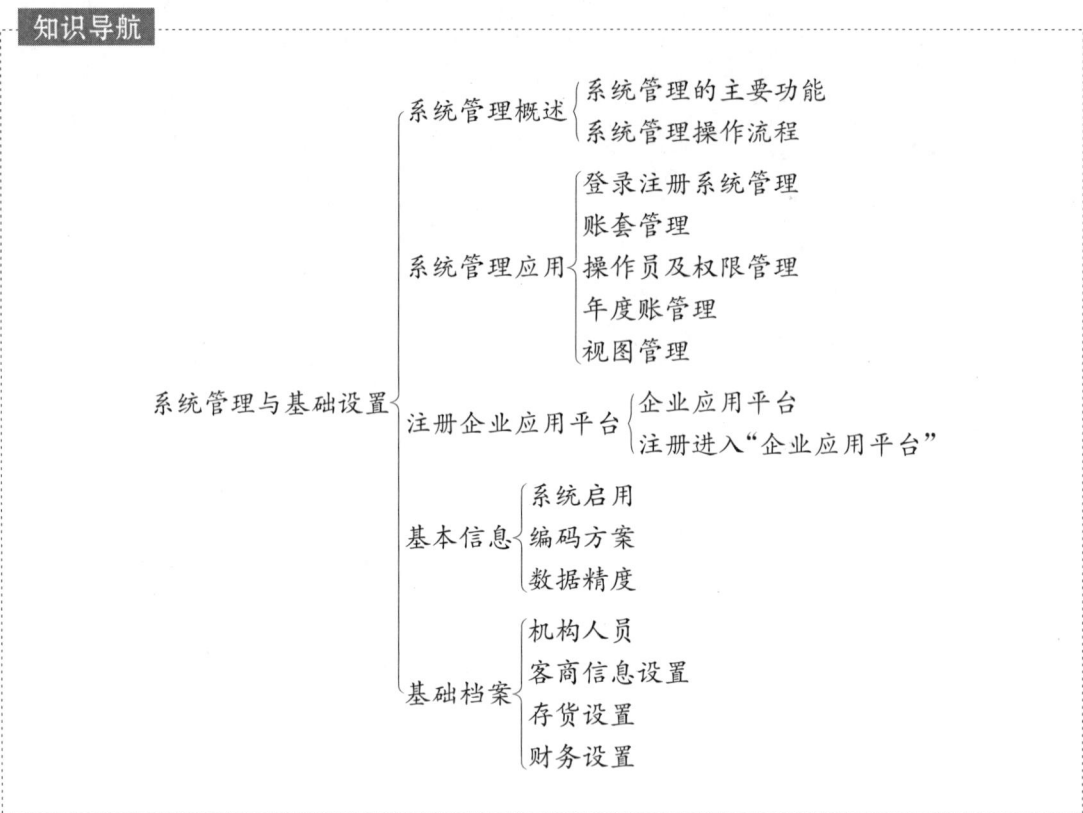

学习目标

1. 了解系统管理的主要功能和操作方法。
2. 掌握用户设置、账套建立和设置操作员权限的方法。
3. 熟悉账套的引入和输出。
4. 掌握系统启用、修改建账时设置分类编码方案和数据精度的方法。
5. 掌握部门档案、人员档案、客户分类、供应商分类、存货分类等信息的设置方法。

第一节 系统管理概述

企业级会计电算化系统与传统的会计信息系统有本质区别,由三大系列、十几个子系统组成,每个子系统又由若干个功能模块组成,为同一个单位实体不同的管理需要提供服务,各个模块之间相互联系、数据共享,共同完成业财一体化的需要。实现业财一体化的管理应用模式,就要求这些模块具备公用的基础信息,拥有相同的账套和年度账,操作员和操作员权限集中管理,业务数据共用一个数据库等。从系统维护和系统管理的角度出发,应设置一个独立的系统管理模块为各个子系统提供统一的环境,并对整个系统进行统一的操作管理和数据维护。

一、系统管理的主要功能

系统管理模块为各个产品的统一操作管理和数据维护提供了一个公共平台,各个产品的运行维护均以此为基础,其功能主要体现在以下几个方面。

(一)账套管理

账套是指一组紧密相关的数据,一般来说,我们可以为每一个独立核算的单位或部门在系统中建立一个账套,系统允许最多建立 999 个账套,不同的账套数据之间彼此独立、没有关联。账套的管理包括账套的建立、修改、引入、输出等。

(二)年度账管理

在会计电算化系统中,用户不仅可以建立多个账套,而且每个账套中还可以存放不同年度的会计数据。这样,不同核算单位、不同时期的数据只需要设置相应的系统路径就可以方便地进行操作。不同年度的数据存放在不同的数据表中,称为年度账。年度账管理包括年度账的建立、清空、引入、输出和度数据结转。

(三)系统操作员及其权限管理

为了保证系统及数据的安全与保密,系统管理提供了系统操作员操作权限的集中管理功能。对系统操作分工和权限进行管理,一方面可避免无关人员进入系统;另一方面可以对系统所包含的各个子系统的操作进行协调。操作权限的集中管理包括定义角色、设定系统用户和设置功能权限。

(四)设立统一的安全机制

在系统管理中,系统的运行过程设置数据自动备份,清除系统运行过程中异常任务。设立统一的安全机制包括数据库的备份、功能列表及上机日志。

二、系统管理操作流程

第一次实现会计电算化的新用户和已在以前年度实现会计电算化的老用户在基本操作流程方面有所区别。

(一)新用户操作流程

新用户操作流程如图 3-1 所示。

(二)老用户操作流程

老用户到了年末应进行数据结转,以便开始下一年度的工作,操作流程如图 3-2 所示。

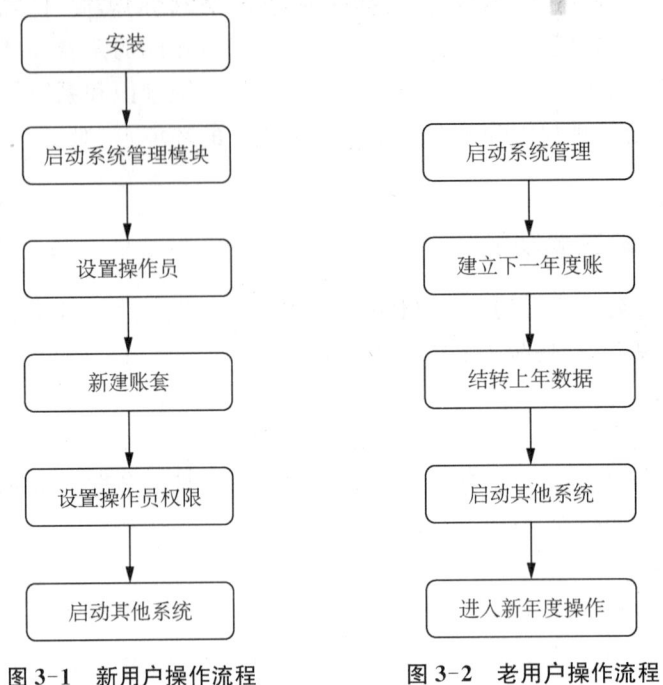

图 3-1　新用户操作流程　　图 3-2　老用户操作流程

第二节　系统管理应用

核算账套需要在系统管理模块中进行。

一、登录注册系统管理

为了加强系统的总体控制,系统增设了一个系统管理员 admin 用于管理系统中的所有账套。系统允许以两种身份注册进入系统管理模块:一种是系统管理员的身份;另一种是账套主管的身份。

系统管理员负责整个系统的总体控制和数据维护工作,可以管理系统中所有的账套,可以进行账套的建立、引入、输出,设置操作员,指定账套主管,设置和修改操作员的密码及其权限等。系统管理员只能进入系统管理模块,不能进入具体账套。

账套主管负责所选账套的维护工作,主要包括对所选账套参数进行修改、对年度账的管理以及该账套操作员权限的设置。账套主管可以进行年度账的建立、清空、引入、输出和年末结账,为其主管账套设置操作员权限,可以登录系统管理模块,也可注册登录对主管的账套进行账务处理。

在单位初次运行财务软件时,尚未建立核算账套,因此,在建立账套前只能以系统默认的管理员账号 admin 进行登录,此时管理员账号 admin 没有登录密码,即密码为空。

1. 以系统管理员的身份注册登录系统管理模块

(1) 执行"开始—程序—用友 U8V10.1—系统服务—系统管理"命令,启动系统管理。

(2) 在"系统管理"窗口中,执行"系统—注册"命令,出现"注册系统管理"对话框,如图 3-3 所示。

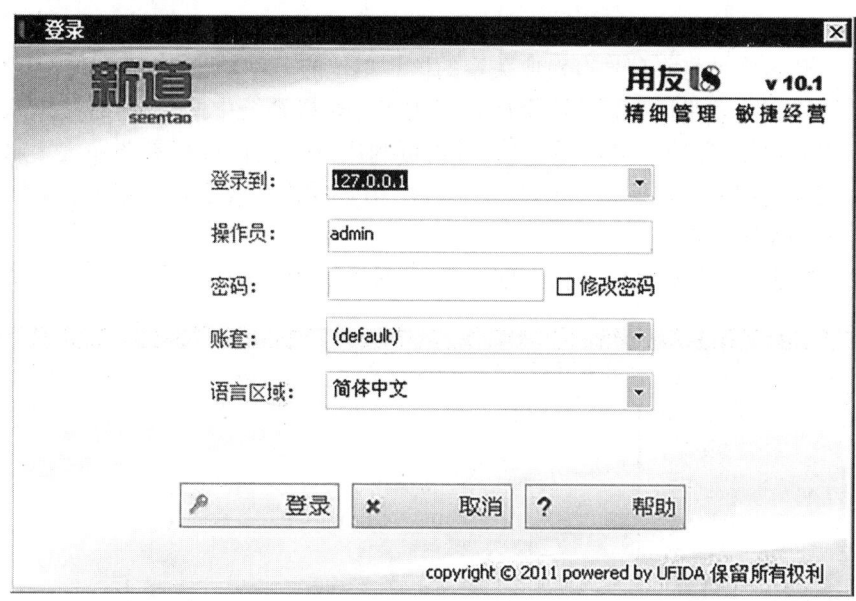

图 3-3　注册系统管理

（3）选择服务器，在客户端登录，选择服务端的服务器名称；在服务端登录或单机用户则选择本地服务器。

（4）输入操作员注册名称和密码。系统中预先设定了一个系统管理员 admin 第一次运行时，系统管理员密码为空，单击"确定"按钮，以系统管理员身份进入系统管理。

为了保证系统的安全性，在"系统管理员登录"对话框中，设置或更改系统管理员密码。

2．设置系统管理员密码为"1"

（1）首先勾选"改密码"复选框，单击"确定"按钮。

（2）打开"设置操作员"对话框，在"新口令"和"确认新口令"的输入区中输入"1"，单击"确定"按钮，返回管理系统。

二、账套管理

每个企业可以为每一个独立核算的单位建立一个核算账套，即每一个核算单位都有一套完整的账簿体系，核算单位的一套完整的账簿体系就是账套。账套管理包括建立账套、修改账套、输出账套和引入账套等内容。

（一）建立账套

企业会计核算从手工核算方式向电算化核算方式转化的过程中，财务软件系统中无任何本单位的信息资料，企业必须在计算机中建立自己的账套，并导入单位的基本信息，才能利用财务软件系统进行业务处理。因此，在财务软件系统中建立本单位的核算账套是企业实施计算机核算管理的前提。建立账套就是在企业财务管理中为本企业或本核算单位建立一套符合核算要求的账簿体系，软件将按照这些基础参数自动建立一套账，系统数据的输入、处理、输出的内容和形式是由账套参数决定的。

1．创建账套

账套信息主要包括账套代码、账套名称、账套路径、启用会计日期等。账套代码又称账套号,通常是系统用来区别不同核算账套的编号,账套号不能重复,账套号为3位(001997),用户必须输入。账套名称是与账套号有对应关系的核算单位的名称,用户必须输入,一般可以输入核算单位的简称。账套路径是新建账套所要存放在计算机系统中的位置,系统默认的路径是"C:\U8SOFT\Admin",用户可以手动修改,也可利用"…"按钮进行参照输入。启用会计期是指新建账套被启用的会计核算日期,应在第一次初始设置时设定,一旦设定不能更改,系统缺省为计算机的系统日期。

(1) 执行"账套—建立"命令,打开"创建账套"对话框,如图3-4所示。

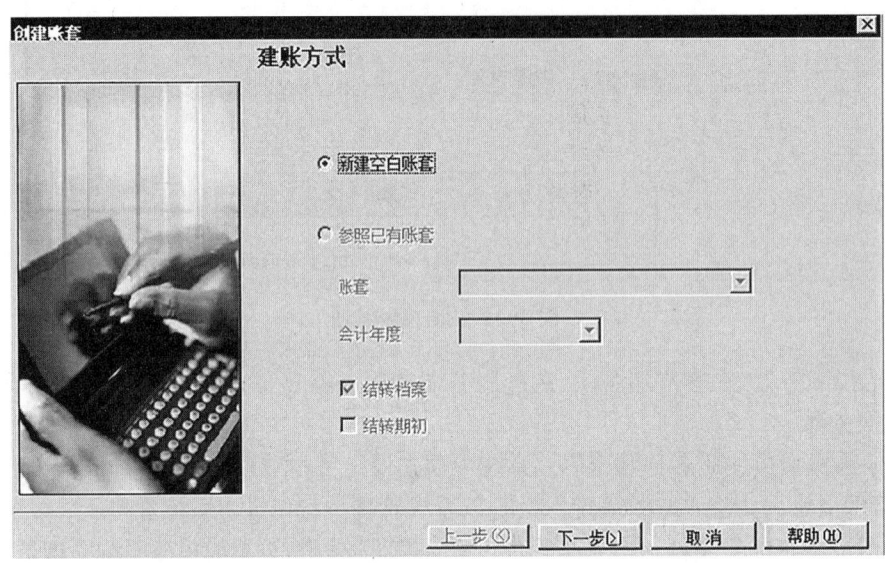

图3-4 新建空白账套

(2) 输入账套信息。账套号:111;账套名称:烟台大地科技有限公司;采用默认账套路径,启用会计期:2022年1月;会计期间:默认,如图3-5所示。

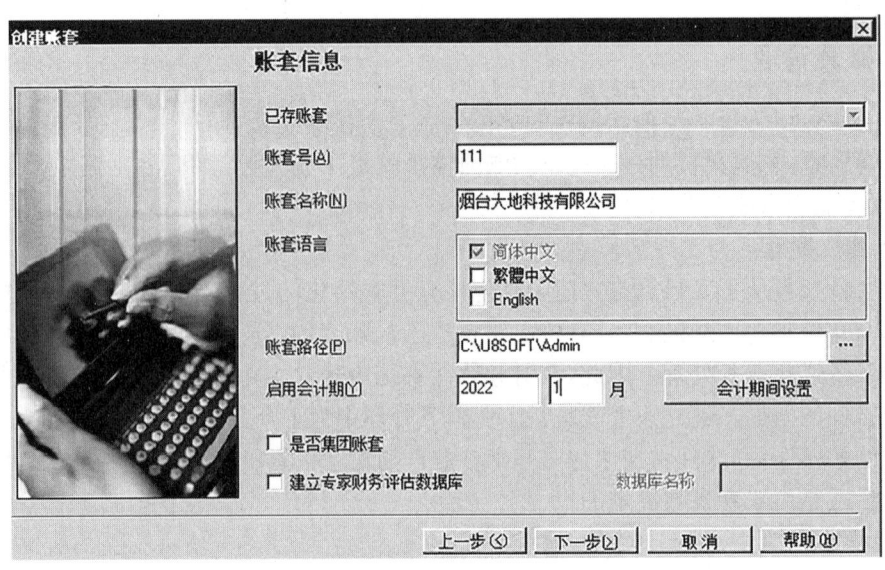

图3-5 输入账套信息

2. 核算单位基本信息

核算单位基本信息,储存核算单位的常用信息,主要包括单位名称、机构代码、单位简称、单位域名、单位地址、法人代表、邮政编码、联系电话、传真、电子邮件、税号、备注。单位名称和单位简称是必填信息,其他栏目都属于选填信息。

(1) 在"创建账套—账套信息"对话框中单击"下一步"按钮,打开"创建账套—单位信息"对话框。

(2) 输入单位信息。单位名称:烟台大地科技有限公司;单位简称:大地科技;单位地址:烟台市莱山区港城东大街100号;法人代表:董磊;邮政编码:265004,如图3-6所示。

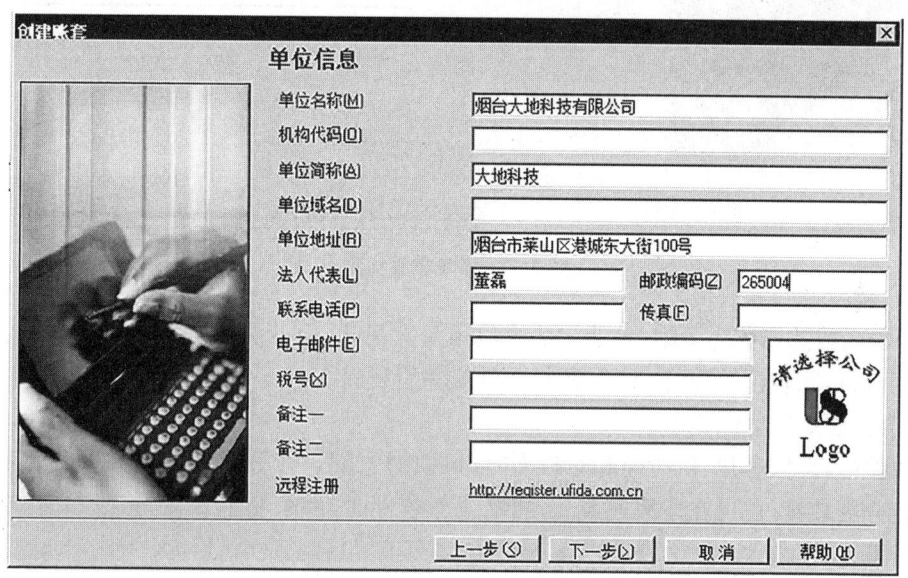

图 3-6　核算单位基本信息

3. 账套核算信息

账套核算信息包括本币代码、本币名称、企业类型、行业性质、账套主管、是否按行业性质预置科目。界面中的各栏目说明如下。

本币代码,新建账套所用本位币的代码。例如,采用系统默认值"RMB"。

本币名称,新建账套所用的本位币的名称,用户必须输入。例如,采用系统默认值"人民币"。

企业类型,从下拉列表框中选择输入,系统提供了商业、工业两种类型。如果选择工业模式,则系统不能处理受托代销业务;如果选择商业模式,委托代销和受托代销业务系统都能处理。例如,本账套选择"工业"。

行业性质,从下拉列表框中选择输入,系统按照所选定的行业性质预置科目。例如,本账套选择"新会计制度科目"。

账套主管,从下拉列表框中选择输入。例如,本账套选择"demo"。

是否按行业性质预置科目,如果希望预置所属行业的标准一级科目,则勾选该复选框。

(1) 在"创建账套—单位信息"对话框中单击"下一步"按钮,打开"创建账套—核算类型"对话框,如图3-7所示。

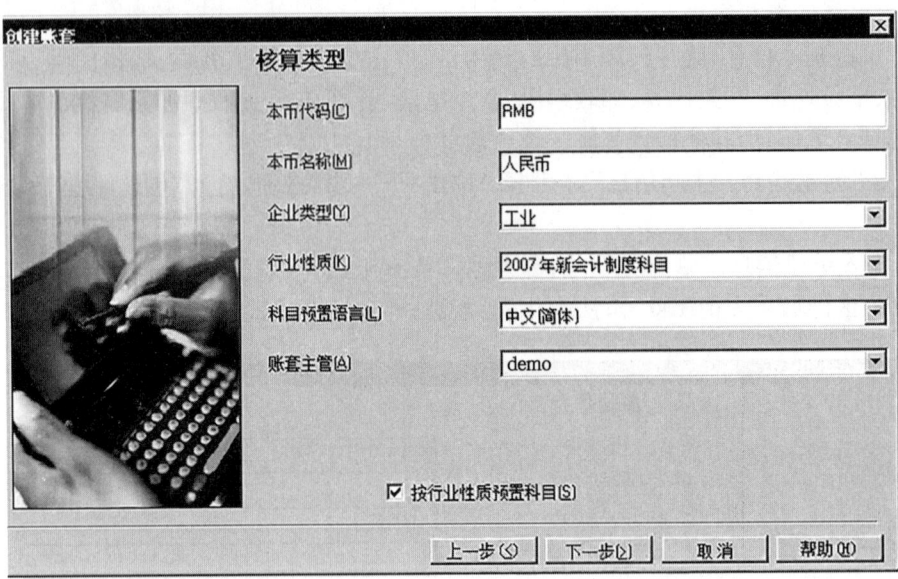

图 3-7 账套核算类型

(2) 输入或选择核算类型：企业记账本位币是人民币；企业类型：工业；行业性质：2007 新会计制度科目；账套主管为"demo"；按行业性质预置科目。

4. 设置基础信息

当单位的存货、客户、供应商相对较多时，可以对它们进行分类核算。如果此时不能确定是否进行分类核算，也可在建账完成后，启动业务软件时，由账套主管在"修改账套"功能中设置分类核算。

(1) 在"创建账套—核算类型"对话框中单击"下一步"按钮，打开"创建账套—基础信息"对话框，如图 3-8 所示。

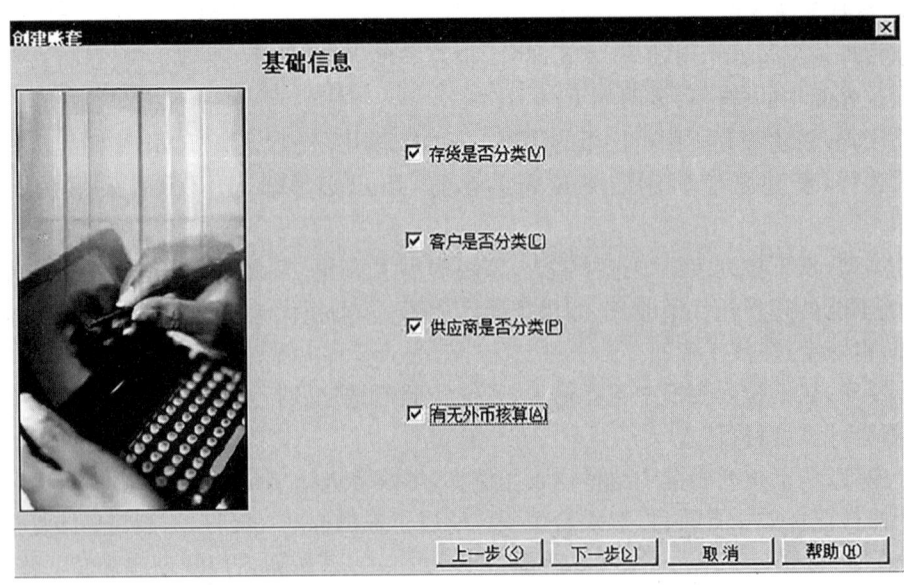

图 3-8 账套基础信息

（2）勾选"存货是否分类""客户是否分类""供应商是否分类"和"有无外币核算"复选框，单击"下一步"按钮，再单击"完成"按钮，系统弹出"可以创建账套了吗"提示对话框，单击"是"按钮，系统自动创建账套，并弹出"编码方案"设置对话框，如图 3-9 所示。

项目	最大级数	最大长度	单级最大长度	第1级	第2级	第3级	第4级	第5级	第6级	第7级	第8级	第9级
科目编码级次	13	40	9		2	2	2					
客户分类编码级次	5	12	9	2	2							
供应商分类编码级次	5	12	9	2	2							
存货分类编码级次	8	12	9	1	2							
部门编码级次	9	12	9	1	2							
地区分类编码级次	5	12	9	2	3	4						
费用项目分类	5	12	9	1	2							
结算方式编码级次	2	3	3	1	2							
货位编码级次	8	20	9	2	3	4						
收发类别编码级次	3	5	5	1	1	1						
项目设备	8	30	9									
责任中心分类档案	5	30	9									
项目要素分类档案	6	30	9									
客户权限组级次	5	12	9	2	3	4						

图 3-9　账套编码方案

（3）根据经济业务特点，修改相关项目编码级次方案。设置的编码方案级次不能超过系统最大级数和最大长度限制。该企业的分类编码方案如下：科目编码级次：4222；客户和供应商分类编码级次：22；存货分类编码级次：12；部门编码级次：12；其余使用默认值。

（4）修改完毕后，单击"确定"按钮，对修改信息进行保存，然后单击"取消"按钮。

（5）根据业务数据处理要求，在"数据精度"对话框中设置数据小数位，如图 3-10 所示。

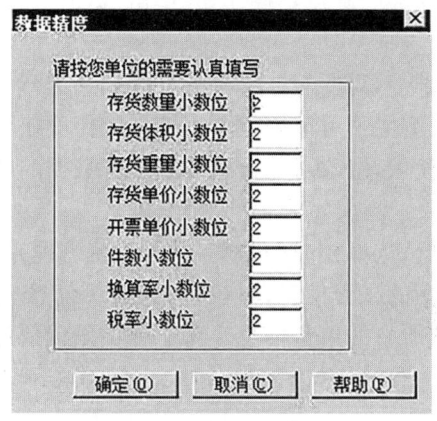

图 3-10　账套数据精度

（6）设置完毕后，单击"确定"按钮，系统弹出"创建账套—账套启用设置"对话框。

5．系统启用

系统启用用于为核算单位选择使用的子系统或相应模块，系统启用可以在新账套创建完成后进行，也可以在基础设置中通过系统启用模块进行。"日历"设置窗口用于设置子系统或功能模块的启用日期。

（1）在"创建账套—账套启用"对话框中单击"是"按钮将直接进入"系统启用"窗口；单击"否"按钮将完成账套创建。在此单击"是"按钮，打开"系统启用"窗口进行启用设置。

（2）在"系统启用"窗口中，选择总账系统，在方框内打钩，系统弹出"日历"设置窗口，如图3-11所示。

图3-11 账套启用日期

（3）将启用日期设置为2022年01月01日。启用日期设置完毕后，单击"确定"按钮，系统弹出"确实要启动当前系统吗"信息框，单击"是"按钮，系统保存此次启用信息，并将启用信息及当前操作员填入"系统启用"设置窗口中。

（4）采用同样方式可以启用其他子系统或功能模块，启用完毕后，单击"系统启用"工具栏上的"退出"按钮，结束系统启用设置，此时系统弹出"请进入企业应用平台进行业务操作！"提示对话框，单击"确定"按钮，完成账套创建操作，并单击"退出"按钮。

（二）修改账套

在未使用相关信息的基础上，需要对账套中的某些信息进行调整，以便使信息更真实准确地反映企业的相关内容时，账套主管可以修改具有权限的年度账套中的信息，系统管理员无权修改。账套参数信息若已被使用，修改可能会造成数据库数据的紊乱，因而应慎重进行账套信息的修改操作。

用户以账套主管身份注册，选择相应的账套，进入系统管理界面，选择"账套"菜单中的"修改"，系统自动列示出所选账套的账套信息、单位信息、核算信息、基础设置信息。可以随时修改的建账信息包括账套名称、所有的单位信息。对于分类设置信息和数据精度信息，在未使用的前提下可以修改。

(三) 输出账套

输出账套,又叫账套的备份,就是将财务软件系统产生的数据保存到硬盘、软盘、光盘及其他存储介质上。

由于计算机系统在运行过程中经常会受到来自各方面因素的干扰,如人为因素、硬件因素、软件因素,有时会造成财务数据被破坏。因此,在财务管理软件系统中需要设置数据备份,解决财务数据由于破坏而丢失的问题。

如遇恶意篡改和破坏或意外事故造成数据丢失,可利用数据备份恢复系统数据,从而保证单位核算业务的正常进行。账套数据输出是保护数据的主要手段,企业必须严格根据会计制度的要求定期进行会计数据的备份工作。

输出账套的操作步骤如下:

(1) 在 D 盘中建立"账套备份"文件夹。

(2) 以系统管理员的身份注册进入系统管理。

(3) 执行"账套—输出"命令,打开"账套输出"对话框,选择需要输出的账套"111",单击"确认"按钮,如图 3-12 所示。

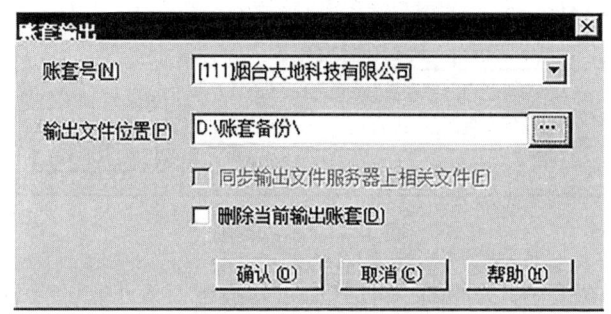

图 3-12 输出账套

(4) 如果想删除账套,勾选"删除当前输出账套"复选框,单击"确认"按钮。

(5) 所选账套数据压缩完成后,系统弹出"请选择账套备份路径"对话框。

(6) 单击下拉列表,选择 D 盘中的"账套备份"文件夹,单击"确定"按钮,再单击"确认"按钮。备份完毕后,系统弹出"输出成功"提示窗口,单击"确定"按钮即完成账套备份操作。

(四) 引入账套

引入账套,又称为"账套恢复",是指将系统外某账套数据引入本系统中,即将备份到软盘、硬盘或其他存储介质中的备份数据恢复到硬盘上指定的目录中。这项功能既为保证数据的安全提供了另一种工具,又为集团公司的财务管理提供了方便。一旦安装了企业财务软件管理系统的计算机出现故障使得系统数据破坏或丢失,可以利用账套的恢复功能恢复系统数据;同时,集团公司可以将子公司的账套数据定期导入总公司系统,以便进行账套数据的分析和合并工作。

引入账套的操作步骤如下:

(1) 以系统管理员身份注册进入系统管理,单击"账套"菜单中的"引入"子菜单,打开"请选择账套备份文件"对话框。

(2) 选择"账套备份"文件夹中的数据文件"UfErpAct.Lst"。账套数据备份文件是系统输出的文件,统一命名为"UfErpAct"。选定引入账套的存放路径后,弹出系统提示信息,如

图 3-13 所示。

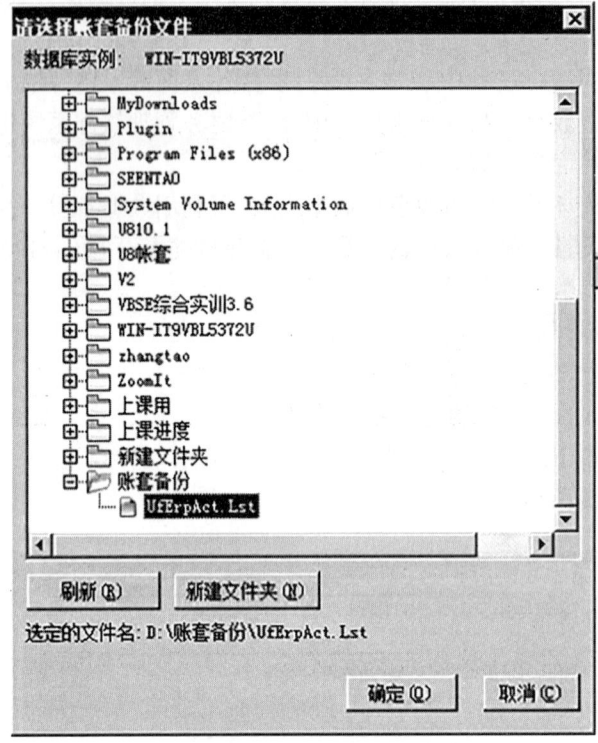

图 3-13　引入账套

（3）弹出"请选择账套引入的目录"对话框，重新指定引入账套的存放路径，再单击"确定"按钮。

（4）引入完成，系统提示"账套引入成功！"。

三、操作员及权限管理

企业在实施财务管理软件系统时，首先对操作人员进行岗位分工，对指定的操作人员的操作权限进行明确规定，实施权限控制，以避免无关人员进行错误或恶意操作，同时也可以对系统的各个功能模块进行协调，从而保证整个系统和会计数据的安全性和保密性。

（一）角色管理

操作人员的岗位分工包括设置操作员和分配操作权限两个部分。操作员的设置分为两个层次：角色和用户。角色可以理解为岗位的名称，如财务总监、财务主管等。在公司日常经营管理活动中，职员岗位发生变动时需要重新分配岗位的操作权限，操作很繁琐。用友财务软件系统提出角色这一概念，可以通过预先给角色设置好权限，在设置用户时指定用户归属的角色，当用户岗位发生变动时只需要调整其角色即可，不必再单独为其重新设置权限。当然，也可以单独为用户赋予权限，用户可以不属于任何角色。

角色的管理是在多数操作员具有相同操作权限的情况下，通过建立角色，并设置角色权限，然后将操作员指定为某一角色。一个角色可以拥有多个用户，一个用户可以分属于不同的角色，用户和角色设置不分先后顺序，用户可以根据自己的需要先后设置。角色管理包括角色的增加、删除、修改等维护工作。

1. 设置"财务核算"角色

（1）以系统管理员身份注册进入"系统管理"窗口，单击"权限"菜单中"角色"子菜单，进入"角色管理"窗口，如图3-14所示。

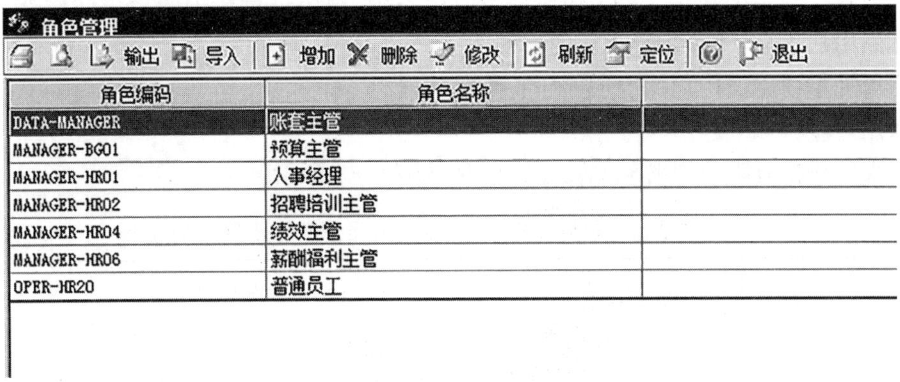

图3-14 角色管理

（2）在"角色管理"窗口中，单击"增加"按钮，进入"角色详细情况"设置窗口，如图3-15所示。

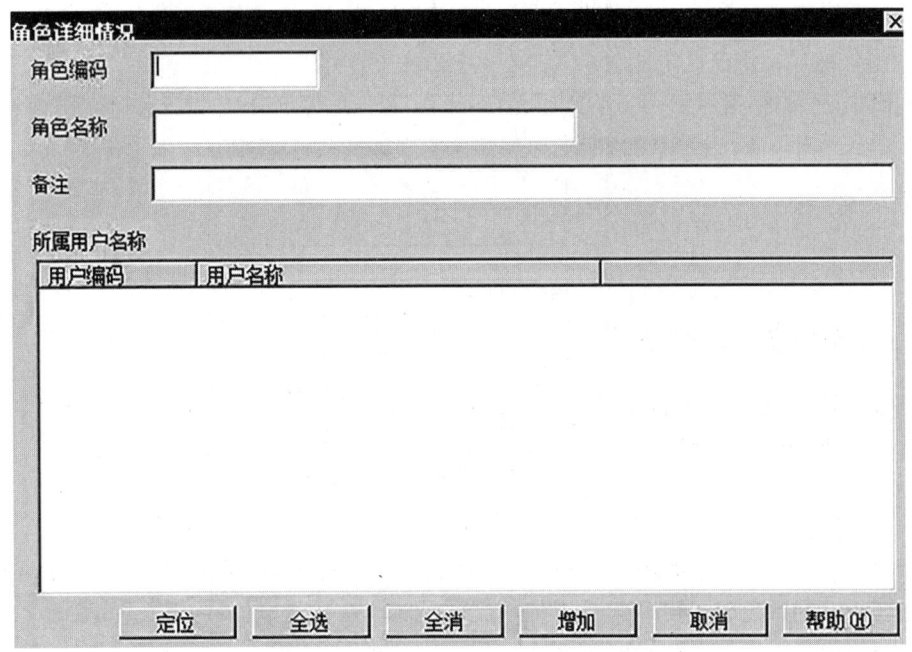

图3-15 增加角色

（3）输入角色信息。若已建有用户，可通过勾选"用户编码"前的复选框，将其指定为该角色的用户，录入和设置完毕后，单击"增加"按钮，对所输入的信息进行保存，同时进入下一个角色录入界面，所有角色信息录入完毕后，单击"取消"按钮，返回"角色管理"窗口，单击"退出"按钮，结束本次角色管理操作。

（4）在"角色管理"窗口中，单击"修改"按钮，可以对当前角色进行编辑，除了角色编号不能修改,其他信息均可以修改;单击"删除"可以选择删除当前角色,但如果角色已有所属用户,则不允许删除。

(二)用户管理

用户是指有权限登录系统对应用系统进行操作的人员,即通常意义上的"操作员"。系统对用户的设置个数不做限制。每次注册登录应用系统,都要进行相关的合法性检查。只有设置了具体的用户之后,才能进行相关的操作。

用户管理主要完成用户的增加、删除、修改等维护工作。

录入用户步骤如下:

烟台大地科技有限公司财务人员分工情况,如表 3-1 所示。

表 3-1　　　　　　　烟台大地科技有限公司财务人员分工情况表

部门	编号	姓名	口令	权限设置
财务部	001	李盛泽	1	账套主管,负责系统日常运行管理,具有全部权限
财务部	002	姚贝贝	2	具有"基本信息""总账管理"(出纳签字除外)子系统的全部权限
财务部	003	向男	3	具有"总账—凭证—出纳签字"和"总账—出纳"子系统的全部权限

(1)以系统管理员的身份注册进入"系统管理"窗口,单击"权限"菜单的"用户"子菜单,进入"用户管理"窗口。

(2)在"用户管理"窗口中,单击"增加"按钮,进入"操作员详细情况"设置窗口,如图 3-16 所示。

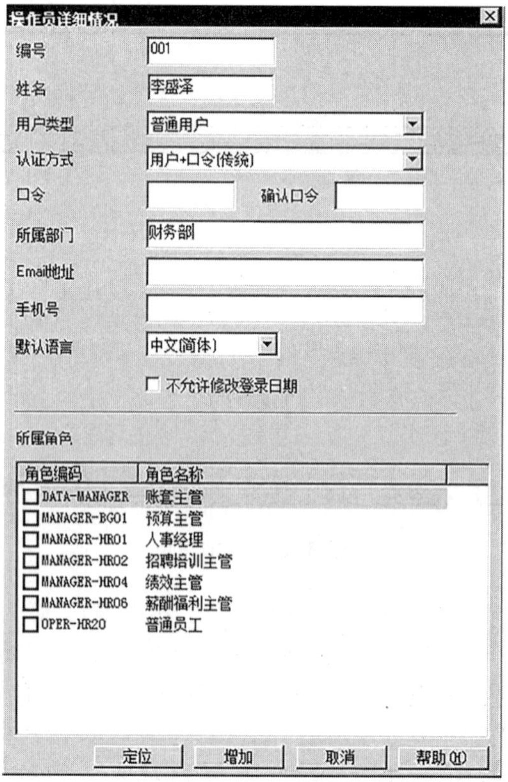

图 3-16　增加用户

（3）输入用户的编号、姓名、口令、所属部门、Email 地址、手机号等内容，并在所属角色中选择该用户的角色，单击"增加"按钮对所检入的信息进行保存，同时进入下一用户信息录入界面。

（4）所有用户信息录入完毕后，单击"取消"按钮，返回"用户管理"窗口，单击工具栏中的"退出"按钮结束本次用户管理操作。

（5）若要对已存在用户进行修改或删除，首先在"用户管理"窗口中选定要修改或删除的用户，其次单击"修改"或"删除"按钮即可对当前用户进行相应操作。

（6）对于已离开财务管理岗位且已启用的用户，可单击工具栏的"修改"按钮，进入"操作员详细情况"界面，单击"注销当前用户"按钮取消其登录系统的权限。

（三）划分权限

操作员权限管理功能是对已增加的操作员进行赋权或取消赋权。只有系统管理员和账套主管有权限进行设置，但系统管理员可以指定或取消各账套的账套主管，还可以对各个账套的操作员进行权限设置，而账套主管只可以对所管辖账套的操作员进行权限管理。

1. 账套主管的设置与取消

一般来讲，只有系统管理员才有权在系统中进行账套主管的设置。如果是以账套主管身份注册登记的，在"操作员权限"窗口中只显示出非账套主管的操作员。在设置账套主管时，应首先选定相应账套，再选择作为账套主管的操作员，然后将其指定为账套主管或取消其账套主管的权限。一个账套可以设置多个账套主管。系统默认账套主管拥有该账套的全部权限，因此对账套主管而言，只有设定或取消其资格的操作，无须进一步设置具体权限。

（1）以系统管理员身份注册登录后，单击"系统管理"窗口中"权限"菜单的"权限"子菜单，系统弹出"操作员权限"窗口，如图 3-17 所示。

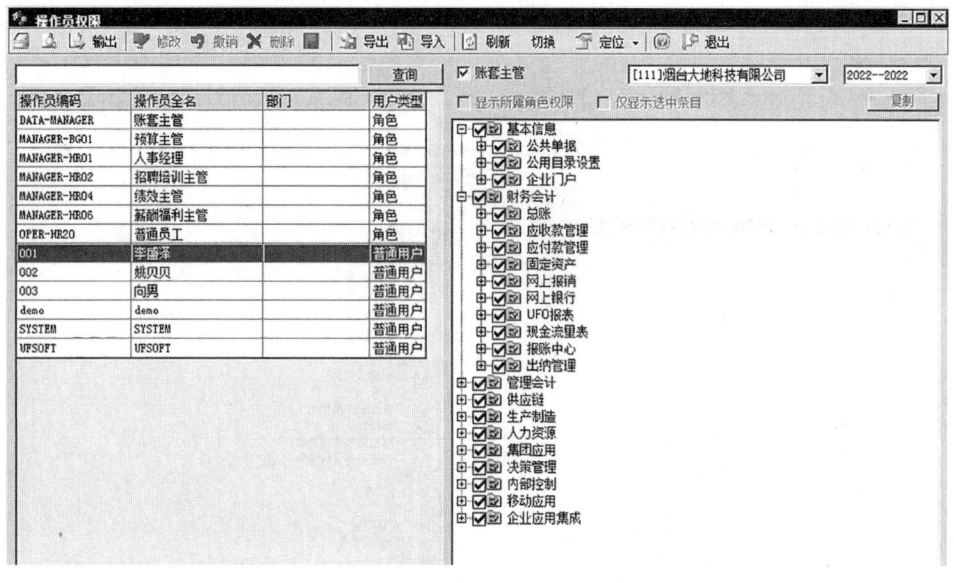

图 3-17 设置角色权限

（2）在操作员列表中选择操作员"demo"，在账套下拉列表中选择"111"账套，然后在"账套主管"复选框中单击，弹出"取消用户：「demo」账套主管权限吗？"对话框，单击"是"，取消操作员 demo"111"账套主管的权限。

(3)在账套下拉列表中选择"111"账套,在操作员列表中选择操作员"001",然后在"账套主管"复选框中单击,弹出"设定用户:「001」账套主管权限吗?"对话框,单击"是",将操作员001李盛泽设置为"111"账套的账套主管。

2. 角色操作权限的设置

角色权限设置是在多数操作员具有相同操作权限的情况下,通过建立角色,并设置角色权限,将这些操作员指定为该角色成员,这样就无须单独为这些用户设置操作权限。

(1)以系统管理员或账套主管的身份进入"系统管理"窗口,单击"权限"菜单中的"权限"子菜单,打开"操作员权限"设置窗口。

(2)在"操作员权限"窗口,选择"111"账套,选择目标角色,然后单击工具栏的"修改"按钮,在权限列表框中进行权限指定。

(3)在权限列表框中,勾选相关权限前的复选框,然后单击工具栏上的"保存"按钮,将相关权限赋予角色。

3. 用户操作权限的设置

对于不属于任何角色或独立的操作员,为角色中的个别成员增加权限,可通过用户权限设置来完成。

(1)以系统管理员或账套主管001李盛泽的身份进入"系统管理"窗口,单击"权限"菜单中的"权限"子菜单,打开"操作员权限"设置窗口。

(2)在"操作员权限"窗口,选择"111"账套,选择"002"操作员姚贝贝,单击工具栏上的"修改"按钮,在权限列表框中进行权限指定。

(3)勾选权限列表框子系统的全部权限前的复选框,然后单击工具栏的"保存"按钮,将相关权限赋予"002"操作员姚贝贝,如图3-18所示。

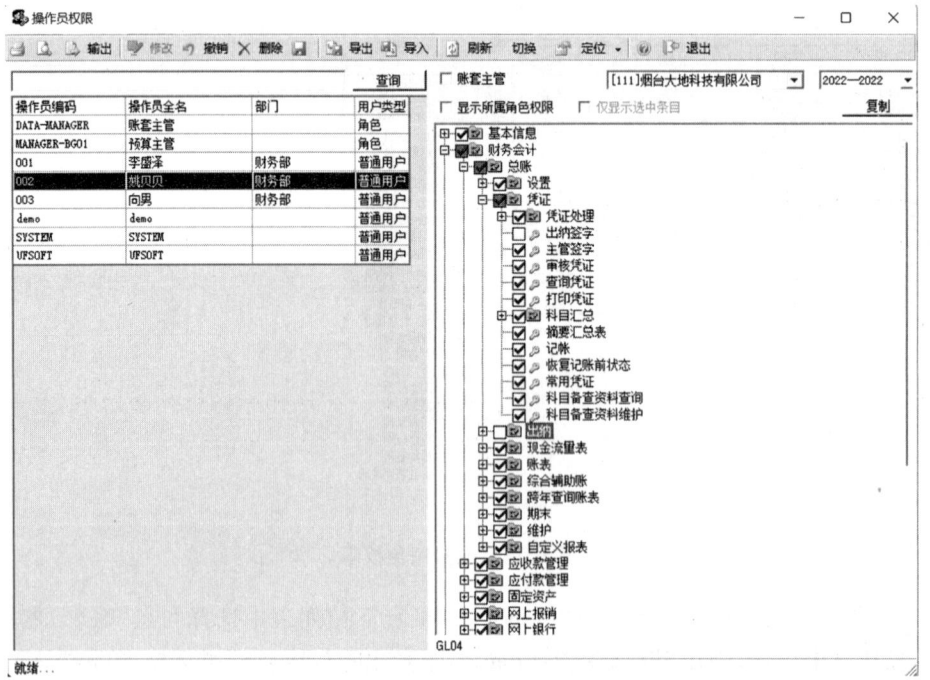

图3-18 设置002姚贝贝用户权限

（4）在"操作员权限"窗口，选择"111"账套，再选择"003"操作员向男，然后单击工具栏上的"修改"按钮，在权限列表框中进行权限指定。

（5）勾选权限列表框"总账—凭证—出纳签字""总账—出纳"功能模块前的复选框，然后单击工具栏上的"保存"按钮，将相关权限赋予"003"操作员向男，如图3-19所示。

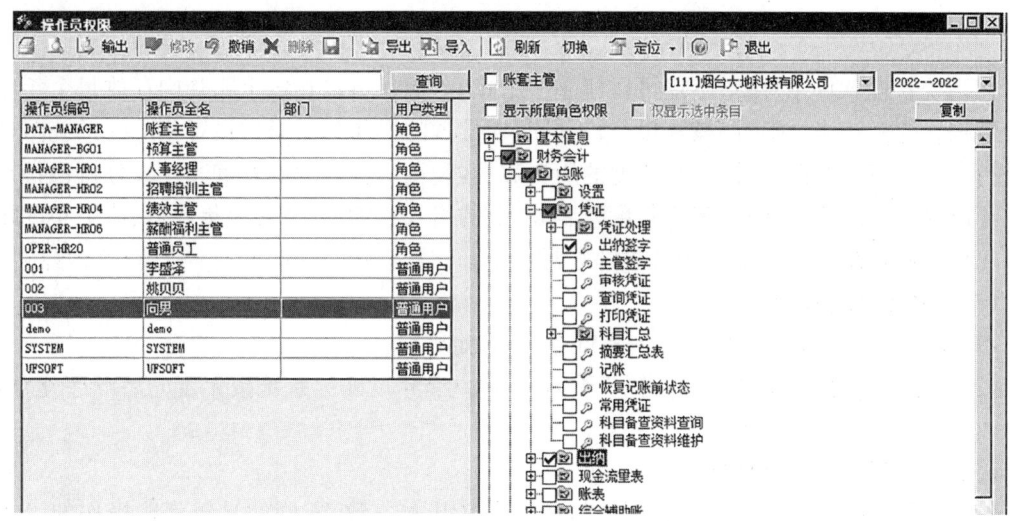

图 3-19 设置 003 向男用户权限

（6）单击工具栏中的"退出"按钮，返回系统管理。

4. 删除用户、角色权限

系统管理员或账套主管可以对非账套主管的操作员的权限进行修改和删除。

1）修改权限

（1）在"操作员权限"设置窗口，选择用户或角色，单击工具栏的"修改"按钮，然后在权限列表框中进行权限调整。

（2）单击工具栏上的"保存"按钮，对权限调整结果进行保存。

2）删除权限

删除权限与修改权限相似，可以通过修改方式进行；也可以在"操作员权限"对话框右侧的权限显示区中单击需要删除的权限，再单击窗口左上角的"删除"按钮，此时系统将自动弹出对话框供用户对该删除操作进行确认。

5. 集中权限管理

用友 U8V10.1 提供集中权限管理，除了提供用户对各功能模块操作的权限，还相应提供了金额的权限管理和数据的权限管理，可以实现三个层次的权限管理

1）功能级权限管理

该权限提供划分更为细致的功能级权限管理功能，包括各功能模块相关的查看和分配权限。

2）数据级权限管理

该权限可以通过两个方面进行权限控制，一个是字段级权限控制，另一个是记录级的权限控制。

3) 金额级权限管理

该权限主要用于完善内部金额控制,实现对具体金额数量级别划分,对不同岗位和职位的操作员进行金额级别控制,限制制单时可以使用的金额数量,例如设定操作员杨红只能录入金额在 5 000 元以下的凭证。

四、年度账管理

在系统管理软件中,用户不仅可以建立多个账套,而且可以在每个账套中存放每个年度的会计数据。这样一来,对不同核算单位、不同时期数据的操作只需通过设置相应的系统路径即可进行,系统自动保存了不同会计年度的历史数据,利用历史数据的查询和比较分析也特别方便。年度账的管理主要包括:建立年度账、年度账的引入和输出、结转上年数据、清空年度账。

年度账的管理工作只能由账套主管进行。

(一) 建立年度账

(1) 以账套主管的身份注册进入系统管理,选定账套。

(2) 单击"年度账"菜单中的"建立"子菜单,建立新年度账。系统按年度先后顺序建立,不能修改会计年度。

(二) 年度账的引入和输出

年度账的引入与输出操作中的引入与输出含义基本一致,不同的是年度账操作的引入不是针对某个账套,而是针对账套中的某一年度的年度账进行的。如年度账的备份操作输出的是年度账,在备份操作界面上选择的是具体的年度而非账套,而年度账的引入操作恢复的是年度数据备份文件(由系统导出的年度账的备份文件,前缀名统一为"UfErpYer")。

(三) 结转上年数据

一般来讲,企业是持续经营的,因此企业的会计工作是一个连续性的工作。每到年末,启用新账套时,就需要将上年度中的相关账户的余额及其他信息结转到新年度账中。

(1) 年度账建立成功后,在"系统管理"窗口中,单击"系统"菜单中的"注销"命令,再以新年度重新注册。

(2) 执行"年度账"菜单中的"结转上年数据"命令进行上年数据结转。

结转上年数据时,必须遵循以下顺序:首先结转购销系统的上年余额,其次结转应收应付系统的上年余额,最后结转总账系统的上年余额。结转上年数据流程,如图 3-20 所示。

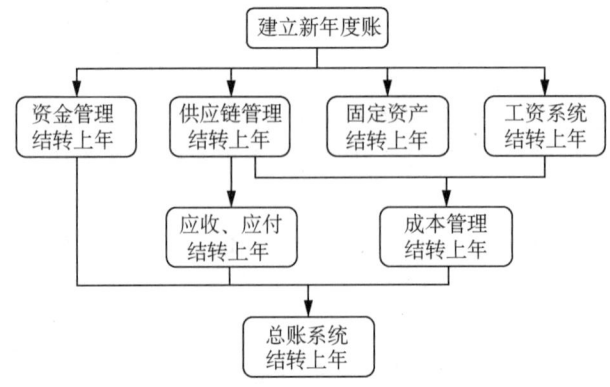

图 3-20　结转上年数据流程图

（四）清空年度数据

若某年度账错误太多，或不希望将上年度的余额或其他信息全部转到下一年度，可以清空年度数据。

（1）进入"系统管理"界面，单击"年度账"菜单中的"清空年度数据"子菜单。

（2）进入"清空年度数据"功能界面，选择要清空的年度账年度，单击"确定"按钮。

（3）系统弹出再次确认窗口，单击"是"按钮即可。

"清空"并不一定是将年度账的数据全部清空，也可以保留一些必要的信息，如基础信息、科目等，保留这些信息主要是为了方便用户使用清空后的年度账重新做账。

五、视图管理

视图主要包括四个部分：刷新、清除异常任务、清除单据锁定和上机日志。

（一）刷新

系统管理一个很重要的用途就是对各个子系统的运行实施进行实时监控，系统将子系统及其正在执行的功能在界面中列示出来，以便于系统管理员或账套主管进行监控。

系统管理的功能列表分为上下两个部分，上一部分列示的是正登录到系统管理的子系统，下一部分列示的是子系统中正在执行的功能。查看时，用户可在上一部分选中一个子系统，下一部分将自动列示出该子系统正在执行的功能，这两部分的内容都是动态的，根据系统的执行情况自动变化，用户需要启用刷新功能适时刷新功能列表的内容。

（二）清除异常任务

系统管理对每一个登录系统的子系统定时巡回检查，如果发现有死机、网络阻断等异常情况，就在与子系统相对应的任务条的"运行状态"栏内显示"运行不稳定"。这时，单击"视图"菜单中的"清除异常任务"子菜单，释放异常任务所占用的系统资源，并恢复可能被破坏的系统数据库和用户数据库，任务的运行情况都将被记录在上机日志中。

单击"视图"菜单中的"清除异常任务"子菜单。

（三）清除单据锁定

各子系统在使用过程中由于不可预见的原因可能会造成单据锁定，此时单据将不能正常使用。

单击"视图"菜单中的"清除单据锁定"功能，恢复正常功能的使用。

（四）上机日志

为了保证系统的安全运行，系统随时对各个子系统或模块的每个操作员的上下机时间、操作的具体功能等情况进行登记，形成上机日志，所有的操作都有所记录、有迹可循。用户可以对上机日志的内容进行删除。

第三节 注册企业应用平台

一、企业应用平台

用友应用系统包括多个子系统，它们之间存在很多共性，如都需要进行登录注册、都需要设置系统基础档案信息等。为此，用友 U8V10.1 系统提供了企业应用平台功能，用户可以通过"企业应用平台"注册进入企业应用平台,取得无需再次验证而进入任何一个子系统的"通行证",充分体现数据共享和系统集成的优势;其次,通过企业应用平台,系统使用者能从单一入口访问其所需的个性化信息,定义自己的业务工作,并设计自己的工作流程。

登录"企业应用平台"界面后,左边显示三个功能页签:设置、业务、工具。

(一) 设置

设置包括基本信息、基础档案、数据权限、单据设置、工作流设置、快递使用向导。

(二) 业务

(1) 财务会计:总账、应收款管理、应付款管理、报账中心、资管理、固定资产、网上银行、UFO 报表、现金流量表、财务分析、票据通、公司对账。

(2) 管理会计:预算管理、资金管理、成本管理、项目管理、合同管理。

(3) 供应链:物料需求计划、合同管理、采购管理、销售管理、库存管理、存货核算、GSP 质量管理、质量管理。

(4) 生产制造生产管理。

(5) 人力资源:人事信息管理,考勤管理。

(三) 工具

系统服务包括升级工具、系统管理、远程配置、总账工具、数据复制、预警设置、科目转换、账务函数转换、数据仓库设置、专家财务数据库维护、数据分析配置。

二、注册进入"企业应用平台"

(1) 单击"开始"菜单,依次执行"程序—用友 U8V10.1—企业应用平台"命令,打开"登录"窗口,如图 3-21 所示。

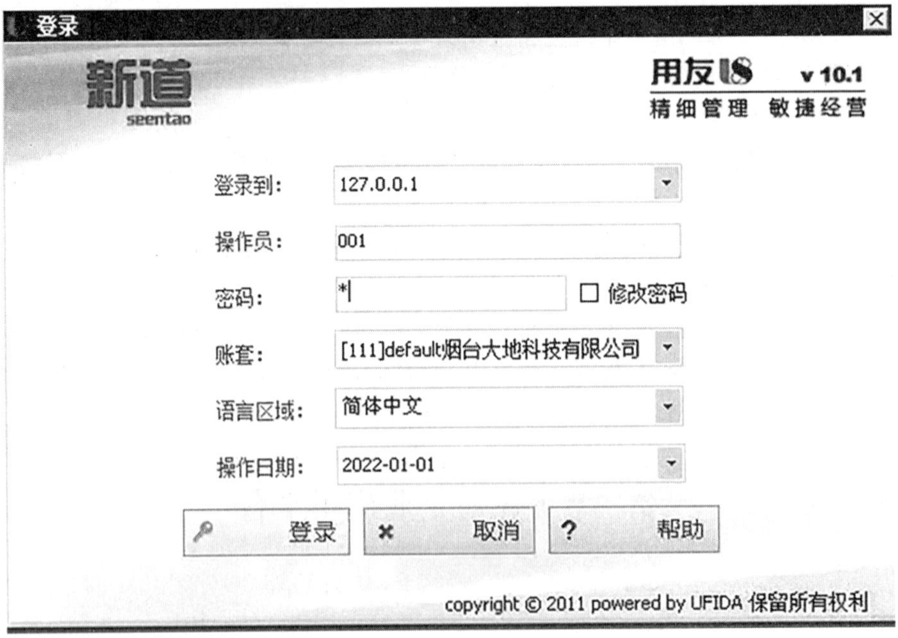

图 3-21　登录企业应用平台

（2）选择"111"账套的数据服务器，在"操作员"文本框中输入：001，在"密码"文本框中输入：1，在"账套"的下拉列表框中选择"111"账套，将操作日期调整为"2022年1月1日"，单击"登录"按钮，进入"用友U8V10.1门户"界面，如图3-22所示。

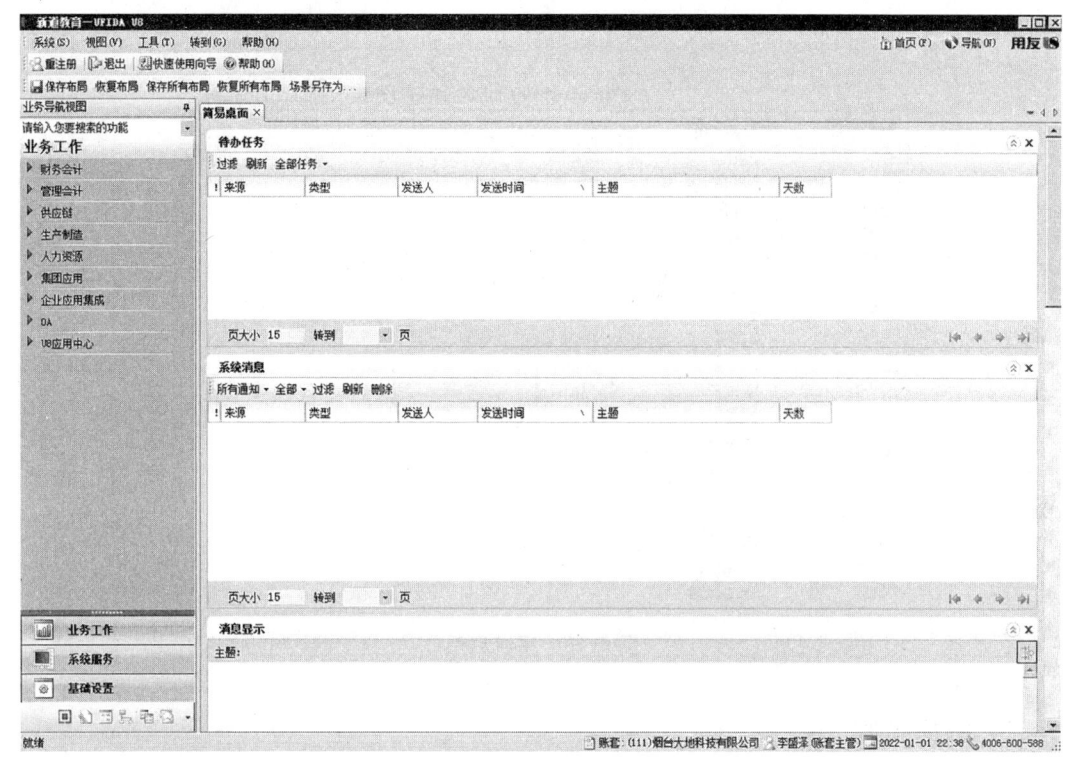

图3-22　企业应用平台

第四节　基 本 信 息

基本信息设置是系统初始化工作的重要内容，直接关系到系统应用方案的选择和数据管理管理所需的恰当设置。基本信息设置主要包括系统启用、编码方案和数据精度设置等。

一、系统启用

系统启用是指设定各个子系统开始使用的日期，只有启用后的子系统才能进行业务处理。系统启用有两种方法：一是在系统管理中创建账套时启用系统。二是在账套创建完成后，由账套主管登录"企业应用平台"进行系统启用设置。如果在建立时未设置系统启用，也可以在企业应用平台中进行设置。

（1）执行"开始—程序—用友U8V10.1—企业应用平台"命令，以账套主管"001"的身份注册进入企业应用平台。

（2）执行"基础设置—基本信息—系统启用"命令，进入"系统启用"窗口，系统启用界面显示全部已安装的子系统。

（3）勾选总账系统前的复选框，系统自动弹出"日期"对话框，选择系统启用的年度和日期,单击"确认"按钮,系统提示"确定要启用当前系统吗?",单击"是"按钮完成系统启用,如图3-23所示。

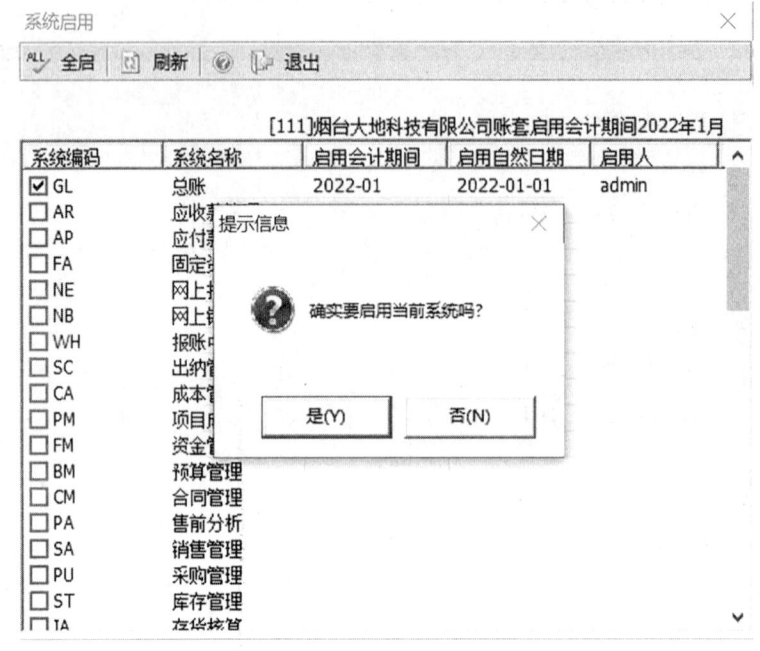

图 3-23　系统启用

二、编码方案

为了便于对经济业务数据进行分级核算、统计和管理,系统要求预先设置某些基础档案的编码规则,规定各种编码的级次以及各级的长度,即编码方案。可分级设置的内容包括科目编码、客户分类编码、供应商分类编码、存货分类编码、部门编码、地区分类编码、结算方式编码、货位编码、收发类别编码等。

编码级次和各级编码长度的设置将决定用户如何编制基础数据的编号,构成用户分级核算、统计和管理的基础。

编码方案中各栏目说明如下。

(一) 科目编码级次

系统最大限制为九级十五位,且任何一级的最大长度都不得超过九位编码,一般用"42222"即可。用户在此设定的科目编码级次和长度将决定用户单位的科目编号如何编制。例如,某单位将科目编码设为"4322",则科目编号时一级科目编码为四位,二级科目编码为三位,三级科目编码为二位,四级科目编码为二位。

(二) 客户分类编码级次

系统最大限制为五级十二位,且任何一级的最大长度都不得超过九位编码。用户在此设定的科目编码级次和长度将决定用户单位的客户编号如何编制。例如,某单位将客户分类编码设为"4322",则编号时一级客户分类编码为四位,二级客户分类编码为三位,三级客户分类编码为二位,四级客户分类编码为二位。

（三）供应商分类编码级次

系统最大限制为五级十二位,且任何一级的最大长度都不得超过九位编码。用户在此设定的供应商编码级次和长度将决定用户单位的供应商编号如何编制。例如,某单位将供应商分类编码设为"234",则编号时一级供应商分类编码为二位,二级供应商分类编码为三位,三级供应商分类编码为四位。

（四）存货分类编码级次

系统最大限制为八级十二位,且任何一级的最大长度都不得超过九位编码。用户在此设定的存货编码级次和长度将决定用户单位的存货编号如何编制。例如,某单位将存货分类编码设为"123",则编号时一级存货分类编码为一位,二级存货分类编码为二位,三级存货分类编码为三位。

（五）部门编码级次

系统最大限制为五级十二位,且任何一级的最大长度都不得超过九位编码。用户在此设定的部门编码级次和长度将决定用户单位的部门编号如何编制。例如,某单位将部门分类编码设为"12",则编号时一级部门编码为一位,二级部门编码为二位。

（六）结算方式编码级次

系统将结算方式编码级次固定为二位,总长度都不得超过三位编码。用户在此设定的结算方式编码级次和长度将决定用户单位的结算方式类别编号如何编制,系统默认结算方式类别编码为"12",即编号时一级结算方式编码为一位,二级结算方式编码为二位。

（七）地区编码级次

系统最大限制为三级十二位,且任何一级的最大长度都不得超过九位编码。用户在此设定的地区编码级次和长度将决定用户单位的部门地区编号如何编制。例如,某单位将地区分类编码设为"234",则编号时一级地区编码为二位,二级地区编码为三位,三级地区编码为四位。

（八）货位编码级次

系统最大限制为八级二十位,且任何一级的最大长度都不得超过九位编码。用户在此设定的货位编码级次和长度将决定用户单位的货位编号如何编制。例如,某单位将货位编码设为"234",则编号时一级货位编码为二位,二级货位编码为三位,三级货位编码为四位。

（九）收发类别编码级次

系统最大限制为三级五位,且任何一级的最大长度都不得超过五位编码。用户在此设定的收发类别编码级次和长度将决定用户单位的货位收发类别编号如何编制,例如。某单位将收发类别编码设为"111",则编号时一级收发类别编码为一位,二级收发类别编码为一位,三级收发类别编码为一位。

如果在建账时设置存货（客户、供应商）不需分类,则在此不能进行存货分类（客户、供应商分类）的编码方案设置。

三、数据精度

由于各用户企业对数量、单价的核算精度要求不一致,为了适应各用户企业的不同需求,系统提供了自定义数据精度的功能。系统管理部分需要设置的数据精度主要包括存货数量小数位、存货单价小数位、开票单价小数位、件数小数位、换算率小数位和税率小数位数。

数据精度各栏目说明如下。

（一）存货数量小数位

用户可根据企业的实际情况，在进行存货数量核算时输入所要求的小数位数，只能输入0～6的整数，系统默认值为"2"。

（二）存货单价小数位

用户可根据企业的实际情况，在进行存货单价核算时输入所要求的小数位数，只能输入0～6的整数，系统默认值为"2"。

（三）开票单价小数位

用户可根据企业的实际情况，在开票时输入所要求的单价的小数位数，只能输入0～6的整数，系统默认值为"2"。

（四）件数小数位

用户可根据企业的实际情况，在开票时输入所要求的件数小数位数，只能输入0～6的整数，系统默认值为"2"。

（五）换算率小数位

用户可根据企业的实际情况，在进行单位换算时输入所要求的换算率的小数位数，只能输入0～6的整数，系统默认值为"2"。

（六）税率小数位数

用户可根据企业的实际情况，在进行税收计算时输入所要求的税率的小数位数，只能输入0～6的整数，系统默认值为"2"。

第五节 基础档案

设置基础档案应首先确定基础档案的分类编码方案，设置基础档案时档案编码和名称必须唯一，档案编码必须符合编码方案要求。并且，由于基础数据之间存在前后承接关系，基础档案的设置应遵从一定的顺序，如图3-24所示。明确了基础数据之间的关系，才可以使得基础档案的设置顺利进行。图3-24中未列出的项目，不存在先后顺序的问题。

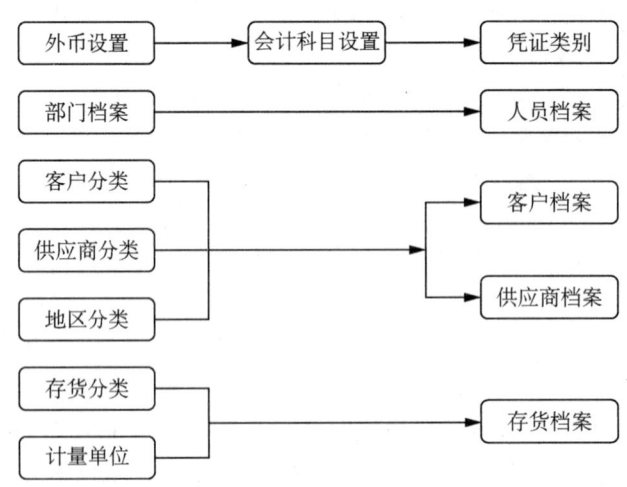

图3-24 基础档案设置顺序图

一、机构人员

企业组织机构是企业组织内部各个部门要素相互作用的联系方式,是企业资源和权力分配的载体,它在人的能动行为下,通过信息传递,承载着推动企业业务流动的使命。企业实施会计电算化必须进行组织机构优化,结合企业的发展合理配备组织机构和人员,机构人员包括部门档案和人员档案等。

(一)部门档案

部门是指某使用单位下辖的具有分别进行财务核算或业务管理要求的单元体,不一定与企业实际的职能部门相应。部门档案用于设置部门相关信息,包括部门编码、名称、负责人、部门属性等。部门档案需要按照已经定义好的部门编码级次原则输入部门编号及其信息,档案编码最多可分5级,总长度12位。烟台大地科技有限公司部门档案资料,如表3-2所示。

表3-2　　　　　　烟台大地科技有限公司部门档案资料

部门编号	所属部门	部门编号	所属部门
1	总经理办公室	302	仓库
2	财务部	303	生产管理部门
3	生产部	4	销售部
301	生产车间	5	采购部

(1)以"001李盛泽"身份注册进入"企业应用平台"窗口,单击左下角基础设置页签。
(2)执行"基础档案—机构人员—部门档案"命令,进入部门档案窗口。
(3)单击"增加"按钮,激活部门档案录入界面,如图3-25所示。

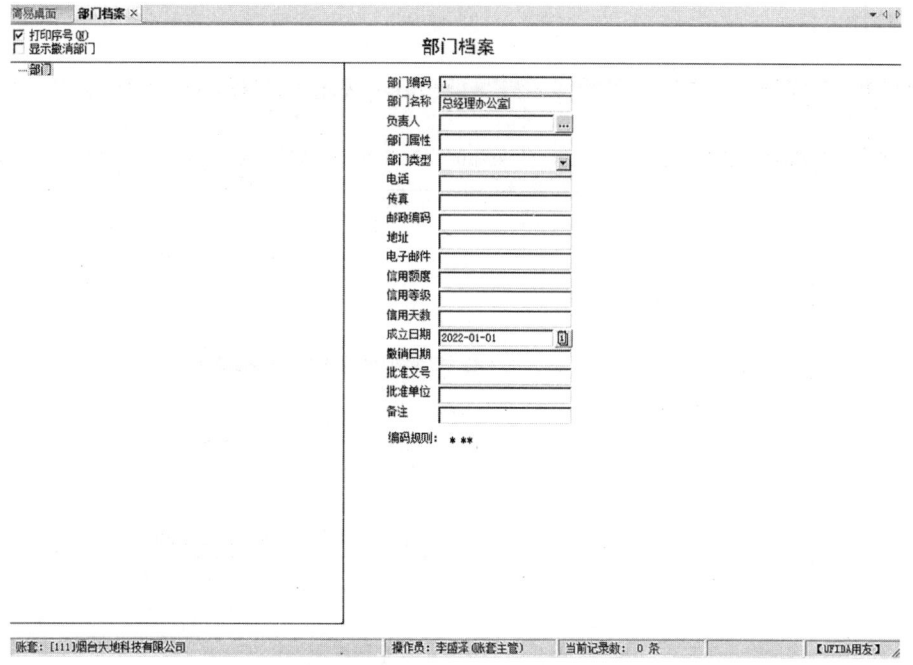

图3-25　部门档案设置

(4)依次录入办公室的有关信息,部门编码:1;部门名称:总经理办公室;部门编码、部门名称必须录入,其他信息可以为空。录入完成,单击"保存"按钮保存录入信息。

(5)同理,继续录入其他部门信息,全部录入定毕后,单击"退出"按钮,返回到"用友U8V10.1—企业应用平台"窗口。

(二)人员类别

人员类别是指该员工应该属于哪一类别,如有生产工人、车间管理人员、企业管理人员等。分类的目的是在分配有关成本费用、有关科目时确定该人员属于哪一类型,一般情况下将工资分摊到同一科目的人员设为同一类别,如管理人员(工资分摊到管理费用)、生产人员、销售人员等。烟台大地科技有限公司部门人员类别,如表3-3所示。

表3-3　　　　　　　　烟台大地科技有限公司人员类别

人员类别编号	人员类别
1011	企业管理人员
1012	采购人员
1013	销售人员
1014	生产管理人员
1015	生产人员
1016	仓管人员

(1)双击"基础设置—机构人员—人员类别",进入"人员类别"窗口。根据实验资料,单击左侧的"正式工",单击工具栏的"增加"按钮,弹出"增加档案项"窗口。

(2)在"档案编码"栏输入"1011","档案名称"输入"企业管理人员",单击"确定"按钮,如图3-26所示。

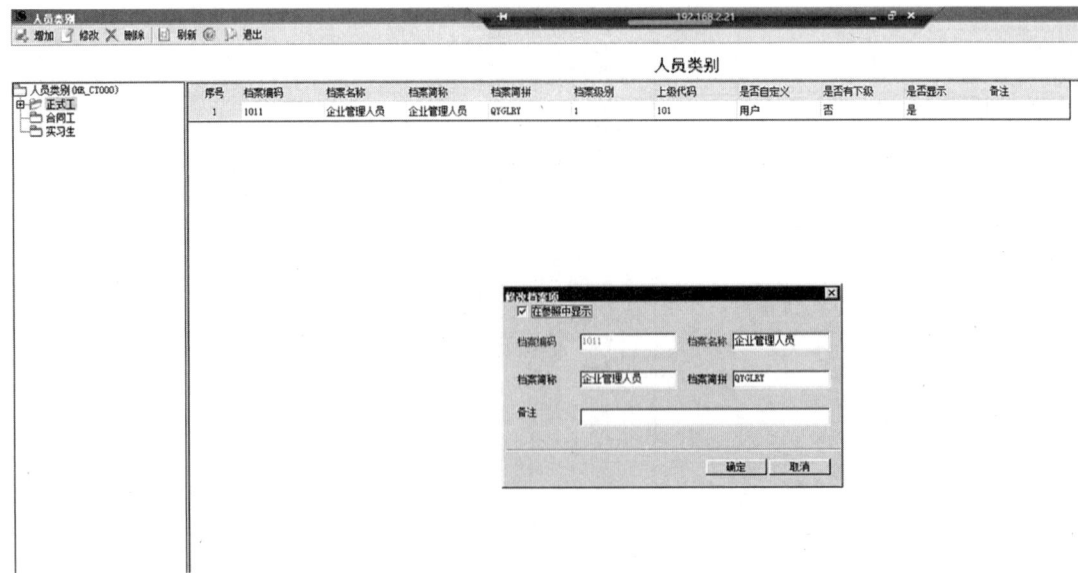

图3-26　人员类别设置

（3）同理，继续输入剩余的人员类别档案。全部输入完毕，关闭"增加档案项"窗口，返回"人员类别"窗口。

（三）人员档案

人员档案主要用于设置企业各职能部门中需要进行核算和业务管理的职员信息包括职员编号、名称、所属部门及职员属性等，设置好部门档案后，才能设置这些部门相应的人员档案，设置人员档案可以方便地进行个人往来核算和管理等操作。烟台大地科技有限公司部门人员档案，如表3-4所示。

表3-4　　　　　　　　　　烟台大地科技有限公司人员档案

人员编码	姓名	性别	雇佣状态	所属部门	人员类别	是否在职
1001	孔德翔	男	在职	总经理办公室	企业管理人员	是
1002	张 晓	男	在职	总经理办公室	企业管理人员	是
2001	李盛泽	男	在职	财务部	企业管理人员	是
2002	姚贝贝	女	在职	财务部	企业管理人员	是
2003	向 男	男	在职	财务部	企业管理人员	是
3001	孙思泽	男	在职	生产部—生产车间	生产人员	是
3002	宋小宝	女	在职	生产部—生产车间	生产人员	是
3003	于传强	男	在职	生产部—仓库	仓管人员	是
3004	赵文斌	女	在职	生产部—仓库	仓管人员	是
3005	王加成	男	在职	生产部—生产管理部门	生产管理人员	是
4001	宋鹏飞	男	在职	销售部	销售人员	是
4002	赵 坤	男	在职	销售部	销售人员	是
5001	于欣丽	女	在职	采购部	采购人员	是
5002	李 强	男	在职	采购部	采购人员	是

（1）以"001李盛泽"身份注册进入"企业应用平台"窗口。

（2）执行"基础档案—机构人员—人员档案"命令，进入"人员档案"窗口，如图3-27所示。

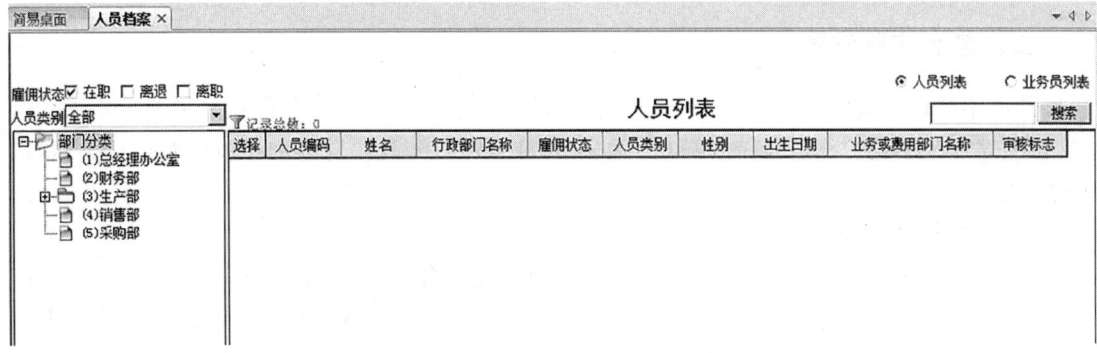

图3-27　人员档案

（3）在"人员档案"窗口左侧部门目录中选择要增加人员的末级部门，单击"增加"按钮，进入"人员档案—新增"窗口，如图3-28所示。

图3-28 人员档案录入

（4）依次输入职员编码：1001；职员名称：孔德翔；性别：男；所属部门：总经理办公室；雇佣状态：在职；人员类别：企业管理人员。或者单击"所属部门"右侧的参照按钮，在弹出的列表中选择"总经理办公室"。输入完毕后，单击"保存"按钮对所设职员信息进行保存。

（5）同理，录入其他职员信息，全部录入完毕后，单击"增加人员档案"窗口的"退出"按钮返回"人员档案"窗口，单击"退出"按钮，返回"用友 U8V10.1—企业应用平台"窗口。

二、客商信息设置

往来单位设置就是对与本单位有业务往来核算的客户和供应商进行分类并设置其基本信息，以便对往来单位数据进行统计分析。往来单位设置所涉及的内容主要包括客户分类、客户档案、供应商分类、供应商档案等。

（一）客户、供应商分类

企业可以根据自身管理的需要对客户和供应商进行分类管理，建立客户与供应商分类体系，以便于业务数据的统计、分析，如将客户和供应商按行业、地区进行划分。设置客户与供应商的分类后，必须将具体客户和供应商设置在最末级的分类下。如果在建账时选择了客户、供应商分类，就必须先建立客户和供应商的分类，再增加具体客户或供应商档案；若没有对客户和供应商进行分类管理需求,可以直接建立档案。烟台大地科技有限公司客户、供应商分类,如表3-5所示。

表3-5　　　　　　　　烟台大地科技有限公司客户、供应商分类

类别编码	类别名称
01	本地
02	外地

(1) 进入"企业应用平台"的"基础设置"页签,执行"基础档案—客商信息—客户分类"命令,进入客户分类窗口。

(2) 单击"增加"按钮、输入分类编码"01",分类名称"本地",单击"保存"按扭。

(3) 同理,录入"02 外地"并保存,全部录入完成后,如图3-29所示,单击"退出"按钮。

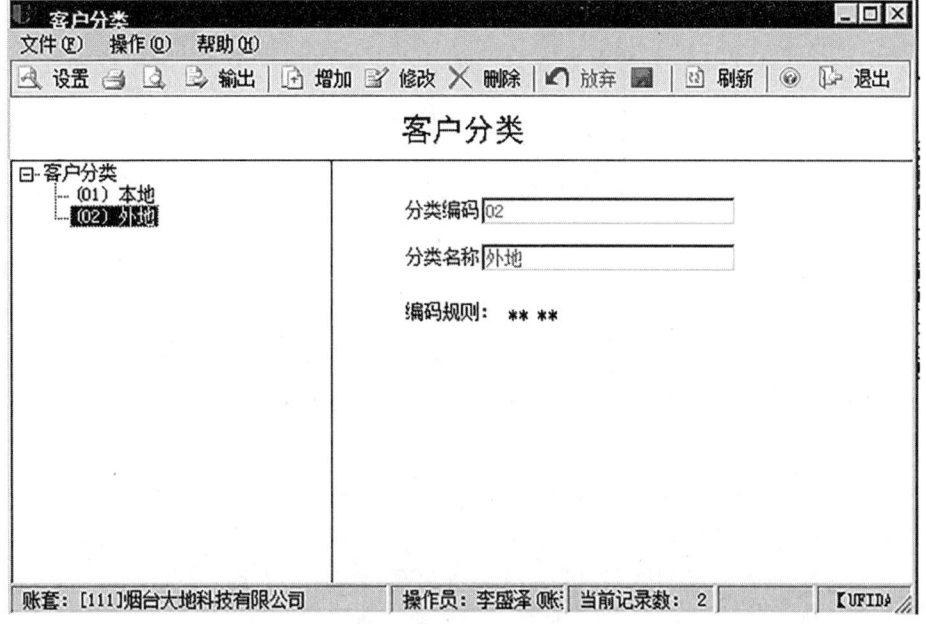

图3-29　客户分类录入

(4) 供应商分类同理,执行"基础档案—客商信息—供应商分类"命令,完成供应商分类信息的录入。

(二) 客户档案

建立客户档案可以对客户的数据进行分类、汇总和查询,以便加强往来管理。使用客户档案管理往来客户时,应首先收集整理与本单位有业务往来关系的客户的基本信息,以便在客户档案设置时准确输入信息,客户档案所需的基本信息主要包括客户编号、客户名称、客户所属分类、开户银行名称、账号、税号、联系方式等。

主要信息设置要求如下。

1. 客户编码

客户编码必须唯一,客户编码可以用数字或字符表示,最多可输入20位数字或字符。

2. 客户名称

可以是汉字或英文字母，客户名称最多可输入 49 个汉字或 98 个字符。客户名称用于销售发票的打印。

3. 客户简称

可以是汉字或英文字母，客户简称最多可输入 30 个汉字或 60 个字符。客户简称用于业务单据和账表的屏幕显示。

4. 对应供应商编码、简称

在客户档案中输入对应供应商名称时不允许记录重复，即不允许出现多个客户对应一个供应商的情况。

5. 所属分类

单击参照按钮选择客户所属分类，或者直接输入分类编码。

6. 所属地区码

可输入客户所属地区的代码，代码已存在时，系统会自动转换成地区名称，显示在该栏目的右编辑框内。也可以使用参照输入法，即在输入所属地区码时，用鼠标单击参照按钮选择。

7. 客户总公司

客户总公司是指当前客户所隶属的最高一级的公司，该公司必须是已经通过客户档案设置功能设定的另一个客户。

8. 所属行业

输入客户所归属的行业，可输入汉字。

9. 开票单位

选择开票单位总公司名称或本身的名称录入，必须参照选择输入。

10. 税号

输入客户的工商登记税号，用于销售发票的税号栏内容的屏幕显示和打印输出。

11. 法人

输入客户企业法人代表的姓名，可输入 50 个字符或 25 个汉字。

12. 发展日期

发展日期是指何时与该客户建立了供货关系。

烟台大地科技有限公司客户档案，如表 3-6 所示。

表 3-6　　　　　　　　烟台大地科技有限公司客户档案

编号	名称	简称	所属分类	税号	开户银行	银行账号	默认值
001	济南邦瑞机电有限公司	济南邦瑞	02	2223456789012341	中国农业银行济南分行	6227043008479653436	是
002	济南信达汽车配件有限公司	济南信达	02	2223456789012342	中国农业银行济南分行	6227043008479652032	是
003	潍坊和兴机械有限公司	潍坊和兴	02	2223456789012343	中国农业银行潍坊分行	6227043008479652033	是

(续表)

编号	名称	简称	所属分类	税号	开户银行	银行账号	默认值
004	威海华山机械有限公司	威海华山	02	223456789012348	中国农业银行威海分行	6227043008479652038	是
005	泰安银光电子公司	泰安银光	02	223456789012345	中国农业银行泰安分行	6227043008479652035	是
006	山东恒通汽车制造有限公司	山东恒通	02	223456789012346	中国农业银行济南分行	6227043008479652036	是
007	烟台神通电气有限公司	烟台神通	01	223456789012347	中国农业银行烟台分行	6227043008479652037	是
008	青岛山海机械有限公司	青岛山海	02	223456789012349	中国农业银行青岛分行	6227043008479652039	是
009	烟台凯马汽车制造公司	烟台凯马	01	223456789012340	中国农业银行烟台分行	6227043008479652030	是

（1）进入"企业应用平台"的"基础设置"页签，执行"基础档案—客商信息—客户档案"命令，进入客户档案窗口。

（2）在"客户档案"窗口，在左侧客户分类目录中选择要增加客户档案的类别，单击"增加"按钮，进入"增加客户档案"窗口，如图3-30所示。

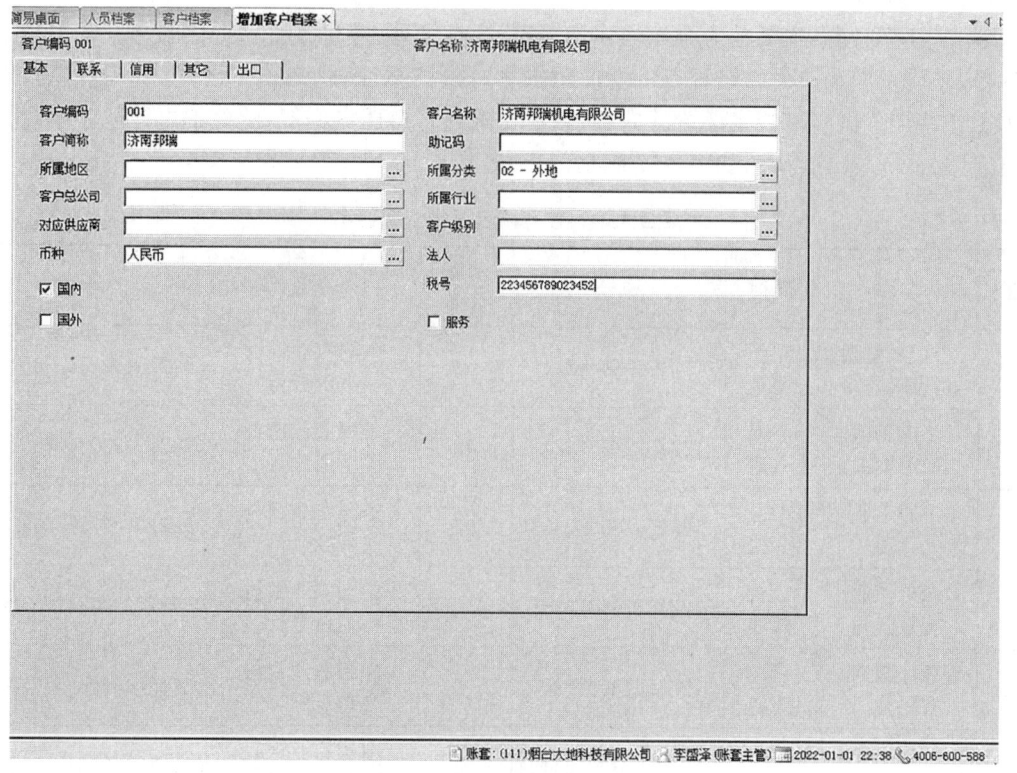

图3-30 客户档案录入

(3) 选择"基本"信息页,依次输入客户编码:001,客户名称:济南邦瑞机电有限公司,客户简称:济南邦瑞,所属分类:02,税号:223456789012341。

(4) 单击工具栏"银行"按钮,进入客户银行档案录入窗口,单击"增加"按钮,依次输入客户银行信息。开户银行:中国农业银行济南分行;银行账号:6227043008479653436;默认值:是,单击"保存"按钮退出,如图3-31所示。

图3-31 客户银行档案录入

(5) 单击工具栏"保存并新增"按钮对所输入信息进行保存,并进入下一客户档案录入界面。

(6) 同理,依次输入其他客户档案信息,录入完毕后,单击"退出"按钮,返回"客户档案"窗口,单击"退出"按钮,返回"企业应用平台"界面。

(三)供应商档案

建立供应商档案主要是为企业的采购管理、库存管理、应付款管理提供服务。在填制采购入库单、采购发票和应付款结算等都会使用供货单位档案,因此必须先设立供应商档案,以便减少工作差错。供应商档案设置的内容、基本要求与客户档案相似,此处不再详述。烟台大地科技有限公司供应商档案,如表3-7所示。

表3-7 烟台大地科技有限公司供应商档案

编码	名称	简称	税号	所属分类	开户银行	银行账号
001	重庆恒星钢材有限公司	重庆恒星	123456789012341	02	中国农业银行重庆分行	6227043008477652031
002	济南飞达工业集团	济南飞达	123456789012342	02	中国农业银行济南分行	6227043008477652032
003	中通工业集团	中通集团	123456789012343	02	中国农业银行聊城分行	6227043008477652033
004	烟台伟业有限公司	烟台伟业	123456789012344	01	中国农业银行烟台分行	6227043008477652034
005	青岛广源钢材有限公司	青岛广源	123456789012345	02	中国农业银行青岛分行	6227043008477652035
006	济南星光公司	济南星光	123456789012346	02	中国农业银行济南分行	6227043008477652036

（1）进入"企业应用平台"的"基础设置"页签，执行"基础档案—客商信息—供应商档案"命令，进入供应商档案窗口。

（2）在"供应商档案"设置窗口，在左侧供应商分类目录中选择要增加的供应商档案类别，单击"增加"按钮，进入"增加供应商档案"的窗口，如图3-32所示。

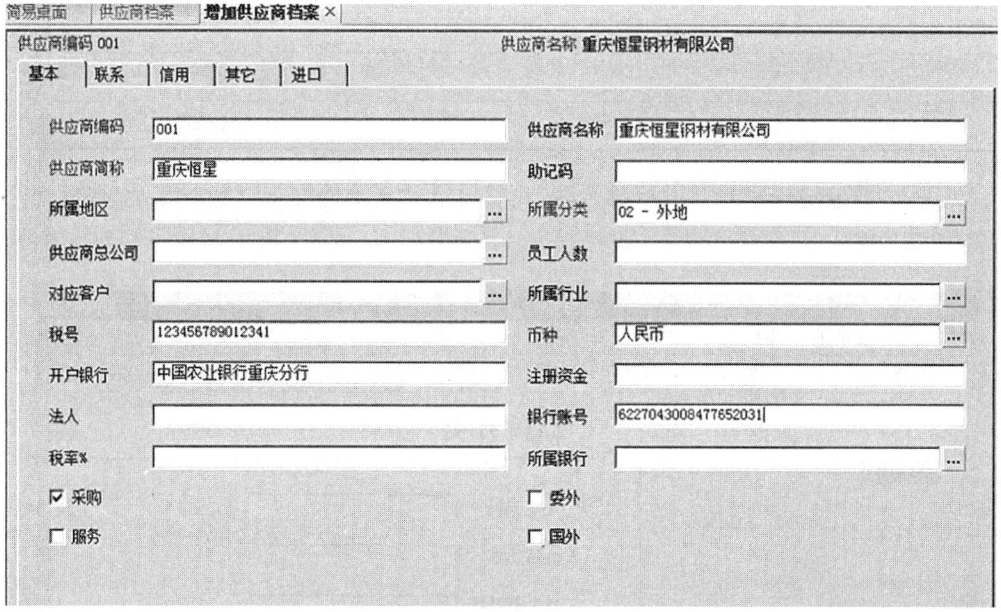

图 3-32　供应商档案录入

（3）选择"基本"信息页，依次输入供应商编码：001；供应商名称：重庆恒星钢材有限公司；供应商简称：重庆恒星；所属分类码：02；税号：123456789012341；开户银行：中国农业银行重庆分行；银行账号：6227043008477652031。

（4）单击工具栏"保存并新增"按钮对所输入信息进行保存，并进入下一个供应商档案录入界面。

（5）同理，依次输入其他供应商档案信息，录入完毕后，单击"退出"按钮，返回"供应商档案"窗口，单击"退出"按钮，返回"企业应用平台"界面。

三、存货设置

存货是指企业在日常活动中持有的以备出售的成品或商品、处在生产过程中的在产品、在生产过程或提供劳务过程中耗用的材料和物料等。存货是保证企业生产经营过程顺利进行的必要条件，合理进行存货设置，对于加强存货的核算管理具有重要的意义。存货设置的内容主要包括存货分类和存货档案。

（一）存货分类

企业的存货较多时，可以对存货进行分类，以便于核算和管理。存货分类用于设置存货分类编码、名称及所属经济分类。存货分类最多可分8级，编码总长度不能超过30位。通常，存货可以按照性质、用途、产地等进行分类。建立存货分类体系后，就可以将存货档案设置在最末级分类下。存货分类设置内容主要包括分类编码、名称等信息。烟台大地科技有限公司存货分类,如表 3-8 所示。

表 3-8　　　　　　　　烟台大地科技有限公司存货分类

存货分类编码	存货分类名称
1	库存商品
2	原材料
3	包装物
4	应税劳务

(1) 进入"企业应用平台"的"基础设置"页签,执行"基础档案—存货—存货分类"命令,进入"存货分类"窗口,如图 3-33 所示。

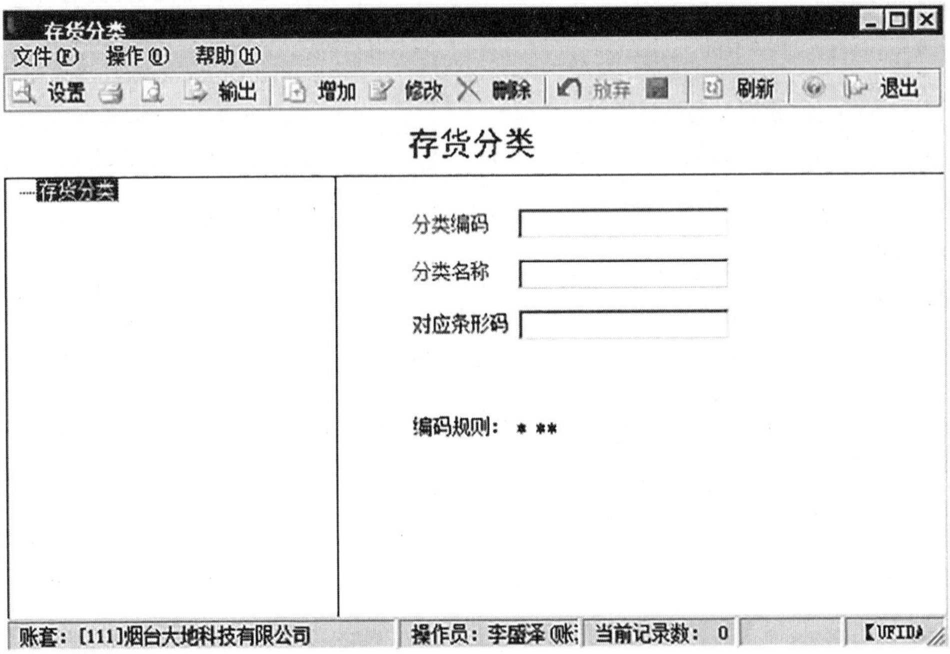

图 3-33　存货分类录入

(2) 单击"增加"按钮,输入分类编码:1,分类名称:库存商品,单击"保存"对所输信息进行保存,同时进入下一输入界面。

(3) 依次输入其他存货分类信息,全部录入完成后,单击"退出"按钮,返回"企业应用平台"界面。

(二) 计量单位

为存货设置计量单位,便于存货的核算和管理。每一存货可以设置一个或多个计量单位。计量单位的设置可根据企业对存货管理的具体要求而定。在财务软件中设置计量单位时应首先设置计量单位组,其次进行计量单位的设置。计量单位组的设置分三种应用方案:一是计量单位组设置为固定换算率;二是计量单位组设置为浮动换算;三是计量单位组设置为无换算。

当计量单位组设置为固定换算率时,可以设置两个以上(不包含两个)的计量单位,且每一个辅助计量单位对主计量单位的换算率不能为空,此时需要将该计量单位组中的主计量单位显示在存货卡片界面上;当计量单位组设置为浮动换算率时,计量单位可以设置为一个或两个,此时需要将该计量单位组中的主计量单位、辅计量单位显示在存货卡片界面上;当计量单位组设置为无换算时,此时可以设置多个计量单位,并显示在存货卡片界面上。系统只允许建立一个无换算计量单位组,而固定换算率和浮动换算率计量单位组可以建立多个。烟台大地科技有限公司计量单位,如表3-9所示。

表3-9　　　　　　　　　　烟台大地科技有限公司计量单位

计量单位组		计量单位	
编码	名称	编码	名称
01	基本计量单位 (无换算率)	1	台
		2	个
		3	套
		4	公里

(1)进入"企业应用平台"的"基础设置"页签,执行"基础档案—存货—计量单位"命令,进入"计量单位—计量单位组"窗口。单击"分组"按钮,打开"计量单位组"设置对话框,如图3-34所示。

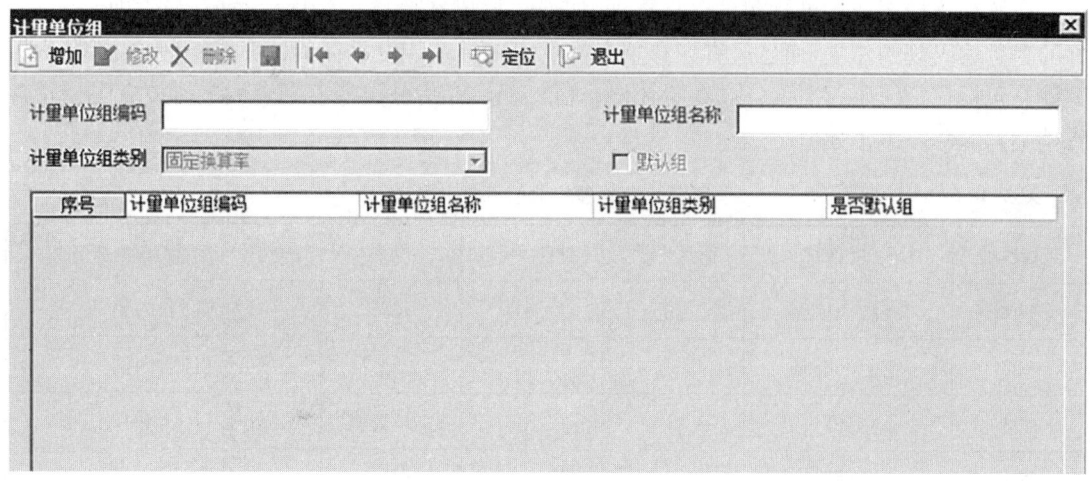

图3-34　计量单位组录入

(2)单击"增加"按钮,依次输入计量单位组编码:01;计量单位组名称:基本计量单位;选择计量单位组类别:无换算率,单击"保存"按钮,对所输信息进行保存,同时进入下一输入界面。依次输入其他计量单位组的信息资料,所有计量单位组设置完毕后,单击"退出"按钮返回"计量单位—计量单位组"设置窗口。

(3)选择左侧计量单位组,单击"单位"按钮,打开"计量单位"设置对话框,如图3-35所示。

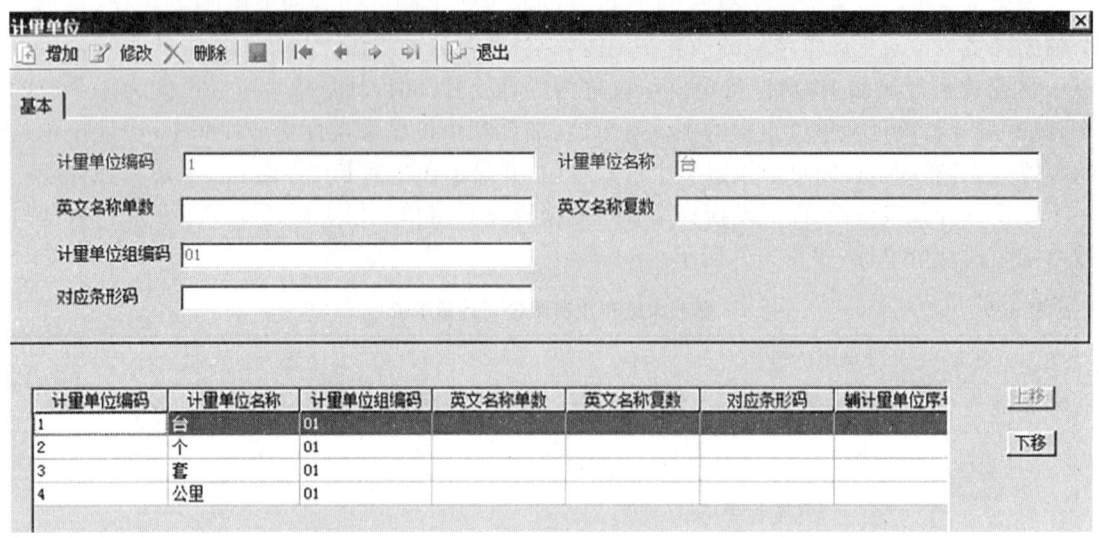

图 3-35　计量单位录入

（4）单击"增加"按钮，依次输入计量单位编码：1，计量单位名称：台，单击保存对所属信息进行保存。依次输入其他计量单位信息，所有计量单位组设置完毕后，单击"退出"按钮结束本次操作。

（三）存货档案

设置存货档案便于进行购销存货管理，加强存货成本核算。存货档案应当按照已经定义好的存货编码规则建立，而且只有在存货分类的最末级才能设置存货档案。一般情况，存货档案信息包括存货编码、存货名称、存货代码、规格型号、存货分类等。烟台大地科技有限公司存货档案，如表 3-10 所示。

表 3-10　　　　　　　　烟台大地科技有限公司存货档案

存货编码	存货名称	所属分类	计量单位	税率	存货属性
001	台式电脑	1	台	13%	自制、内销
002	笔记本电脑	1	台	13%	自制、内销
003	主机	2	台	13%	外购、生产耗用、内销
004	显示器	2	台	13%	外购、生产耗用
005	包装物	3	套	13%	外购、生产耗用
006	运输费	4	公里	9%	外购、内销、应税劳务

（1）进入"企业应用平台"的"基础设置"页签，执行"基础档案—存货—存货档案"命令，进入"存货档案"窗口。

（2）在"存货档案"设置窗口，首先在左侧存货分类目录中选择要增加存货档案的类别"1-库存商品"，其次单击"增加"按钮，进入"增加存货档案"的窗口，如图 3-36 所示。

图 3-36　存货档案录入

（3）在"增加存货档案"窗口，输入"001"存货的信息，输入完毕后，单击工具栏"保存"按钮对所输入信息进行保存，并进入下一存货档案录入界面。

（4）同理，依次输入其他存货案信息，录入完毕后，关闭"增加存货档案"窗口，返回"存货档案"窗口，单击"退出"按钮，返回"企业应用平台"界面。

四、财务设置

财务设置是对会计科目体系及会计核算基础的设置，是经济业务会计核算的基础，是使用财务软件系统的基础。财务设置主要包括外币汇率设置、会计科目体系设置、凭证类别设置、项目档案体系设置。

（一）外币汇率

汇率管理是专为外币核算服务的。企业如有外币业务，要进行外币及汇率的设置。在填制凭证时所用的汇率应先在此进行定义，以便制单时调用，其作用是：一方面减少录入汇率的次数和差错；另一方面可以避免在汇率发生变化时出现错误。

（1）单击"基础设置—基础档案—财务—外币设置"，打开"外币设置"窗口。

（2）单击"增加"按钮，输入币符：$，币名：美元，单击"确认"按钮，完成外币币种的设置，如图 3-37 所示。

图 3-37 外币设置录入

(3) 在外币列表中,选择"固定汇率"单选按钮,在"2020.01"月份的记账汇率中输入"6.3",输入完毕后回车保存,单击"退出"按钮。

(二) 结算方式

设置结算方式可以用来建立和管理用户在经营活动中所涉及的与银行之间的货币结算方式,与财务结算方式一致,如现金结算、支票结算、商业汇票等。结算方式最多可以分为两级,其编码级次设定在账套的编码规则中进行。结算方式设置的内容主要包括结算方式编码、结算方式名称等。烟台大地科技有限公司结算方式,如表3-11所示。

表 3-11　　　　　　烟台大地科技有限公司结算方式

编码	结算方式	票据管理标识	编码	结算方式	票据管理标识
1	现金结算	否	4	汇兑	否
2	支票结算	是	401	信汇	是
201	现金支票	是	402	电汇	是
202	转账支票	是	5	委托收款	是
3	商业汇票	是	6	银行汇款	否
301	商业承兑汇票	是	7	托收承付	否
302	银行承兑汇票	是	8	其他	否

(1) 进入"企业应用平台"的"基础设置"页签,执行"基础档案—收付结算—结算方式"命令,进入结算方式设置窗口。

(2) 单击"增加"按钮,输入结算方式编码:1,结算方式名称:现金结算,不勾选"是否票据管理"复选框。

（3）单击"保存"按钮,对所输入信息进行保存,其结果显示在左边的条形目录中,如图 3-38 所示。

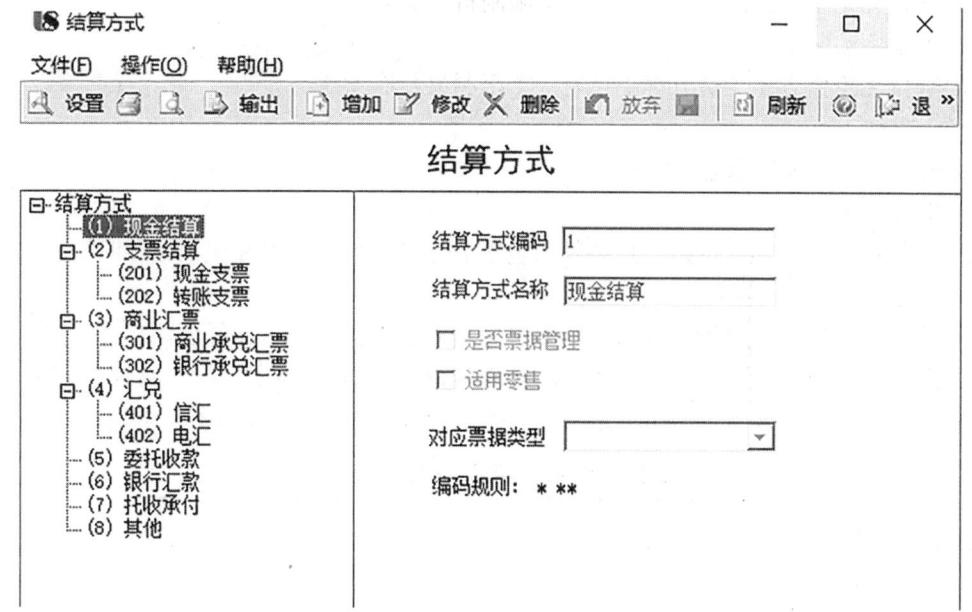

图 3-38　结算方式录入

（4）同理,依次输入其他结算方式分类信息,全部录入完成后,单击"退出"按钮,返回"企业应用平台"界面。

（三）设置凭证类别

许多单位为了方便登账或便于管理,一般对记账凭证进行分类编制。用友财务软件系统提供了凭证类别设置功能,并预设了凭证分类方案。同时,为了提高凭证处理的准确性,系统还提供了凭证使用限制条件设置功能。

1. 选择凭证类别

第一次使用总账系统时,应正确选择凭证类别的分类方式,系统提供了五种常用分类方式供选择。

（1）记账凭证。

（2）收款、付款、转账凭证。

（3）现金、银行、转账凭证。

（4）现金收款、现金付款、银行收款、银行付款、转账凭证。

（5）自定义凭证类别。

2. 确定限制条件

选择凭证分类方式后,可以设置该种凭证的限制条件以提高凭证处理的准确性。系统有七种限制类型供选择。

1）借方必有

制单时,借方至少有一个限制科目有发生。

2) 贷方必有

制单时,贷方至少有一个限制科目有发生。

3) 凭证必有

制单时,无论借方还是贷方至少有一个限制科目有发生。

4) 凭证必无

制单时,无论借方还是贷方都不可有一个限制科目有发生。

5) 无限制

制单时,可使用所有合法的科目。

6) 借方必无

即金额发生在借方的科目集时,必须不包含借方必无科目。可在凭证保存时检查。

7) 贷方必无

即金额发生在贷方的科目集时,必须不包含贷方必无科目。可在凭证保存时检查。

限制科目由用户输入,可以是任意级次的科目,科目之间用英文逗号分离,数量不限,也可参照输入,但不能重复录入。烟台大地科技有限公司凭证分类方案,如表3-12所示。

表3-12　　　　　　烟台大地科技有限公司凭证分类方案

凭证类别	限制类型	限制科目
收款凭证	借方必有	1001,1002
付款凭证	贷方必有	1001,1002
转账凭证	凭证必无	1001,1002

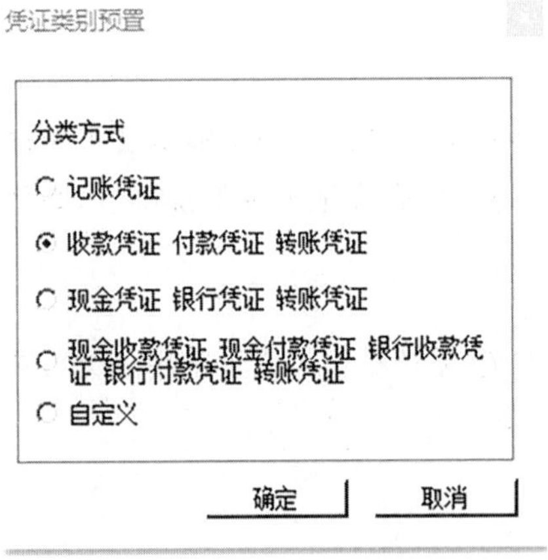

(1) 双击"企业应用平台—基础档案—财务—凭证类别",进入"凭证类别预置"窗口。

(2) 选择分类方式为"收款凭证、付款凭证、转账凭证",单击"确定"按钮,进入"凭证类别"窗口,如图3-39所示。

(3) 设置凭证类别为"收、付、转"的限制类型,单击"修改"按钮,单击收款凭证"限制类型"的下三角按钮,选择"借方必有";在"限制科目"栏输入"1001,1002"。

(4) 设置付款凭证的限制类型"货方必有"、限制科目"1001,1002",转账凭证的限制类型"凭证必无"、限制科目"1001,1002"。

(5) 设置完毕,单击"退出"按钮。

图3-39 凭证类别选择

(6) 输入开户银行基本信息:编码:01;银行名称:工商银行莱山区支行;账号:688005002322;单击"保存"按钮进行保存,单击"退出"按钮返回"开户银行"对话框,在此对话框单击"退出"返回"企业应用平台"界面。

(四) 会计科目设置及余额表录入

会计科目是填制会计凭证、登记会计账簿、编制会计报表的基础,是对会计对象具体内容分门别类进行核算所规定的项目。会计科目设置的完整性将会影响会计过程的顺利实施,会计科目设置的层次深度将会直接影响会计核算的准确程度。会计科目期初余额,如表 3-13 所示。

表 3-13　　　　　　　　　　　　会计科目期初余额　　　　　　　　　　　　单位:元

科目编码	科目名称	方向	期初余额	备注
1001	库存现金	借	71 083	日记账
1002	银行存款	借	500 000	日记账、银行账
100201	工行存款	借	500 000	日记账、银行账
1121	应收票据	借	0	客户往来
1122	应收账款	借	474 600	客户往来
1123	预付账款	借	0	供应商往来
1231	坏账准备	贷	788	
1221	其他应收款	借	36 000	
1403	原材料	借	827 000	
1405	库存商品	借	888 000	
1601	固定资产	借	2 899 640	
1602	累计折旧	贷	26 435	
1701	无形资产	借	500 000	
1901	待处理财产损溢	借	0	
190101	待处理流动资产损溢	借	0	
190102	待处理固定资产损溢	借	0	
2001	短期借款	贷	191 600	
2201	应付票据	贷	0	供应商往来
2202	应付账款	贷	877 500	供应商往来
2203	预收账款	贷	0	客户往来
2211	应付职工薪酬	贷	0	
221101	应付工资	贷	0	
221102	应付福利费	贷	0	
2221	应交税费	贷	0	
222101	应交增值税	贷	0	
22210101	进项税额	借	0	
22210102	销项税额	贷	0	
2501	长期借款	贷	2 100 000	
4001	实收资本	贷	3 000 000	

(续表)

科目编码	科目名称	方向	期初余额	备注
5001	生产成本	借	0	
500101	直接人工	借	0	项目核算
500102	直接材料	借	0	项目核算
500103	制造费用	借	0	项目核算
6602	管理费用	借	0	
660201	办公费	借	0	部门核算
660202	差旅费	借	0	部门核算
660203	工资	借	0	部门核算
660204	折旧费	借	0	部门核算
6702	信用减值损失	借	0	

1. 增加会计科目

如果需要建立的会计科目体系与所选行业标准会计科目基本一致，则可在建立账套时选择预置标准会计科目。这样设置时只需对不同的会计科目进行修改，对缺少的会计科目进行增加处理即可。

（1）双击"企业应用平台—基础档案—财务—会计科目"，进入"会计科目"窗口，显示所有"按新会计制度"预置的科目，如图3-40所示。

图3-40　预置会计科目

(2) 单击"增加"按钮,进入"新增—会计科目"窗口,如图 3-41 所示。

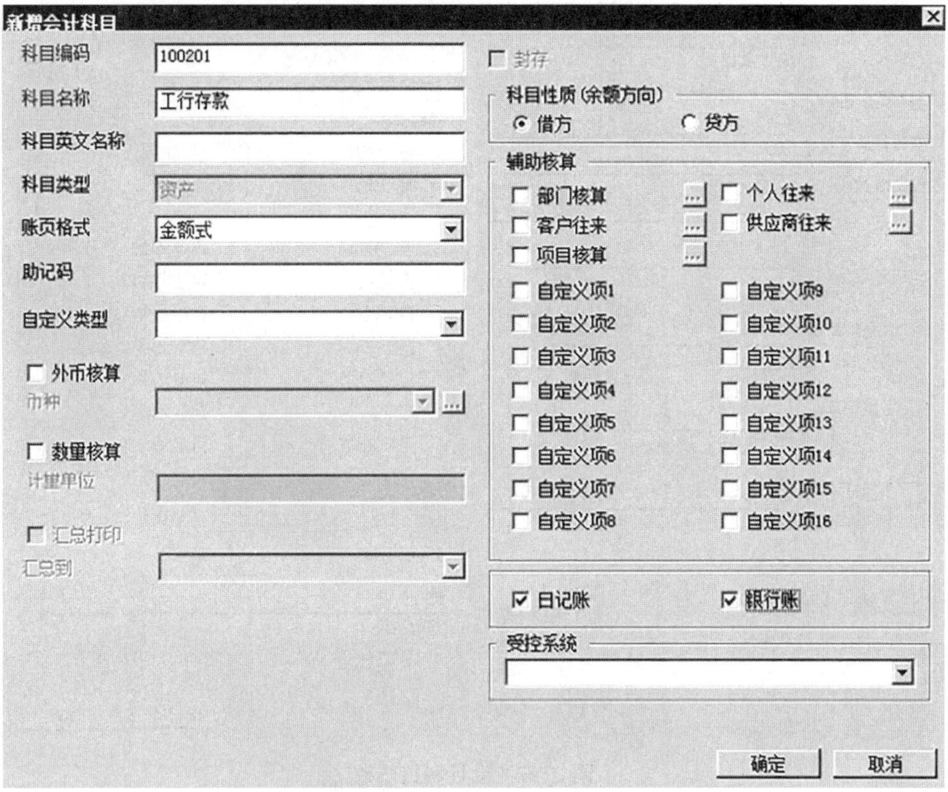

图 3-41 新增会计科目录入

(3) 输入明细科目相关内容。输入编码:100201、科目名称:工行存款,选择"日记账""银行账",单击"确定"按钮。

(4) 同理,所有会计科目录入完毕后,单击下方的"取消"按钮,返回"会计科目"窗口。

2. 修改会计科目

如果需要对原有会计科目的某些项目进行修改,如科目名称、账页格式、辅助核算汇总打印、封存标识等,可以通过"修改"功能来实现。

(1) 在"会计科目"窗口中,将光标移到需要修改"1121 应收票据"科目所在行。

(2) 单击"修改"按钮,打开"会计科目_修改"对话框,单击"修改"按钮进行项目修改,勾选"辅助核算:客户往来",如图 3-42 所示。

(3) 修改完毕,单击"确定"按钮,退出。

(4) 同理,所有会计科目修改完毕后,单击下方的"返回"按钮,返回"会计科目"窗口。

3. 删除会计科目

如果某些会计科目暂时不需要用或者不适合企业科目体系的特点,可以在未使用之前将其删除。

(1) 在"会计科目"窗口中,将光标移到需要删除的科目上。

(2) 单击"删除"按钮,系统弹出"记录删除后不能恢复!真的删除此记录吗?"提示对话框,单击"确定"按钮。

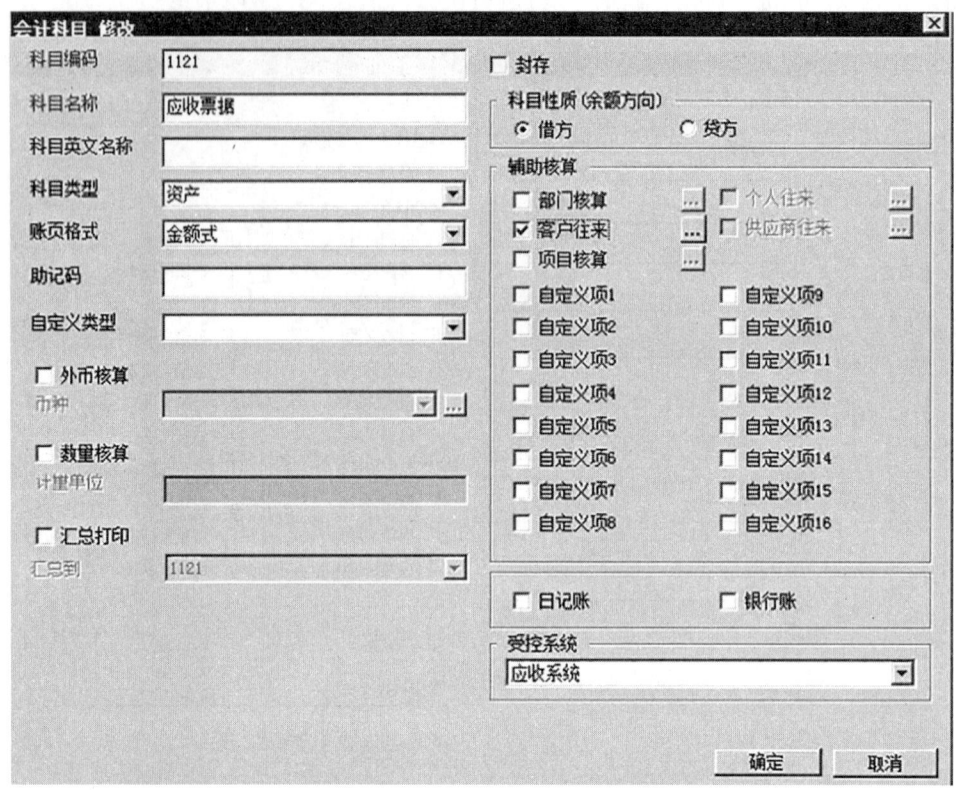

图 3-42　会计科目修改

4. 指定会计科目

指定会计科目是指设定出纳的专管科目。系统只有在设定科目后,才能执行出纳签字,才能查看现金、银行存款日记账,从而实现现金、银行存款管理的保密性。烟台大地科技有限公司指定会计科目,如表 3-14 所示。

表 3-14　　　　烟台大地科技有限公司指定会计科目

项目	会计科目
现金科目	库存现金(1001)
银行科目	银行存款(1002)

(1) 在"会计科目"窗口,单击"编辑—指定科目"菜单,打开"指定科目"对话框,如图 3-43 所示。

(2) 单击"现金科目"单选按钮,在待选科目选择框中,选中"1001 库存现金"所在行,单击">"按钮列入已选科目框中。

(3) 单击"银行科目"单选按钮,继续将"1002 银行存款"科目指定为"银行科目",单击">"按钮列入已选科目框中。

(4) 单击"确定"按钮,对指定会计科目的操作进行保存。

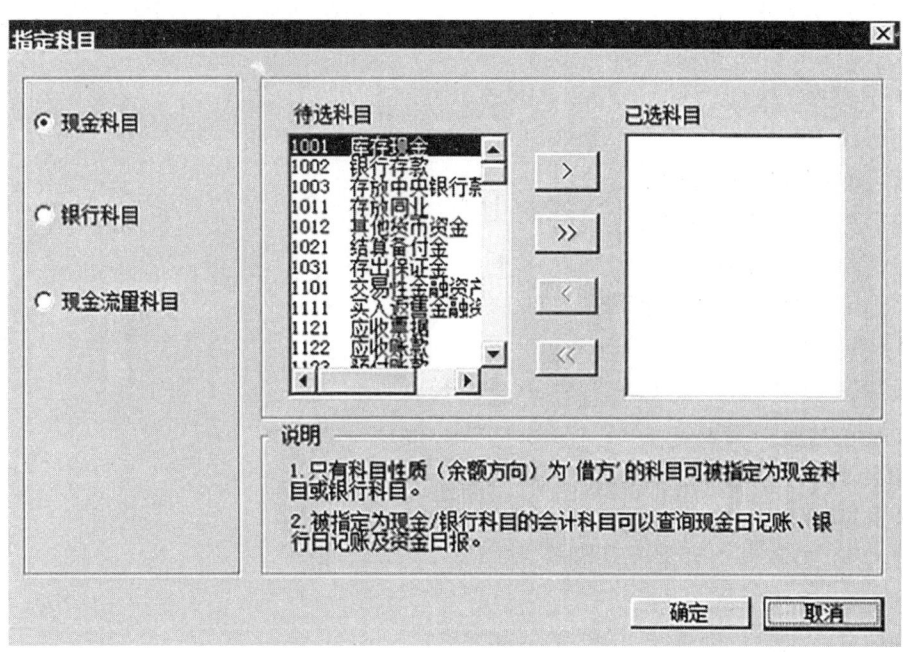

图 3-43 指定会计科目

思考题

1. 角色和用户的关系是什么？
2. 会计科目账页格式的选择标准是什么？

实验一 系统管理

一、目的与要求

（1）掌握用友 U8V10.1 系统的启动和注册。
（2）掌握设置操作员的方法。
（3）掌握建立账套的方法和流程。
（4）掌握设置操作员权限的方法。
（5）掌握引入和输出备份账套的方法。

二、实验内容

1. 登录系统管理
2. 增加用户
3. 依次增加操作员

王伟　编号:801　密码:001　所属角色:账套主管

张丽　编号:802　密码:002
李俊　编号:803　密码:003

4. 建立账套

账套号:888
账套名称:烟台蓝海有限责任公司
单位名称:烟台蓝海有限责任公司
单位简称:烟台蓝海
单位地址:烟台市莱山区港城东大街100号
法人代表:李杰
邮政编码:264005
税号:610011010255689
启用会计期:2022年1月
企业类型:工业
行业性质:2007新会计制度科目
账套主管:王伟
基础信息:对客户、供应商、存货进行分类
分类编码方案:科目编码级次4-2-2-2;客户分类编码级次1-2-3;供应商分类编码级次1-2-3;部门编码级次1-2-2。

5. 设置用户权限

王伟为账套主管;张丽为会计;李俊为出纳,具体权限为总账管理系统中的出纳签字及出纳的所有权限。操作员信息,如表3-15所示。

表3-15　　　　　　　　　　　　操作员信息

姓名	权限设置
王伟	账套主管,负责系统日常运行管理,具有全部权限
张丽	具有"基本信息""总账管理"(出纳签字除外)子系统的全部权限
李俊	具有"总账—凭证—出纳签字"和"总账—出纳"子系统的全部权限

6. 修改账套

更改法人代表为"李明",并增加联系电话:13805352777。

7. 账套的引入和输出

输出当前新建账套。

实验二　基础设置

一、目的与要求

(1) 熟悉基础设置的功能结构。
(2) 掌握账套基础信息设置的方法。

二、实验内容

1. 设置部门档案

企业部门档案资料,如表3-16所示。

表3-16　　　　　　　　　　企业部门档案

部门编码	部门名称
1	综合部
2	财务部
3	市场部
301	采购部
302	销售部
4	加工车间

2. 设置人员类别

企业人员类别,如表3-17所示。

表3-17　　　　　　　　　　企业人员类别

人员类别编码	人员类别名称
1011	企业管理人员
1012	采购人员
1013	销售人员
1014	生产工人
1015	其他人员

3. 设置人员档案

企业人员档案,如表3-18所示。

表3-18　　　　　　　　　　企业人员档案

人员编码	人员姓名	性别	行政部门	人员类别	是否业务员	是否操作员
0001	张宏	男	综合部	企业管理人员	是	
0002	江涛	男	综合部	企业管理人员	是	
0003	王伟	男	财务部	企业管理人员	是	是
0004	张丽	女	财务部	企业管理人员	是	是
0005	李俊	男	财务部	企业管理人员	是	是
0006	宋凤	女	采购部	采购人员	是	
0007	张伟	男	销售部	销售人员	是	

(续表)

人员编码	人员姓名	性别	行政部门	人员类别	是否业务员	是否操作员
0008	李亮	男	加工车间	生产工人	是	
0009	张刚	男	加工车间	生产工人	是	
0010	赵凯	男	加工车间	生产工人	是	

4. 增加客户档案

客户分类及客户档案，如表3-19、表3-20所示。

表3-19　　　　　　　　　　　客户分类

分类编码	分类名称	分类编码	分类名称
1	京津地区	4	西北地区
2	华北地区	5	西南地区
3	东北地区	6	华东地区

表3-20　　　　　　　　　　　客户档案

客户编码	客户名称	所属分类	客户简称	税号	开户银行	银行账号
1	北京华锦股份有限公司	1	北京华锦	123123123123	中国工商银行朝阳区支行	12312312312
2	天津华硕股份有限公司	1	天津华硕	234234234234	中国银行天津唐家口支行	56234234234
3	上海华强股份有限公司	6	上海华强	345345345345	中国建设银行天山路支行	98345345345
4	南京华伟股份有限公司	6	南京华伟	456456456456	招商银行玄武支行营业室	23456456456
5	伊犁华通股份有限公司	4	伊犁华通	567567567567	中国建设银行伊宁斯大林西街支行	45567567567
6	沈阳华益股份有限公司	3	沈阳华益	678678678678	招商银行兴顺支行	23678678678

5. 增加供应商档案

供应商分类及供应商档案，如表3-21、表3-22所示。

表3-21　　　　　　　　　　　供应商分类

分类编码	分类名称	分类编码	分类名称
1	原材料供应商	3	半成品供应商
2	零部件供应商	4	产成品供应商

表 3-22　　　　　　　　　　　　　　供应商档案

客户编码	供应商名称	所属分类	供应商简称	税号	开户银行	银行账号
1	北京启信股份有限公司	3	北京启信	321321321321	中国工商银行朝阳支行	34321321321
2	天津诚信股份有限公司	3	天津诚信	432432432432	中国银行保税滨海中心支行	45432432432
3	上海铭心股份有限公司	4	上海铭心	543543543543	中国建设银行拱极路支行	67543543543
4	伊犁华通股份有限公司	1	伊犁华通	654654654654	中国建设建行斯大林东路支行	78654654654
5	沈阳守信股份有限公司	2	沈阳守信	765765765765	招商银行八王寺街分理处	89765765765

6. 存货分类

设置存货分类须先启用应收款管理系统,存货分类编码及分类名称,如表 3-23 所示。

表 3-23　　　　　　　　　　存货分类编码及分类名称

存货分类编码	存货分类名称
01	库存商品
02	原材料
03	包装物
04	应税劳务

7. 计量单位

计量单位组及计量单位,如表 3-24 所示。

表 3-24　　　　　　　　　　计量单位组及计量单位

计量单位组		计量单位	
编码	名称	编码	名称
01	基本计量单位（无换算率）	1	台
		2	个
		3	套
		4	公里

8. 存货档案

设置存货档案须先启用应收款管理系统,存货档案,如表 3-25 所示。

表 3-25　　　　　　　　　　　存货档案

存货编码	存货名称	所属分类	计量单位	税率	存货属性
001	电脑 A	01	台	13%	自制、内销
002	电脑 B	01	台	13%	自制、内销
003	主机 A	02	台	13%	外购、生产耗用
004	主机 B	02	台	13%	外购、生产耗用
005	显示器	02	台	13%	外购、生产耗用
006	鼠标	02	个	13%	外购、生产耗用
007	键盘	02	个	13%	外购、生产耗用
008	数据、电源线	02	套	13%	外购、生产耗用
009	包装物	03	套	13%	外购、生产耗用
010	运输费	04	公里	9%	外购、内销、应税劳务

9. 设置会计科目

(1) 指定会计科目，也就是指定现金、银行存款总账科目，以供出纳签字操作、查询现金日记账、查询银行存款日记账等使用。因此，在进行这些操作前，必须指定现金、银行存款一级科目。

(2) 增加会计科目，企业需要增设的会计科目，如表 3-26 所示。

表 3-26　　　　　　　　　企业需要增设的会计科目

科目编码	科目名称	辅助账类型
100201	工行存款	日记账、银行账
100202	建行存款	日记账、银行账
122101	职工借款	个人往来
190101	待处理流动资产损溢	
190102	待处理固定资产损溢	
222101	应交增值税	
22210101	进项税额	
22210102	销项税额	
500101	直接材料	
500102	直接人工	
500103	制造费用	
510101	制造费用	工资
510102	制造费用	折旧费

(续表)

科目编码	科目名称	辅助账类型
660101	销售费用	工资
660102	销售费用	折旧费
660201	办公费	部门核算
660202	差旅费	部门核算
660203	工资	部门核算
660204	水电费	部门核算
660205	折旧费	部门核算
660206	其他	
221101	应付工资	
221102	应付福利费	

(3) 修改会计科目,企业需要修改的会计科目,如表3-27所示。

表3-27　　　　　　　　　企业需要修改的会计科目

科目编码	科目名称	辅助账类型
1121	应收票据	客户往来
1122	应收账款	客户往来
1123	预付账款	供应商往来
2201	应付票据	供应商往来
2202	应付账款	供应商往来
2203	预收账款	客户往来
1605	工程物资及明细科目	项目核算

10. 设置凭证类别

企业凭证类别,如表3-28所示。

表3-28　　　　　　　　　企业凭证类别

类别名称	限制类型	限制科目
收款凭证	借方必有	1001,1002
付款凭证	贷方必有	1001,1002
转账凭证	凭证必无	1001,1002

11. 设置结算方式

企业结算方式,如表3-29所示。

表 3-29　　　　　　　　　　　企业结算方式

结算方式编码	结算方式名称	是否票据管理
1	现金结算	
2	现金支票结算	是
3	转账支票结算	是
4	商业承兑汇票结算	
5	银行承兑汇票结算	
6	电汇	

12. 设置常用摘要

企业常用摘要,如表 3-30 所示。

表 3-30　　　　　　　　　　　企业常用摘要

摘要编号	摘要内容
1	报销差旅费
2	提现金
3	业务借款

第四章 总账系统

知识导航

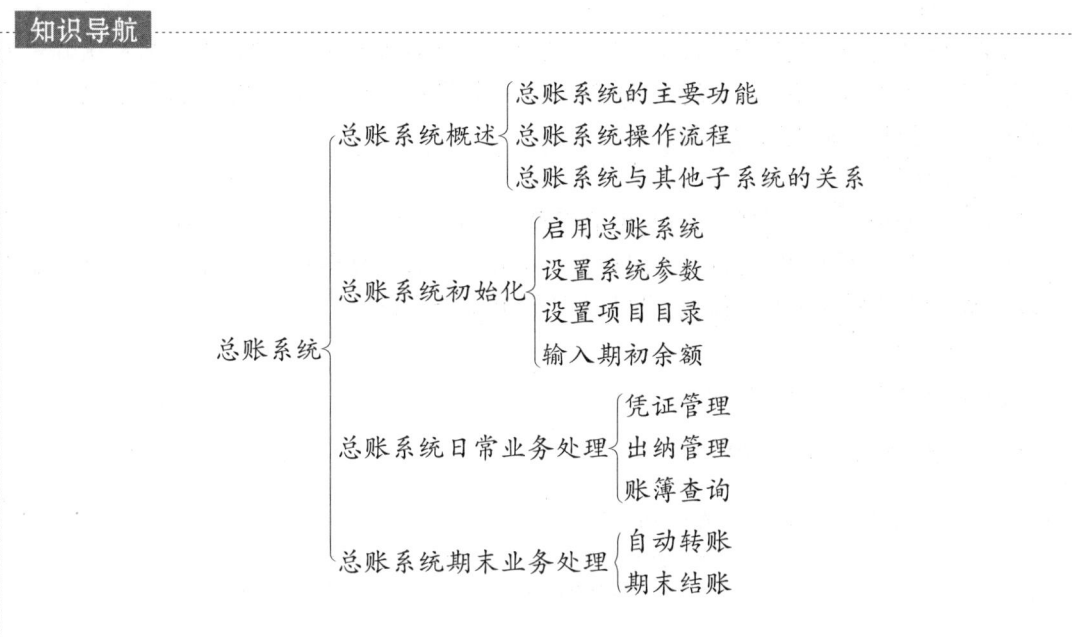

学习目标

1. 掌握总账系统初始化设置、日常业务处理方法。
2. 掌握总账系统期末处理的操作方法。
3. 熟悉总账系统账簿查询的功能。
4. 了解总账系统的功能以及与其他子系统之间的关系。

第一节 总账系统概述

总账系统又称账务处理系统,是会计信息系统最核心的组成部分。会计人员基于已审核的原始凭证,在总账系统中进行记账凭证的录入和处理,并完成记账、结账以及对账工作,再基于录入的相关会计信息,输出总分类账、日记账、明细账和有关辅助账。总账系统可以反映企业从填制记账凭证到生成账簿的全部过程。

总账系统的功能非常强大,可以处理企业几乎所有的经济业务的会计核算,包括薪资业务核算、固定资产业务核算、应收款业务核算、应付款业务核算等。以上的各业务发生后,会计人员都可以基于相关的原始凭证直接在总账系统中进行记账凭证的录入、审核及后续处理。同时,企业如果想充分发挥计算机强大的处理功能来提高会计人员的工作效率,可通过启用其他管理系统来进行相关业务的会计处理。例如,用薪资管理系统处理薪资业务的核算。此时,在其他管理系统中的会计人员通过系统的支持可自动生成相应的记账凭证,传递到总账系统中,总账系统只进行凭证的审核和后续处理的工作。

一、总账系统的主要功能

1. 初始设置

总账系统的初始设置是企业根据自身的经营特点和管理要求,将通用的总账系统调整为适合企业自身需求的专用总账系统。总账系统的初始设置主要包括:启用总账系统,设置系统参数,设置项目目录,输入期初余额。

2. 日常业务处理

日常业务处理主要包括凭证管理、出纳管理和账簿查询。凭证管理主要涉及凭证录入、凭证修改、凭证审核、凭证记账等内容。出纳管理主要涉及查询现金日记账、银行存款日记账和银行对账的内容。账簿查询具体包含科目账查询和辅助账查询。

3. 期末业务处理

期末业务处理主要包括自动转账和期末结账两个功能。

二、总账系统操作流程

总账系统的操作流程,如图 4-1 所示。

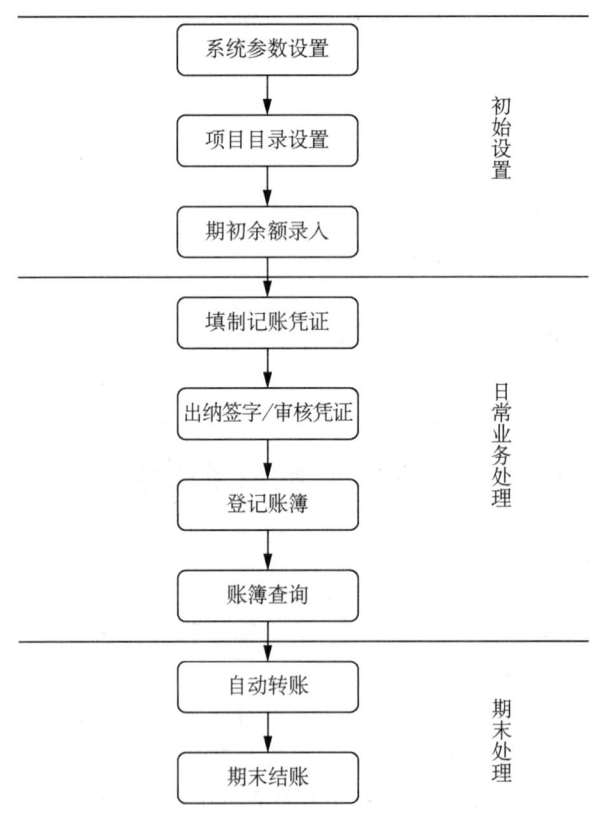

图 4-1 总账管理系统操作流程

三、总账系统与其他子系统的关系

企业对总账管理的要求不同,使得系统与其他子系统的接口以及系统的操作流程会有一定差异,总账系统与其他子系统的主要关系,如图4-2所示。

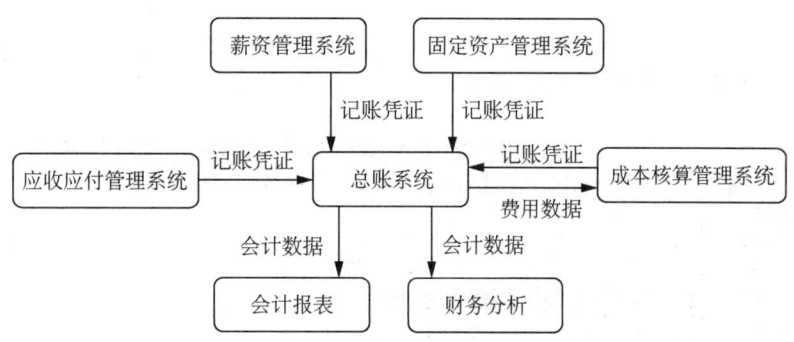

图4-2　总账系统与其他子系统的主要关系

第二节　总账系统初始化

总账系统初始化是为总账日常业务处理作准备,是将通用的财务软件调整为适合企业自身业务特点的专用的财务软件,大大提高会计人员的工作效率。

一、启用总账系统

启用总账系统的方法有两种,一种是建立账套之后直接启用,另一种是账套主管在企业应用平台的基本信息中勾选启用。本章中演示在企业应用平台中启用总账系统。

（1）执行"开始—程序—用友U8V10.1—企业应用平台"命令,打开"登录"窗口。

（2）输入操作员：001,密码：1,选择账套"111 烟台大地科技有限公司",选择操作日期"2022-01-01",如图4-3所示。

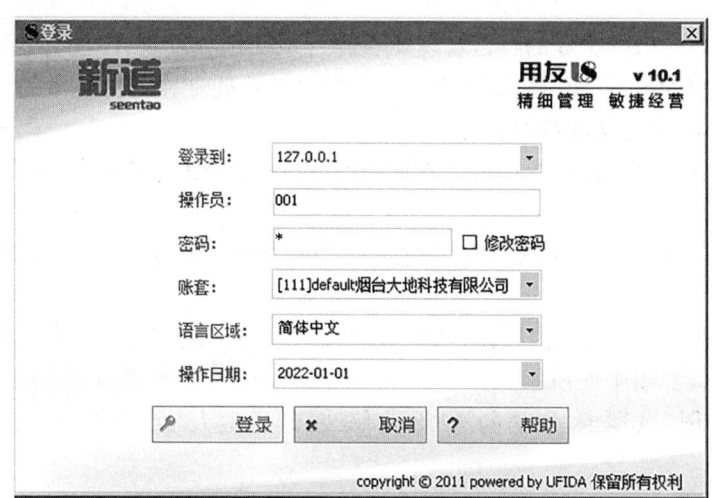

图4-3　登录企业应用平台

(3) 单击"登录"按钮,进入企业应用平台。

(4) 在"基础设置"模块中,执行"基本信息—系统启用"命令,打开"系统启用"窗口。

(5) 勾选"GL 总账"复选框,弹出"日历"窗口,选择启用日期"2022-01-01",如图 4-4 所示。

图 4-4 启用总账

(6) 单击"确定"按钮,系统弹出"确实要启用当前系统吗?"提示框,单击"是"按钮,完成总账启用。

二、设置系统参数

总账系统参数应根据企业的经营管理要求进行系统选项设置,以便为总账系统配置相应的功能或设置相应的限制。总账系统选项参数主要包括凭证、账簿、凭证打印、预算控制、权限、会计日历、其他、自定义项核算。

本章账套设置:不允许修改、作废他人填制的凭证;可以使用应收受控科目;可以使用应付受控科目。

(1) 在用友企业应用平台,执行"业务工作—财务会计—总账—设置—选项",打开"选项"窗口。

(2) 执行"编辑"命令,打开"凭证"选项卡,勾选"可以使用应收受控科目""可以使用应付受控科目"复选框,如图 4-5 所示。

(3) 单击"权限"选项卡,取消勾选"允许修改、作废他人填制的凭证"复选框,如图 4-6 所示。

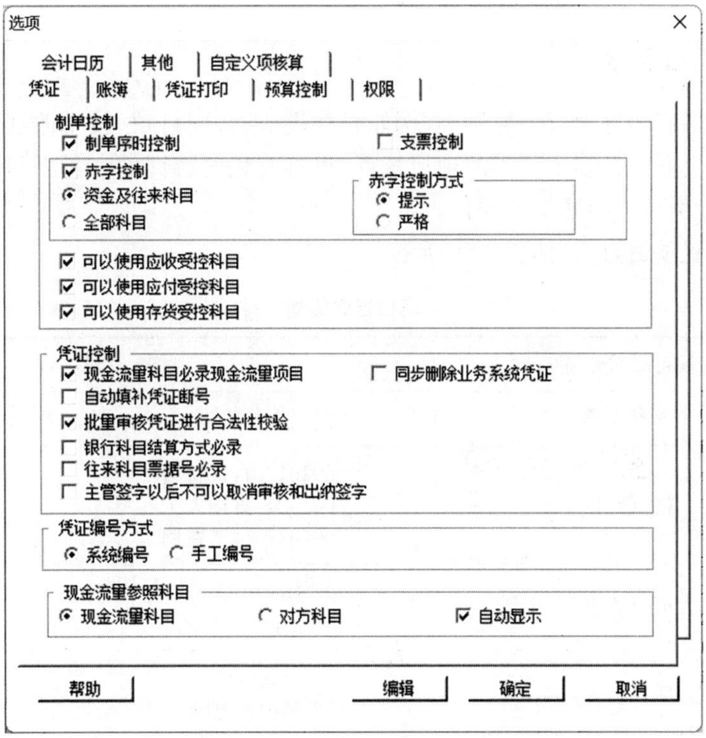

图 4-5 设置选项

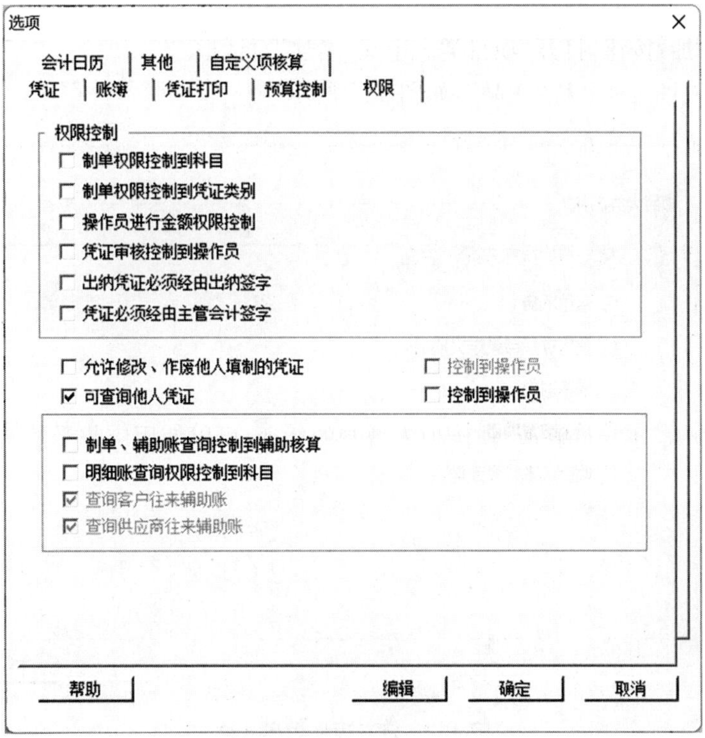

图 4-6 设置选项

(4) 单击"确定"按钮保存并返回。

三、设置项目目录

一个企业可能有多种项目核算种类,例如对外投资、合同订单、技术改造等,因此,会计信息系统可以允许企业设置多个种类的项目核算,将具有相同特性的一类项目定义成一个项目大类,一个项目大类可以核算多个项目。

本章账套设置项目目录,如表4-1所示。

表4-1　　　　　　　　　　　项目目录设置

项目设置步骤	设置内容
项目大类	产品
核算科目	500101　直接材料 500102　直接人工 500103　制造费用
项目分类	1. 电脑 2. 配件
项目名称	101 台式电脑 102 笔记本电脑

(1) 在企业应用平台"基础设置"选项卡中,执行"基础档案—财务—项目目录"命令,进入"项目档案"窗口。

(2) 单击"增加"按钮,打开"项目类大定义_增加"对话框。

(3) 录入新项目大类名称"产品",如图4-7所示。

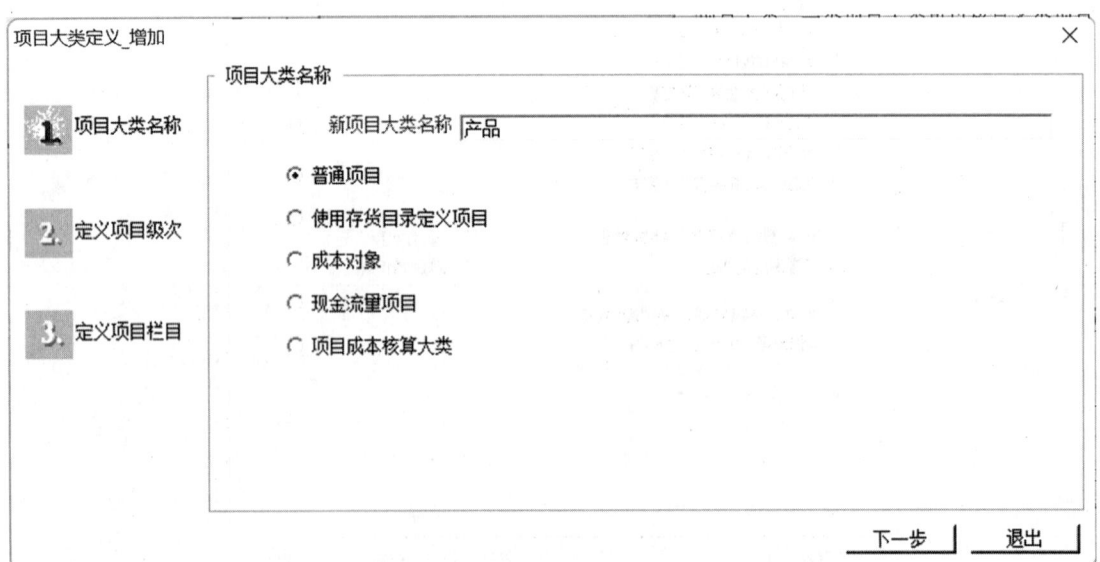

图4-7　定义项目大类名称

（4）单击"下一步"按钮，打开"定义项目级次"对话框，如图4-8所示。

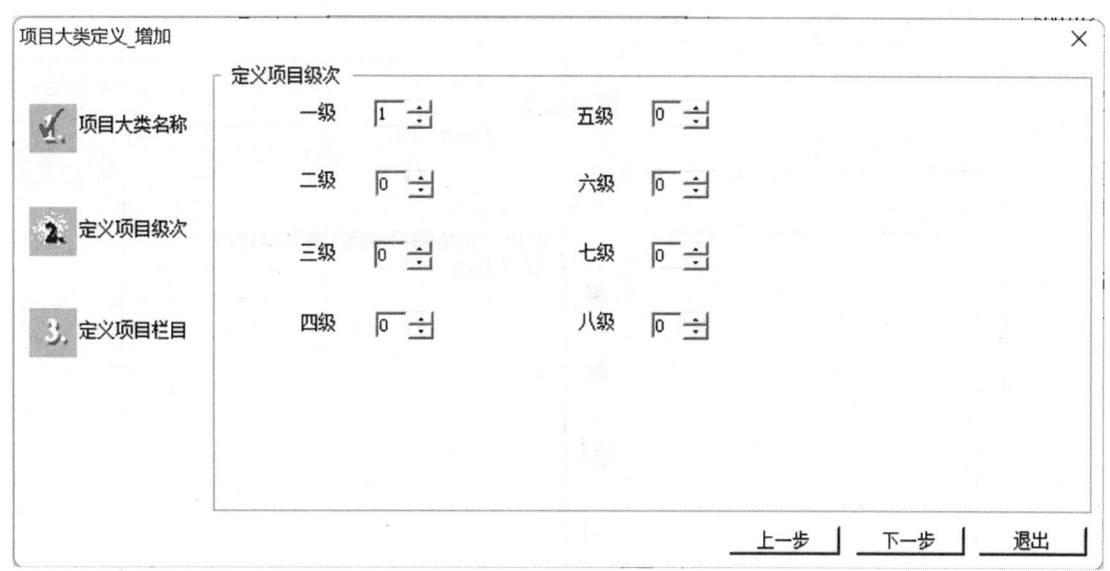

图4-8　定义项目级次

（5）默认系统设置，单击"下一步"按钮，打开"定义项目栏目"对话框，如图4-9所示。

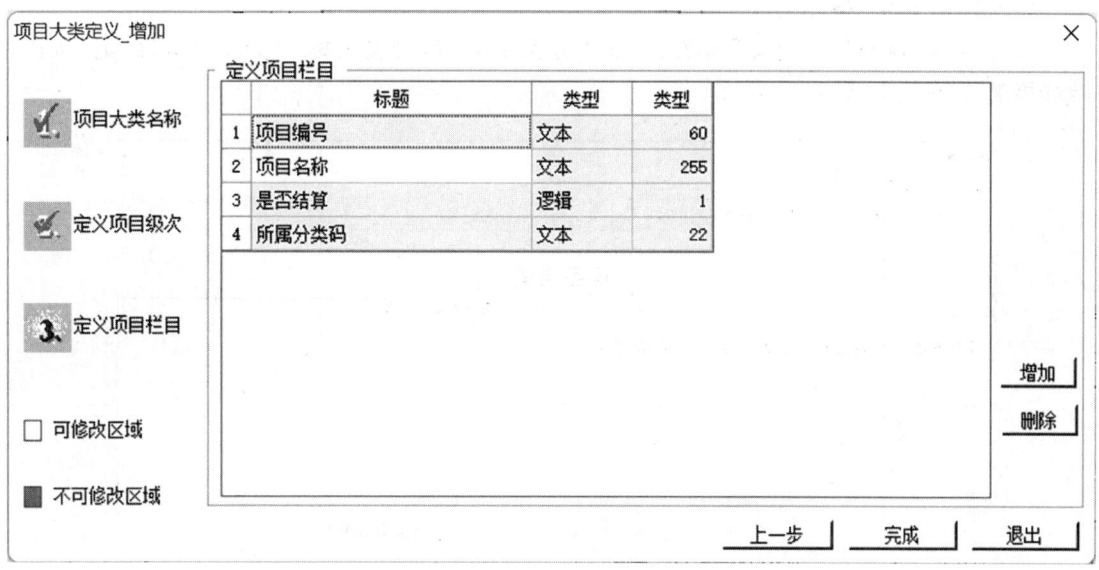

图4-9　定义项目栏目

（6）在"定义项目栏目"对话框中，单击"完成"按钮，返回"项目档案"窗口。

（7）点击"项目大类"栏的下三角按钮，选择"产品"项目大类，点击"核算科目"选项卡。

（8）单击"》"按钮，将"500101 直接材料""500102 直接人工""500103 制造费用"从"待选科目"列表中选入"已选科目"列表中，如图4-10所示。

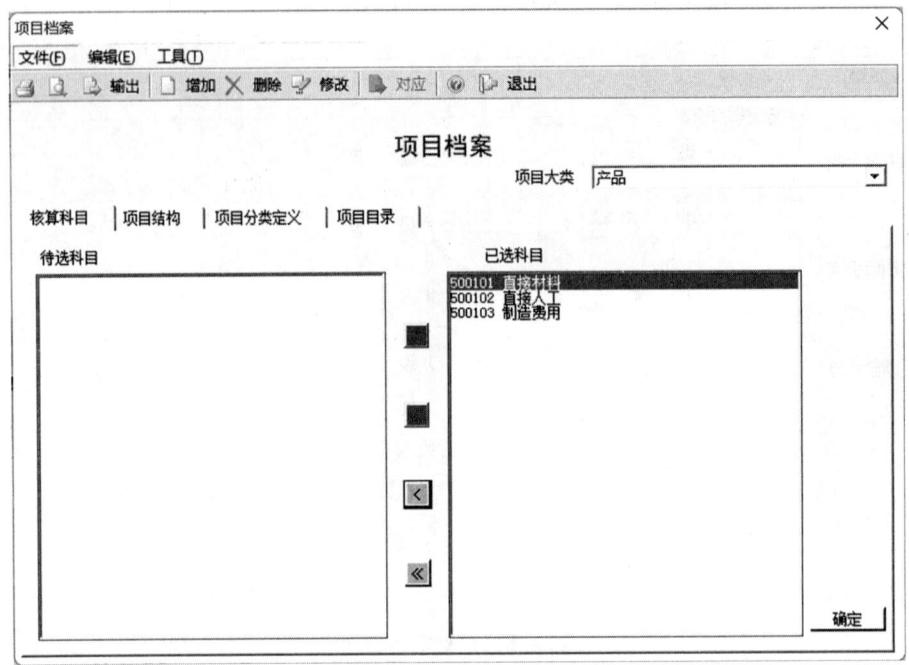

图 4-10 指定项目核算科目

(9) 单击"确定"按钮确认。

(10) 单击"项目分类定义"选项卡,录入分类编码:1,分类名称:电脑,单击"确定"按钮。同理增加"配件",如图 4-11 所示。

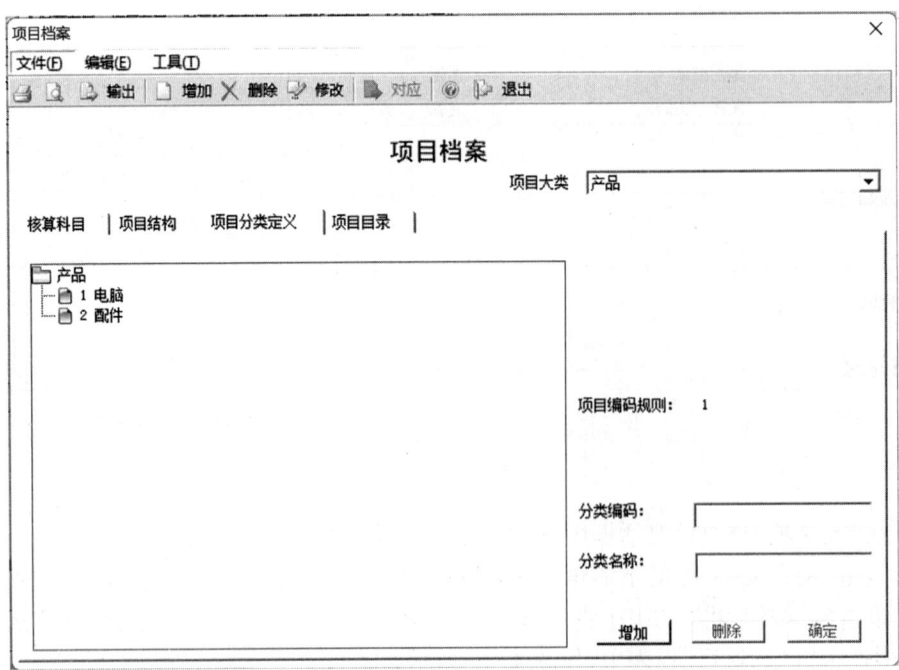

图 4-11 项目档案—项目分类定义

(11) 选中"项目目录"选项卡,单击"维护"按钮,进入"项目目录维护"窗口。单击"增加"按钮,录入项目编号:101,项目名称:台式电脑,单击"所属分类码"栏参照按钮,选择"电脑"。同理增加"笔记本电脑",项目目录维护信息,如图4-12所示。

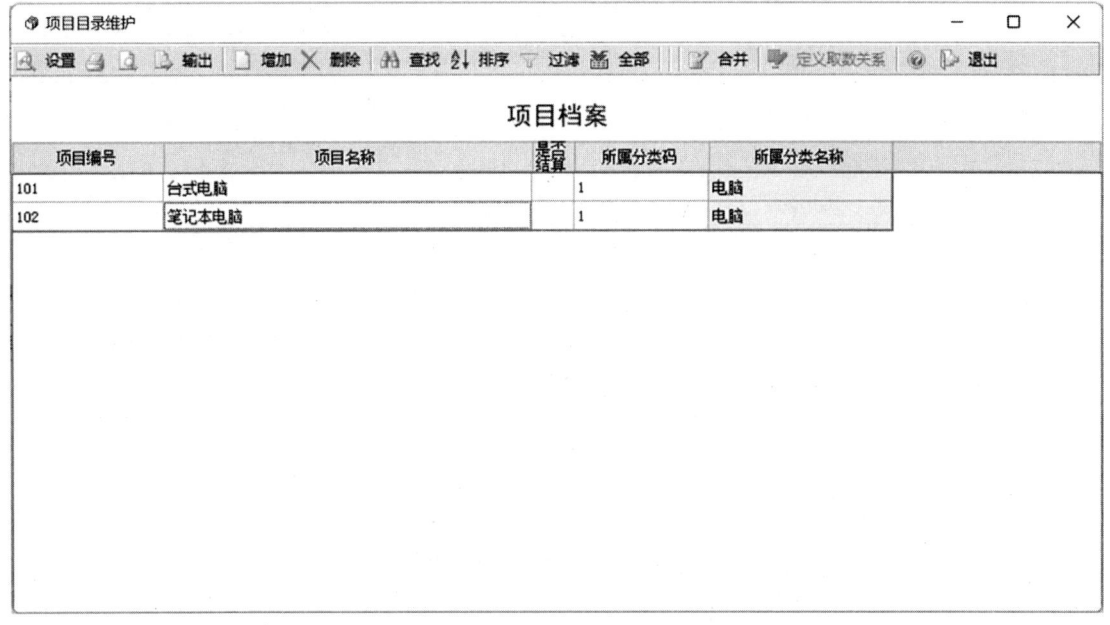

图4-12 项目目录维护

(12) 单击"退出"按钮返回。

四、输入期初余额

在开始使用会计信息系统处理会计事务前,首先要将经过整理的手工会计账目的期初余额录入到会计信息系统中。如果企业是年初开始使用会计信息系统建账,则手工账的期初余额就是年初数;如果企业是年中开始使用会计信息系统建账,则不仅要录入相关手工账目的年初数,还需要把年初到此时的借贷方累计发生额计算清楚并录入系统,保证会计数据的连续和完整。期初余额的录入包括总账期初余额录入和辅助账期初余额录入。

本章账套的总账系统期初余额,如表4-2所示。

表4-2　　　　　　　　会计科目期初余额　　　　　　　　单位:元

科目编码	科目名称	方向	期初余额	备注
1001	库存现金	借	71 083	日记账
1002	银行存款	借	500 000	日记账、银行账
100201	工行存款	借	500 000	日记账、银行账
1121	应收票据	借	0	客户往来
1122	应收账款	借	474 600	客户往来
1231	坏账准备	贷	788	

(续表)

科目编码	科目名称	方向	期初余额	备注
1221	其他应收款	借	36 000	
1403	原材料	借	835 400	
1405	库存商品	借	888 000	
1601	固定资产	借	2 899 640	
1602	累计折旧	贷	26 435	
1701	无形资产	借	500 000	
2001	短期借款	贷	200 000	
2201	应付票据	贷	0	供应商往来
2202	应付账款	贷	877 500	供应商往来
222101	应交增值税	贷	0	
22210101	进项税额	借	0	
22210102	销项税额	贷	0	
2501	长期借款	贷	2 100 000	
4001	实收资本	贷	3 000 000	

1. 录入总账与明细账期初余额

底色为白色的表格属于末级科目,可以直接录入数据;底色为灰色的表格,表明该会计科目有下级科目,不能直接录入数据,需要在下级科目对应的表格中录入数据,其上级科目会自动汇总生成相关数据。

(1) 在企业应用平台的"业务工作"选项卡中,执行"财务会计—总账—设置—期初余额"命令,进入"期初余额录入"窗口。

(2) 在弹出的"期初余额录入"窗口中录入表格底色为白色的会计科目期初余额。在"库存现金"对应的期初余额处直接输入"71 083",如图4-13所示。同理录入其他单元格底色为白色的期初余额。

图4-13 期初余额录入

（3）录入底色为灰色的表格数据时，需要在下级科目对应的白色表格中录入数据，其上级科目会自动汇总生成相关数据，如录入"工行存款"的期初余额"500 000"，银行存款行自动生成相关数据。

2. 辅助账期初余额录入

在期初余额录入界面，淡黄色的表格表示该会计科目有辅助账核算，应按照辅助账期初余额录入相关科目的期初数据。

本账套应收账款和应付账款的期初余额信息，如表4-3、表4-4所示。

表4-3　　　　　　烟台大地科技有限公司应收账款期初余额　　　　　　单位：元

日期	凭证号	客户	业务员	摘要	方向	期初余额
2021.12.15		济南信达		销售商品	借	203 400
2021.12.25		潍坊和兴		销售商品	借	271 200
		合计			借	474 600

表4-4　　　　　　烟台大地科技有限公司应付账款期初余额　　　　　　单位：元

日期	凭证号	供应商	业务员	摘要	方向	期初余额
2021.12.09		重庆恒星		购买原材料	贷	277 500
2021.12.20		济南飞达		购买原材料	贷	600 000
				合计	贷	877 500

（1）辅助账期初余额录入以"应收账款"为例。双击所在黄色的单元格，弹出"辅助期初余额"窗口。

（2）单击"往来明细"按钮，进入"期初往来明细"窗口。单击"增行"按钮，单击"日期"栏参照按钮，选择"2021-12-15"；在"客户"栏输入：济南信达；在"摘要"栏录入：销售商品；在"金额"栏录入：203 400。同理增加其他信息，如图4-14所示。

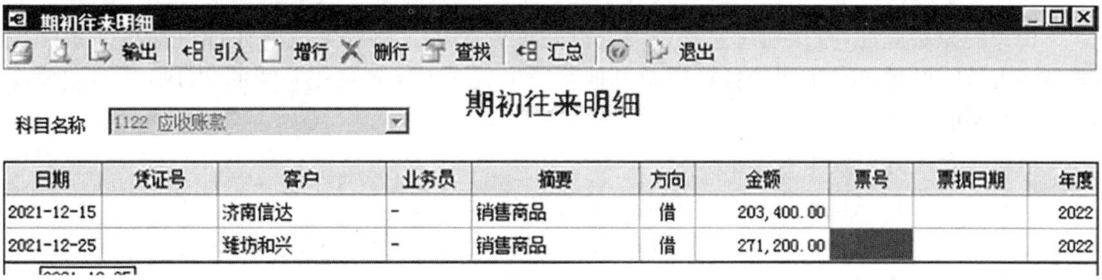

图4-14　往来明细录入

（3）信息录入完成后单击"汇总"按钮，并在弹出的对话框中单击"确定"按钮，单击"退出"按钮。同理录入其他辅助账期初余额。

(4) 完成所有科目期初余额录入后点击"试算",弹出"期初试算平衡表"窗口,显示试算结果平衡,点击"确定"按钮,如图4-15所示。

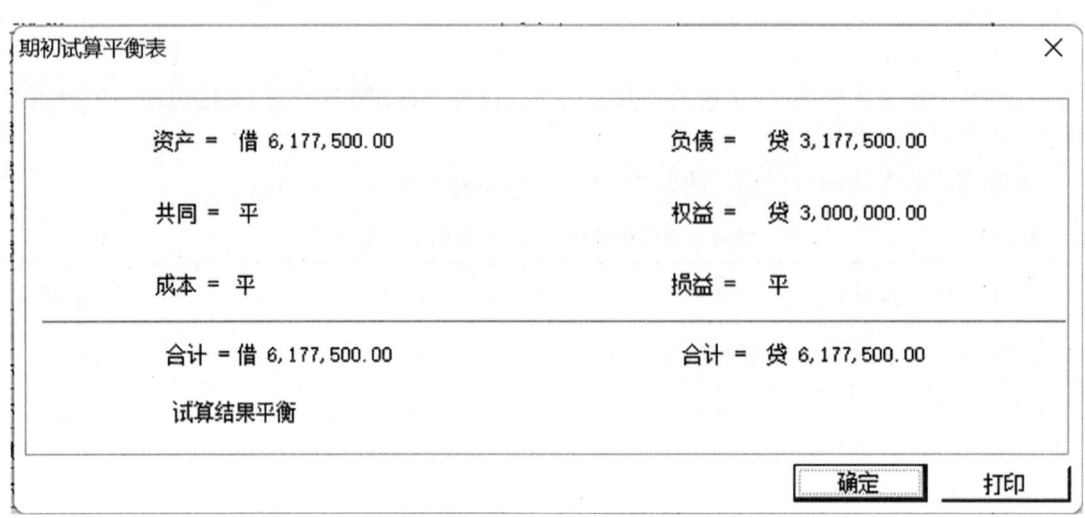

图4-15 期初试算平衡表

第三节 总账系统日常业务处理

经过总账系统的初始化设置,企业的相关会计数据和部分管理要求已经录入到系统中,初始化后的日常经济业务就可以在企业应用平台中进行操作了。总账系统的日常业务处理主要包括凭证管理、出纳管理和账簿查询。

一、凭证管理

凭证管理包括凭证录入、凭证修改、凭证审核和凭证记账。

1. 凭证录入

编制记账凭证是完整会计循环的第一个环节,通常也是会计信息进入系统的第一个步骤。录入凭证主要分两大类:手工填制和系统生成。手工填制即会计人员根据实际发生的经济业务及相关的原始凭证,直接通过总账系统进行凭证的录入。系统生成的凭证包括总账系统根据会计人员的设置自动生成的凭证以及其他系统生成并传递到总账系统的凭证。本节主要介绍手工填制的凭证。

本章账套1月份发生业务如下:

(1) 1月5日,以现金支付总经理办公室的办公费用600元。

(2) 1月8日,用工行转账支票支付财务部门的差旅费7 000元,票号:1122。

(3) 1月18日,收到10 000元银行存款,用于偿还其他应收款。

具体操作如下:

(1) 以"002 姚贝贝(会计)"的身份注册进入系统,单击"业务工作—财务会计—总账—凭证—填制凭证"进入填制凭证界面。

（2）单击"增加"按钮或按 F5 键，增加一张新的凭证。

（3）填制凭证，如图 4-16 所示。

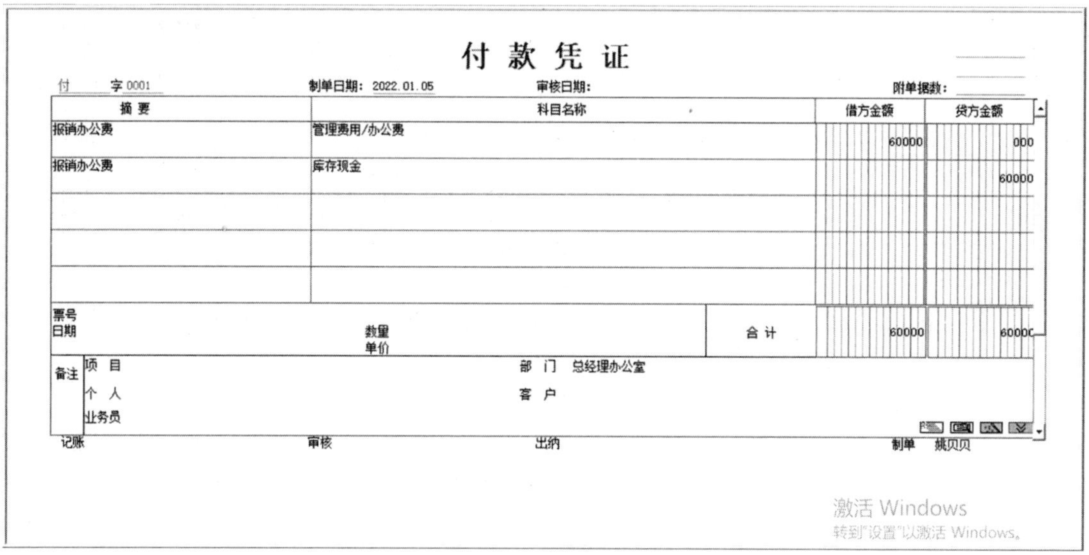

图 4-16　填制凭证

（4）点击"保存"按钮。同理增加下一张。

2. 凭证修改

本部分主要介绍修改凭证、删除凭证和冲销凭证。

会计人员在录入凭证时，难免会出现错误，此时就要对凭证进行修改。凭证修改主要包括以下几种情况。

修改未审核的凭证。对于未审核的凭证，可以由填制人员直接进行修改并保存。

修改已审核未记账的凭证。对于已审核未记账的凭证，应由审核人员首先在审核模块取消审核，使凭证恢复到未审核状态，再由制单人员对凭证进行修改并保存。

修改已审核已记账的凭证。对于已审核已记账的凭证，可采用红字冲销法与补充登记法的方法进行修改。如果不想留下记录，可以先取消记账，再取消审核，最后由填制人员进行修改并保存。

1）修改凭证

本章账套修改 1 月 5 日以现金支付企业管理部门的办公费金额为 800 元。

具体操作如下：

（1）以 002 姚贝贝（会计）的身份注册进入系统，执行"业务工作—财务会计—总账—凭证—填制凭证"命令，进入"填制凭证"窗口。

（2）在菜单栏处，点击"查询"按钮，选择凭证查询条件后点击"确定"按钮。

（3）查找到 1 月 5 日需要修改的凭证，如图 4-17 所示。

（4）直接修改正文部分，双击修改辅助项部分，修改后如图 4-18 所示。

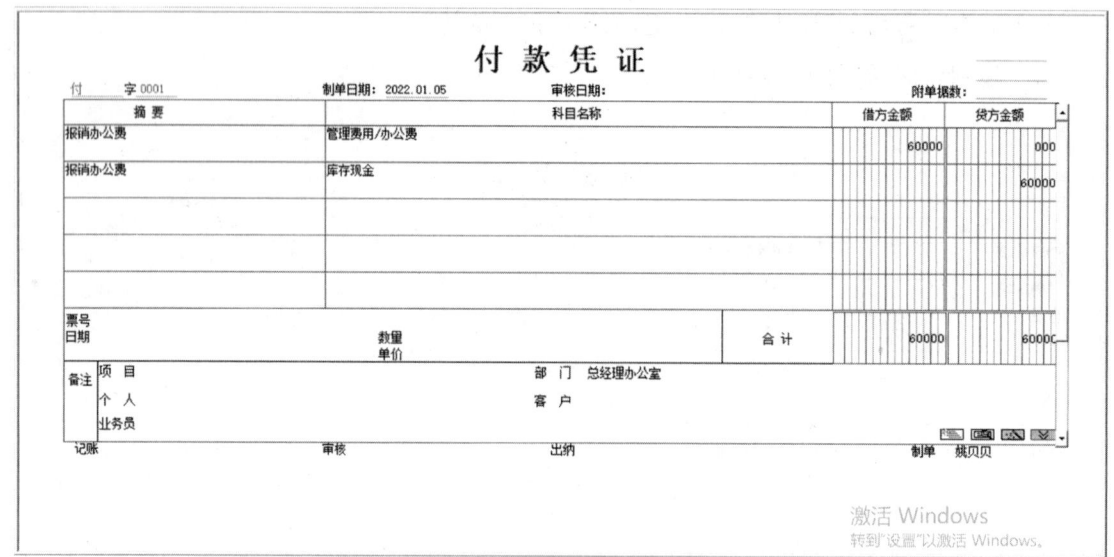

图 4-17 所需修改凭证

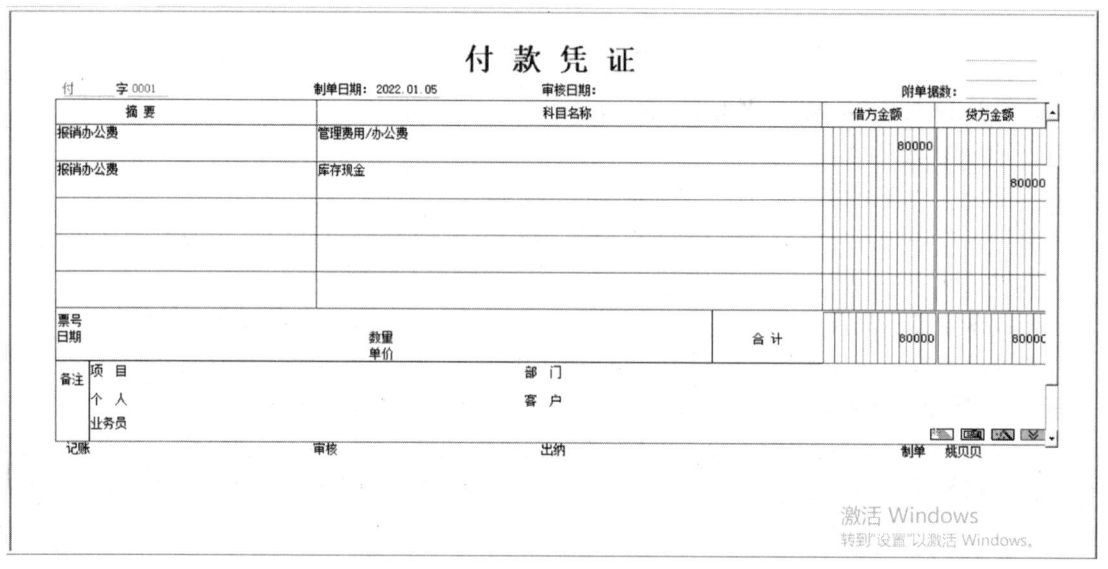

图 4-18 修改后凭证

（5）单击"保存"按钮。

2）删除凭证

本章账套删除偿还其他应收款的凭证，具体操作如下：

（1）以"002 姚贝贝（会计）"的身份注册进入系统，执行"业务工作—财务会计—总账—凭证—填制凭证"命令，进入"填制凭证"窗口。

（2）在菜单栏处，点击"查询"按钮，选择凭证查询条件后点击"确定"按钮。

（3）查找到 1 月 18 日需要删除的凭证，如图 4-19 所示。

（4）单击"作废/恢复"按钮，出现"作废"标记时即表示逻辑删除，如图 4-20 所示。

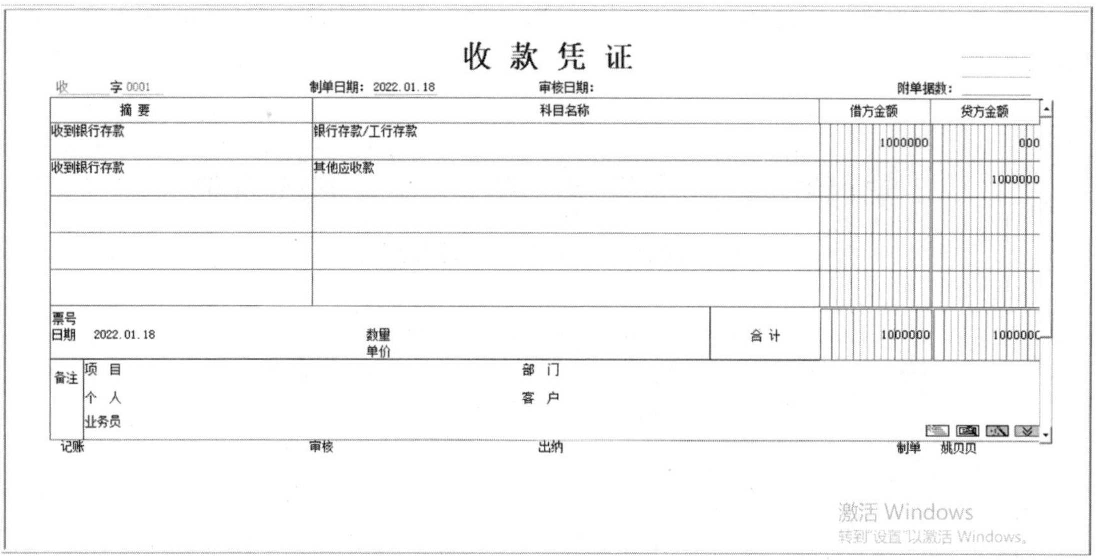

图 4-19 所需删除凭证

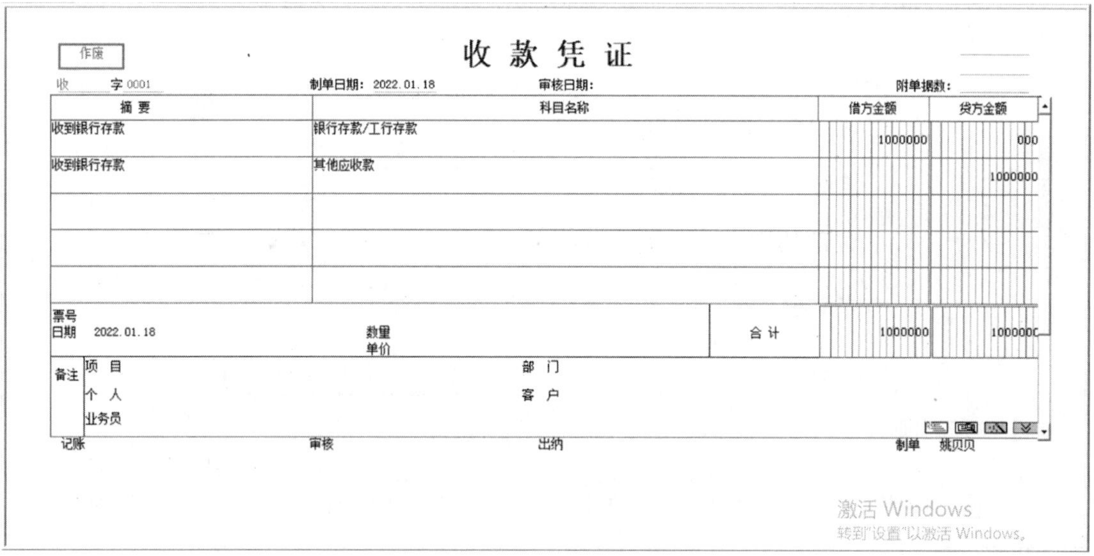

图 4-20 作废删除凭证

（5）点击菜单栏处的"整理凭证"按钮，弹出"凭证期间选择"窗口，选择"2022.01"期间，如图 4-21 所示，单击"确定"按钮。在"作废凭证表"中，单击"全选"选中要删除的凭证，单击"确定"按钮。

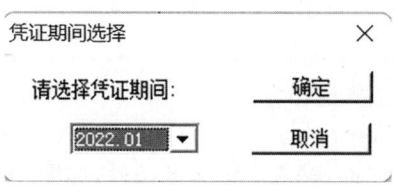

图 4-21 凭证期间选择

(6) 弹出"提示"窗口,默认"按凭证号重排",点击"是"按钮,完成凭证的整理,如图4-22所示。

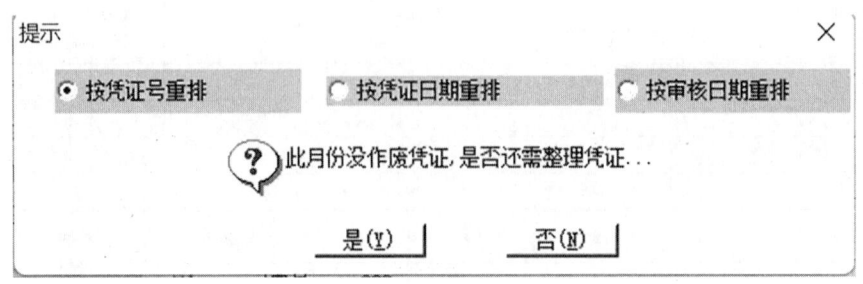

图4-22 "提示"窗口

3) 冲销凭证

本章账套冲销凭证,具体操作如下:

(1) 以"002 姚贝贝(会计)"的身份注册进入系统,执行"业务工作—财务会计—总账—凭证—填制凭证"命令,进入"填制凭证"窗口。以1月8日凭证为例。

(2) 点击"冲销凭证"按钮,进入"冲销凭证"的窗口。如图4-23所示。

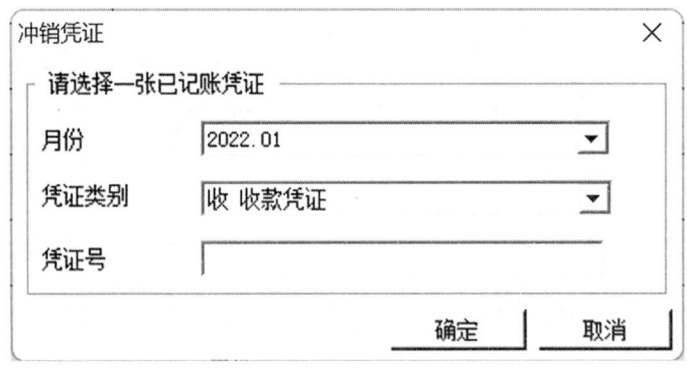

图4-23 冲销凭证窗口

(3) 输入冲销凭证号,注意红色凭证的摘要内容可填写为"冲销某某号凭证",金额为原金额的负数。

3. 出纳签字及凭证审核

凭证审核一般包括出纳签字审核和审核员审核。对于涉及库存现金与银行存款的凭证,出纳应对其进行审查,若认为有错误或者有异议的凭证,应交由填制人员修改后再进行审核签字,加强对企业资金的管理。对于所有的记账凭证,都需要由有审核权限的操作员对凭证的合法性和合理性进行审核并签字,防止出现徇私舞弊的现象。

本章账套在总账系统相应模块中进行出纳签字和凭证审核。

1) 出纳签字

(1) 以003 向男(出纳)的身份注册进入系统,执行"业务工作—财务会计—总账—凭证—出纳签字"命令,进入出纳签字界面,输入出纳凭证条件,如图4-24所示。

(2) 点击"确定"按钮,屏幕显示出纳签字列表,如图4-25所示。

图 4-24 出纳签字界面

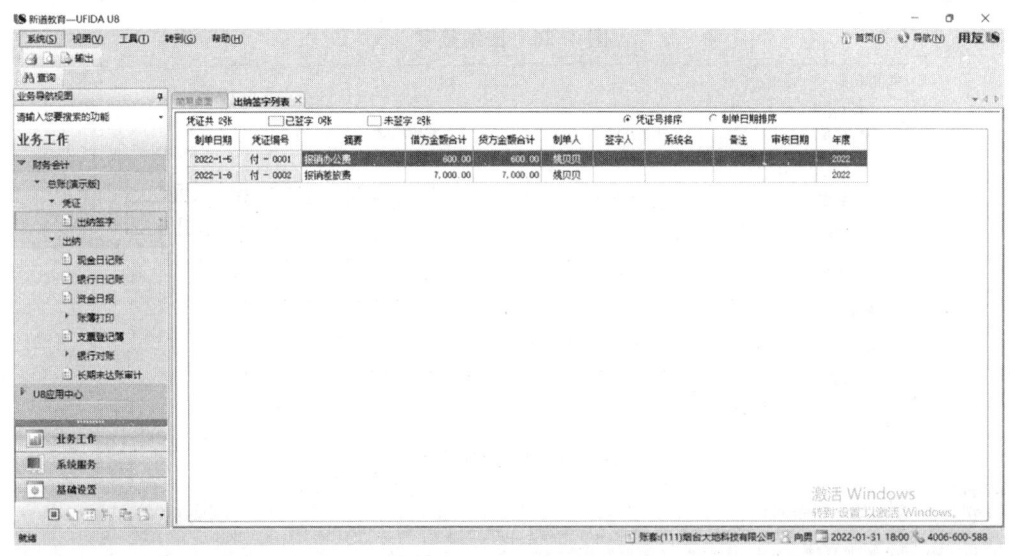

图 4-25 出纳签字列表

(3) 在出纳签字列表中双击某张凭证,则屏幕显示此张凭证,进入该凭证出纳签字界面,出纳人员在确认该张凭证正确后,点击"签字"按钮,同理依次对其他凭证进行签字,如图 4-26 所示。

如想对已签字的凭证取消签字,可按钮单击"取消"按钮取消签字。

2)审核凭证

(1) 以"001 李盛泽(账套主管)"的身份注册进入系统,执行"业务工作—财务会计—总账—凭证—审核凭证"命令,屏幕显示审核条件窗口,输入审核凭证条件,进入审核凭证列表界面,如图 4-27 所示。

(2) 在凭证审核列表界面,双击需要审核的凭证,进入审核凭证界面,点击"审核"按钮,依次完成其他凭证审核,如图 4-28 所示。

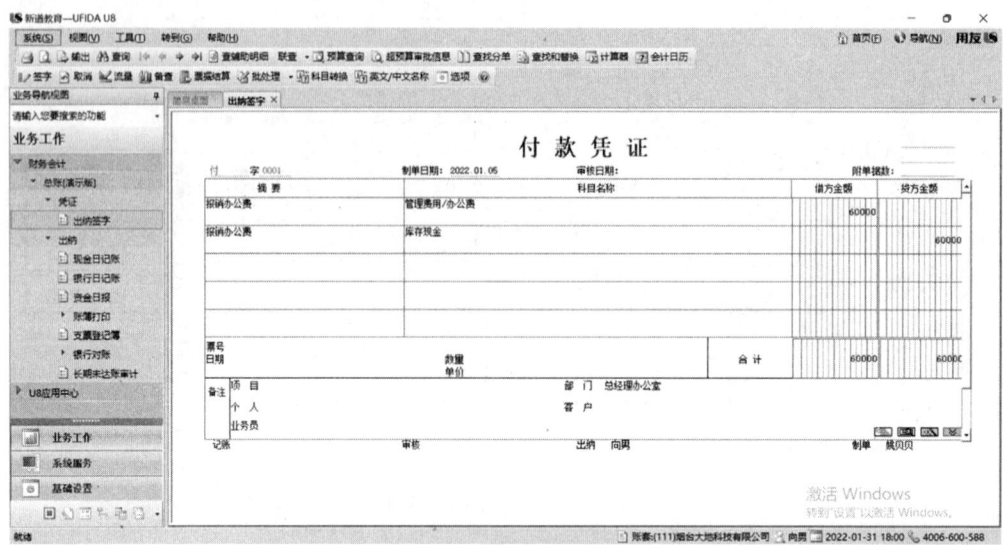

图 4-26 出纳签字

图 4-27 凭证审核条件

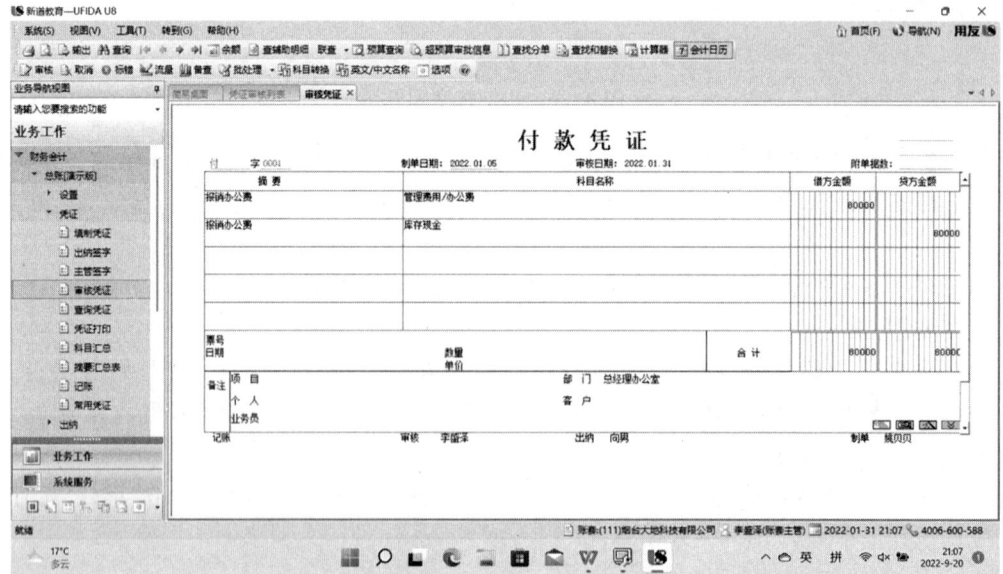

图 4-28 凭证审核

4. 凭证记账

会计人员要将经过审核的记账凭证登记到相应的总账和明细账中。在手工方式中,会计人员要逐笔或汇总将记账凭证登记到相关账簿,工作量大,易出错。在会计信息系统的方式下,记账是由有记账权限的操作员发出记账指令,由系统按照预先设定的程序自动进行一系列的合法性检查、科目汇总并登记到相关的总账和明细账中,操作简单,准确率高。

本章账套在总账系统的记账功能模块中进行凭证记账。

(1) 以"002 姚贝贝(会计)"的身份注册进入系统,执行"业务工作—财务会计—总账—凭证—记账"命令,进入凭证记账界面,如图 4-29 所示。

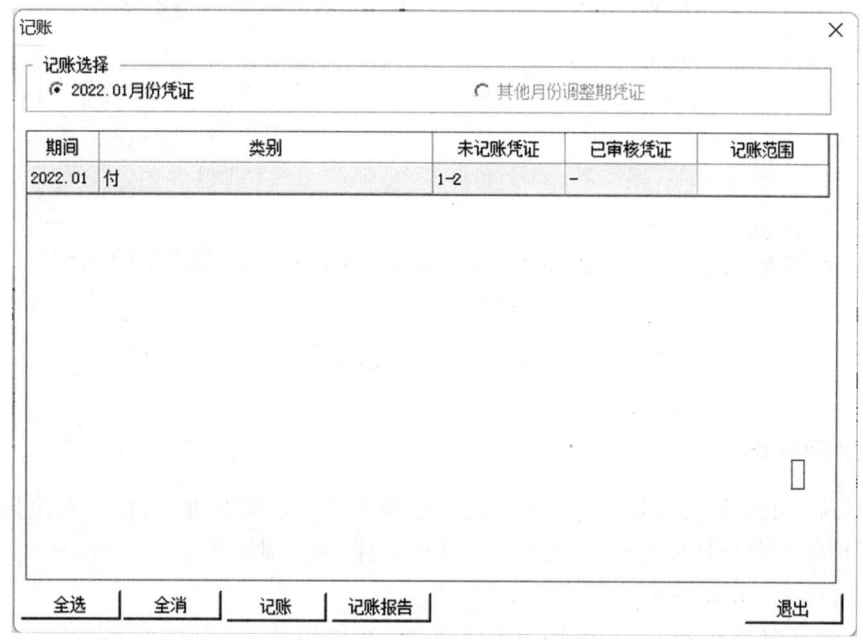

图 4-29 记账界面

(2) 点击"全选—记账",出现初期试算平衡表界面,如图 4-30 所示。

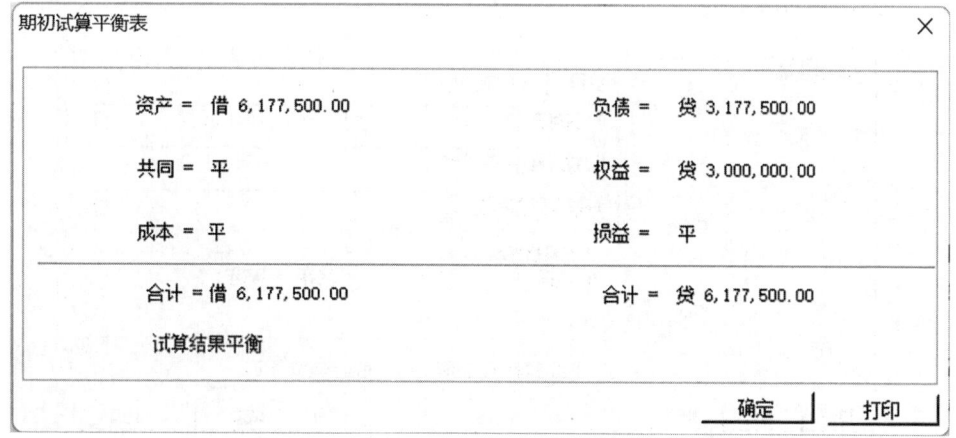

图 4-30 期初试算平衡表

（3）点击"确定"按钮，界面显示"记账完毕"，点击"确定"按钮，如图4-31所示。

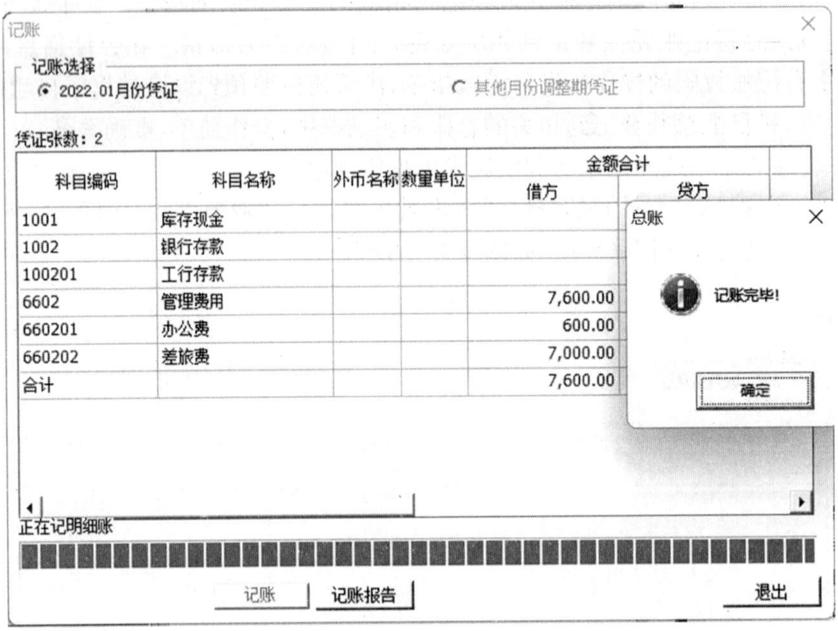

图 4-31　记账结果

二、出纳管理

总账系统中的出纳管理是会计信息系统为出纳人员提供的管理平台，主要包括现金日记账、银行日记账和资金日报的查询，支票登记簿的管理，银行对账等。

1. 查询现金日记账和银行存款日记账

本章账套在总账系统的出纳模块中进行现金日记账和银行存款日记账的查询。

（1）以"003 向男（出纳）"的身份注册进入系统，执行"业务工作—财务会计—总账—出纳—现金日记账"命令，输入现金日记账查询条件，如图4-32所示。

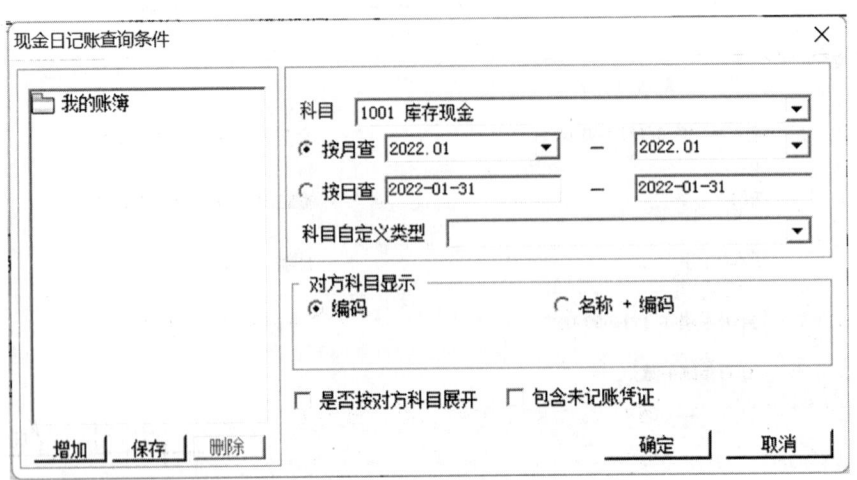

图 4-32　现金日记账查询条件

(2) 点击"确定"按钮,进入工作界面。
(3) 点击"出纳—银行日记账"输入银行日记账查询条件,如图 4-33 所示。

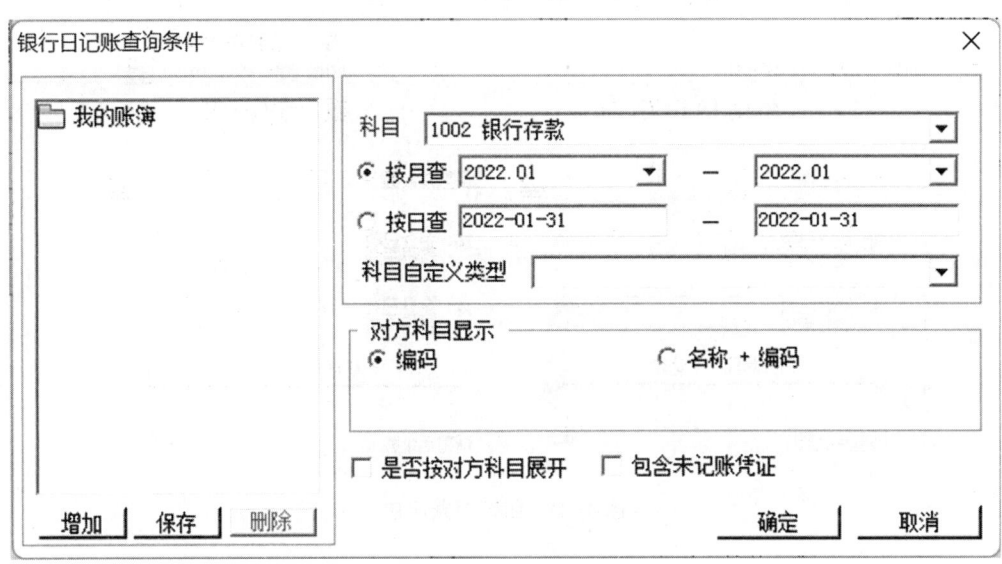

图 4-33　银行日记账查询条件

(4) 点击"确定"按钮,进入工作界面。
(5) 将查询到的现金日记账的账页记录内容,采用"xls"格式保存起来。确认显示查询结果,单击工作栏上"输出"按钮,在"另存为"窗口选择文件夹,并输入文件名字、类型等,单击"保存"按钮即可。

2. 银行对账

随着技术的发展,企业的经济结算业务大部分是通过银行进行结算的。由于企业和银行的账务处理及入账时间可能存在不一致的情况,此时企业的银行存款日记账的余额与银行对账单会出现差异,形成"未达账项"。为了解企业未达账项情况,出纳定期会与开户银行进行对账,以保证银行存款日记账数据的准确性。

本章账套期初数据:企业银行日记账余额为 500 000 元,银行对账单期初余额为 550 000 元,有银行已收而企业未收的未达账(2021 年 12 月 28 日)50 000 元。2022 年 1 月的银行对账单,如表 4-5 所示。

表 4-5　　　　　　　　　　2022 年 1 月份的银行对账单　　　　　　　　　　单位:元

日期	结算方式	票号	借方金额	贷方金额	余额
2022-01-08	转账支票	1 122		7 000	543 000
2022-01-22	转账支票	1 132	20 000		563 000

1) 设置银行对账期初数据
(1) 以"003 向男(出纳)"的身份注册登录进入企业应用平台。
(2) 执行"出纳—银行对账—银行对账期初录入"命令,以便打开"银行科目选择"对话框,选择科目"100201 工行存款",单击"确定"按钮,便进入"银行对账期初"窗口,如图 4-34 所示。

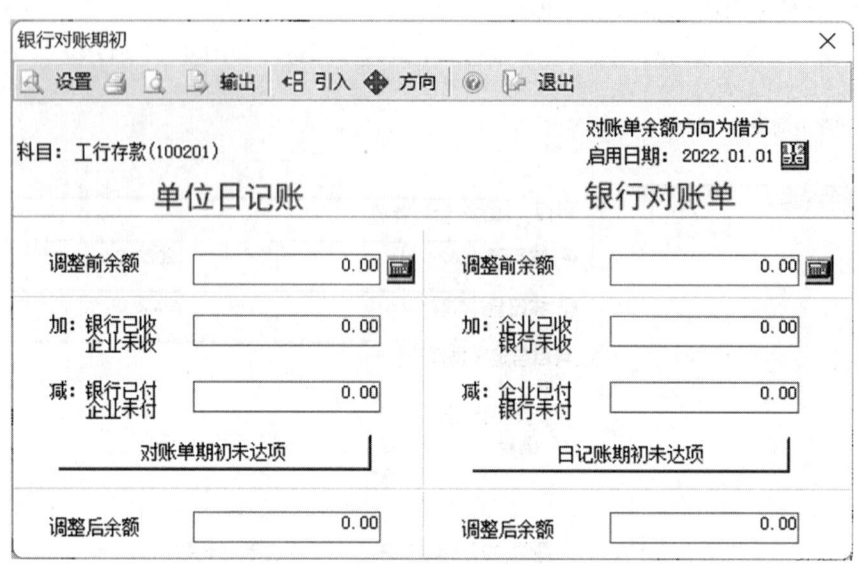

图 4-34　银行对账期初

（3）确认启用日期"2022-01-01"。输入单位日记账的调整前余额 500 000 元,银行对账单调整前余额为 550 000。

（4）输入银行方期初未达账项,单击"对账单期初未达账项"进入银行方期初窗口,单击"增加"按钮,填写日期:2021.12.28,借方金额:50 000,单击"保存—退出",如图 4-35 所示。同理输入企业方期初未达账项。

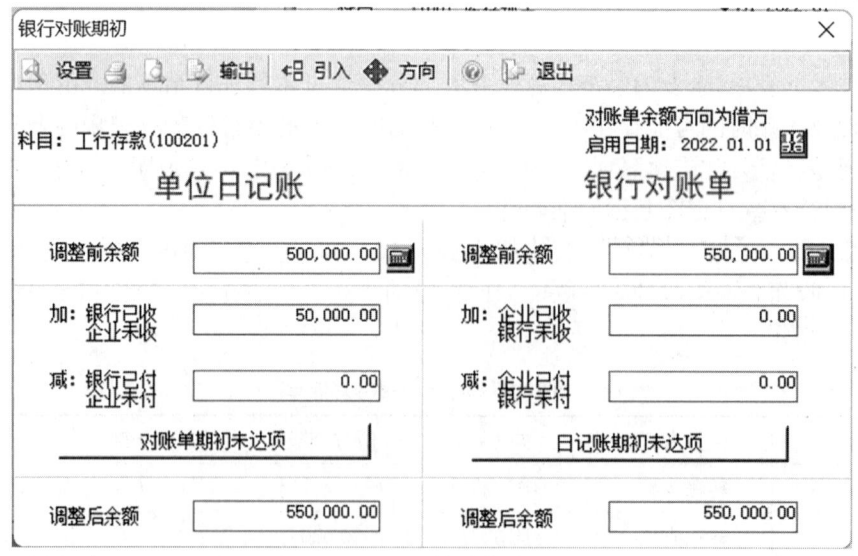

图 4-35　银行对账期初

2）录入当期银行对账单

（1）单击"出纳—银行对账—银行对账单",在"银行科目选择"窗口中,科目处选择"工行存款(100201)",单击"确定"按钮,进入"银行对账单"窗口。

(2)单击"增加"按钮,逐行输入银行对账单数据,如图4-36所示,点击"保存"按钮。

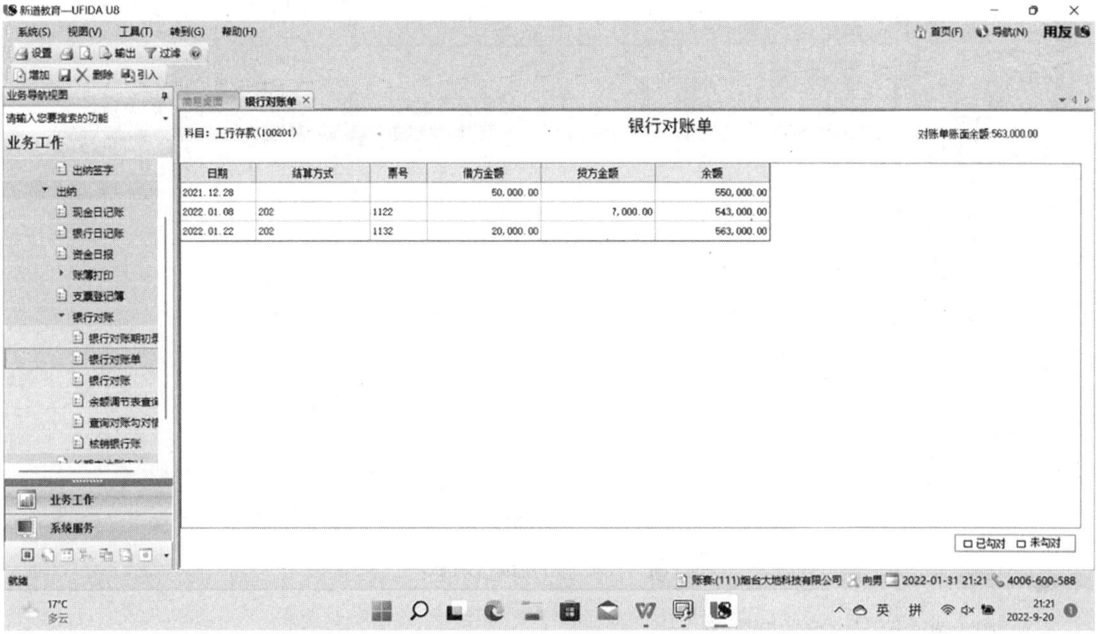

图4-36 银行对账单

3)银行对账

(1)执行"出纳—银行对账—银行对账"命令,打开"银行科目选择"对话框,选择科目"100201工行存款",如图4-37所示。单击"确定"按钮,进入"银行对账"窗口。

图4-37 银行科目选择　　　　图4-38 自动对账

(2)单击"对账"按钮,打开"自动对账"对话框,输入截止日期和相应的对账条件,如图4-38所示。

(3)单击"确定"按钮,完成银行的自动对账操作,如图4-39所示。

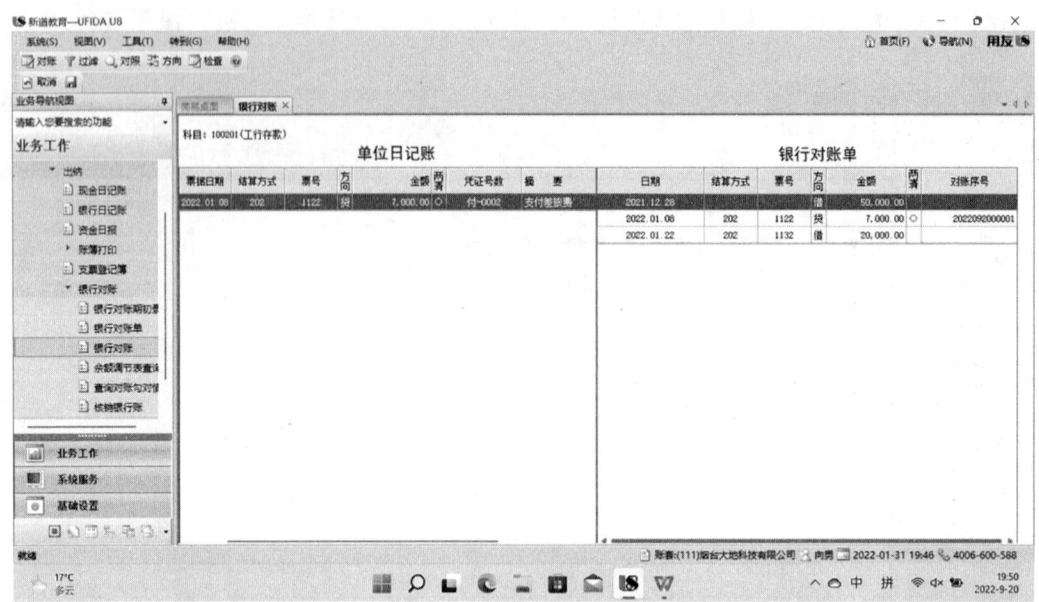

图 4-39 完成银行对账

4）查询银行存款余额调节表

（1）执行"出纳—银行对账—余额调节表查询"命令，打开"银行存款余额调节表"窗口，如图 4-40 所示。

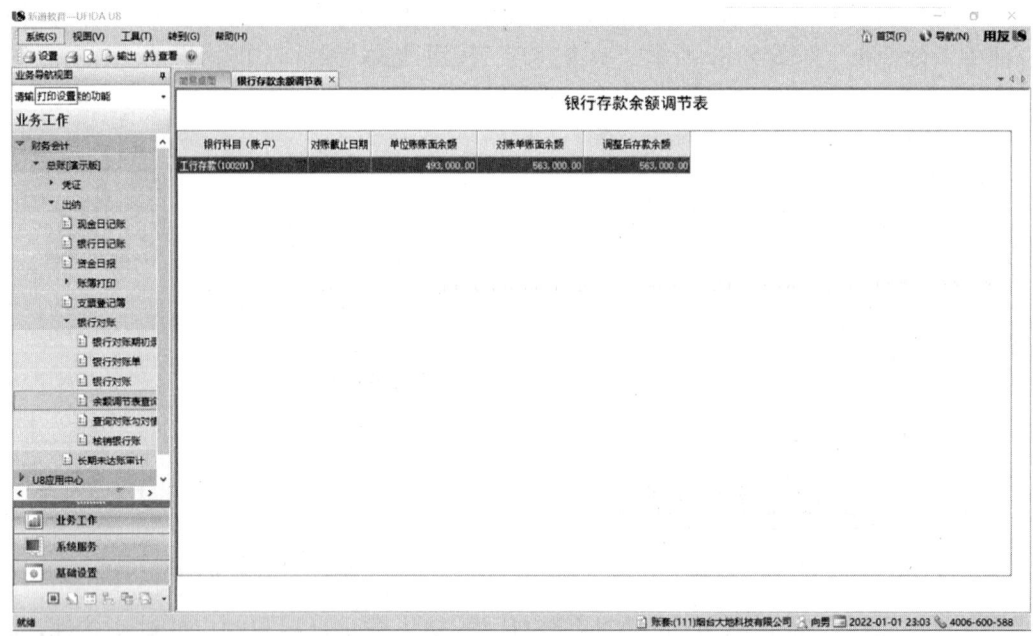

图 4-40 "银行存款余额调节表"窗口

（2）双击科目"工行存款(100201)"行上任意单元格，即可显示该银行账户的银行存款余额调节表，如图 4-41 所示。

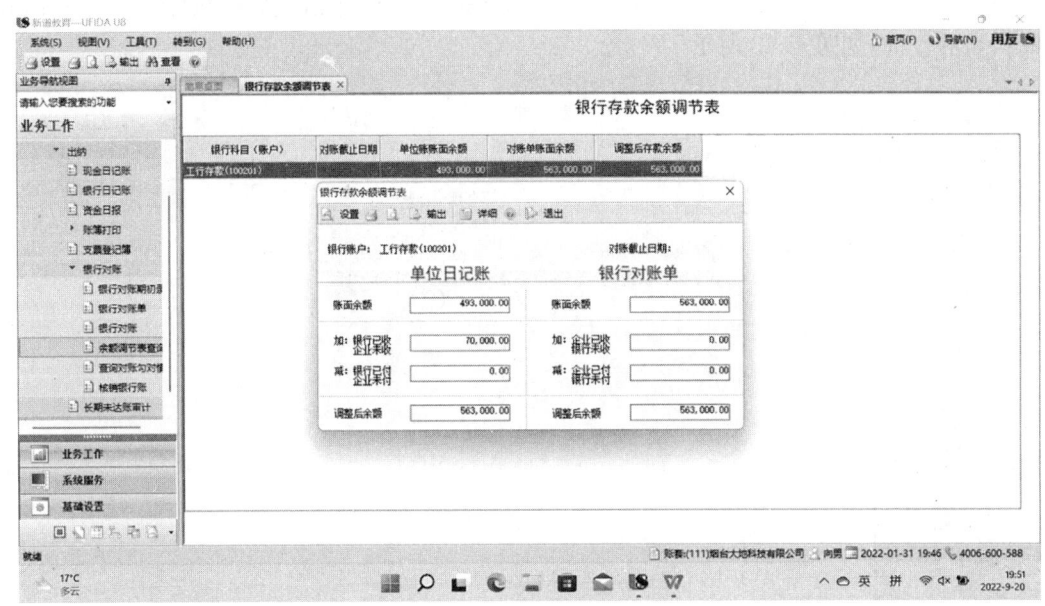

图 4-41 银行存款余额调节表

三、账簿查询

经过录入、审核以及记账,日常经济业务的会计信息已经被整理和储存于各种"账簿"之中。为了更好地进行日常会计管理并为会计决策提供依据,会计人员可以通过"账簿查询"分析和利用会计信息。账簿查询主要包括科目账查询和辅助账查询。

1. 科目账查询

"科目账"目录中,包括查询"总分类账""明细分类账""余额表"等。

本章账套在科目账模块中演示,查询"总分类账""明细分类账"以及"余额表"。

(1) 以"001李盛泽(账套主管)"的身份注册进入系统,执行"业务工作—财务会计—总账—账表—科目账—总账"命令,弹出"总账查询条件"窗口,如图4-42所示。

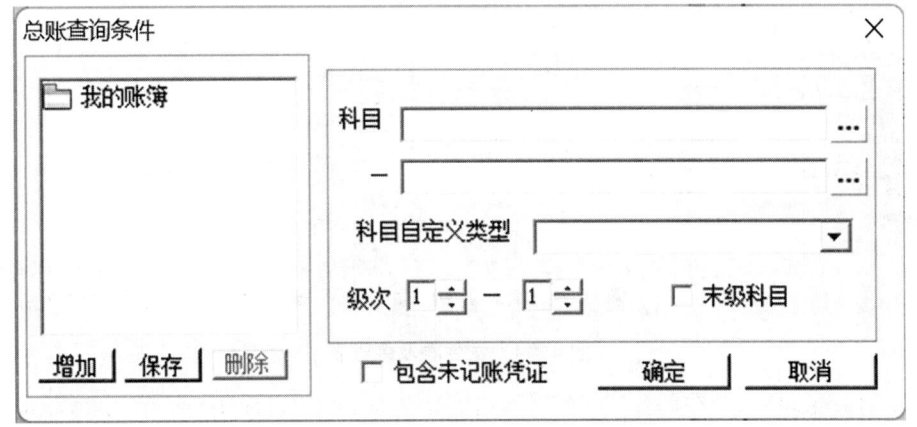

图 4-42 总账查询

（2）手工或参照输入要查询的总账科目并选择科目级次，单击"确认"按钮，即可进行相应总账科目的查询，如图4-43所示。

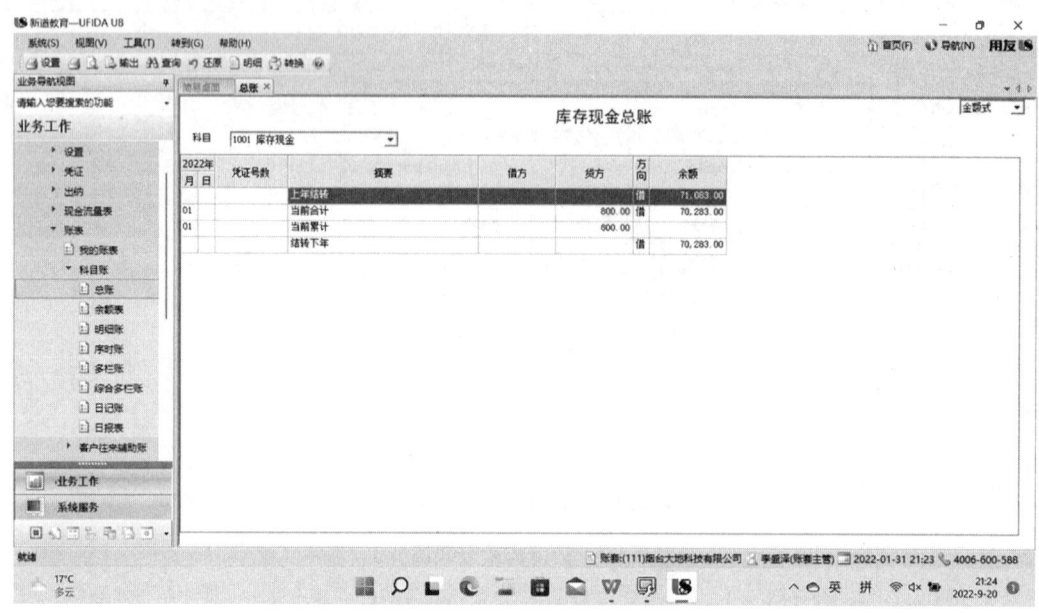

图4-43 "库存现金"总账

（3）同理，点击"科目账—明细账"或"余额表"，可分别对"明细账"或"余额表"科目进行查询，如图4-44所示。

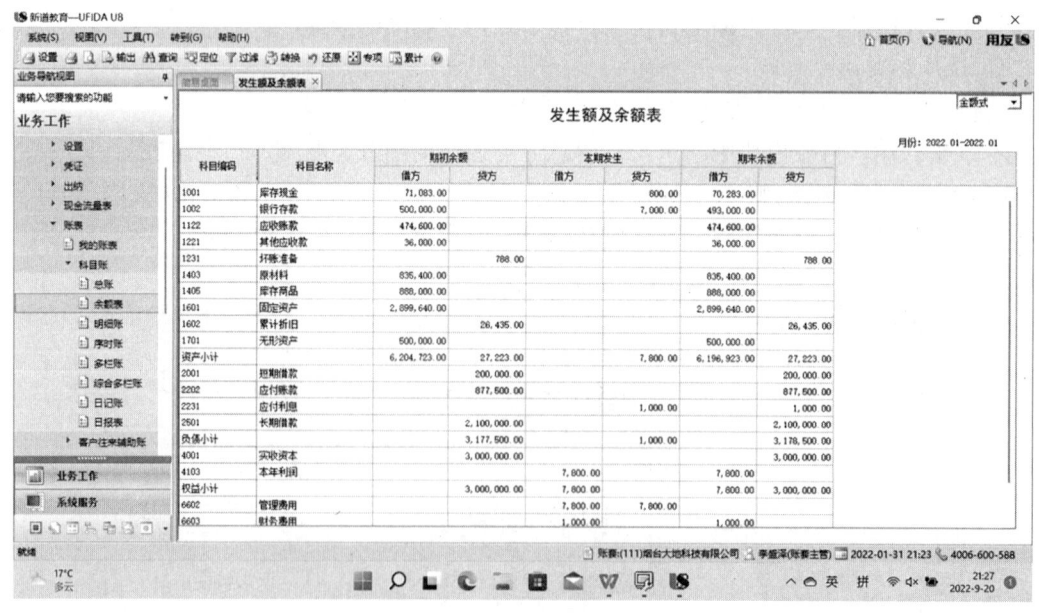

图4-44 发生额及余额表

2. 辅助账查询

辅助账是指在正常账户之外根据部门、客户、供应商和个人设立的用于相应辅助核算的

"账簿"。在会计信息系统中,设置了辅助核算的会计科目可查询其相应的辅助账。

本章账套在辅助账模块中,查询"部门收支分析表"。

(1) 执行"业务工作—财务会计—总账—账表—部门辅助账—部门收支分析"命令,如图4-45所示。

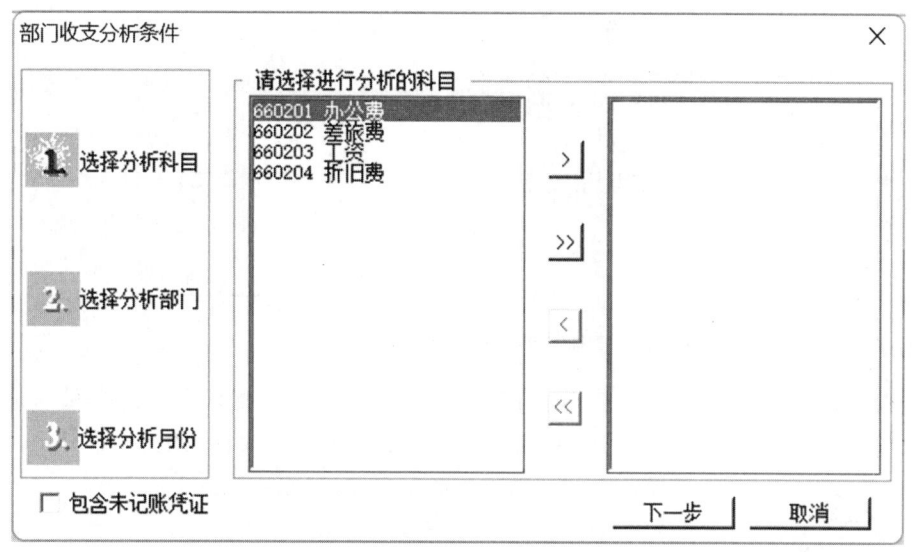

图 4-45　部门收支分析条件

(2) 选择分析科目,点击"下一步"按钮,选择分析部门,并点击"下一步"按钮,选择分析月份,输入起始月份、终止月份。单击"完成"按钮。

第四节　总账系统期末业务处理

会计人员完成日常会计处理后,在月末进入到期末处理阶段,期末业务处理主要包括自动转账和期末结账。

一、自动转账

在期末的时候,企业有时会有一些有规律的会计处理,会计信息系统可以根据会计人员的预先设置,依据当期某些会计科目的余额或本期发生额结转到对应的科目中,从而自动生成相关的会计凭证。自动转账操作主要由转账定义和转账生成两部分组成。

(一) 自动转账定义

转账定义是自动转账的初始化操作,是设置记账凭证的编制方法,包括凭证摘要、借贷方的会计科目、金额计算公式以及凭证类别等。

本章账套自动转账定义如下。

(1) 计提短期借款月利息,该企业短期借款年利率为6%。

(2) 期间损益结转设置。

1. 计提短期借款月利息的定义

(1) 以"002姚贝贝(会计)"的身份注册进入系统,单击"业务工作—财务会计—总账—期末—转账定义—自定义转账",进入工作界面。

(2) 单击"增加"按钮,进入"转账目录"对话框窗口,如图 4-46 所示。点击"确定"按钮。

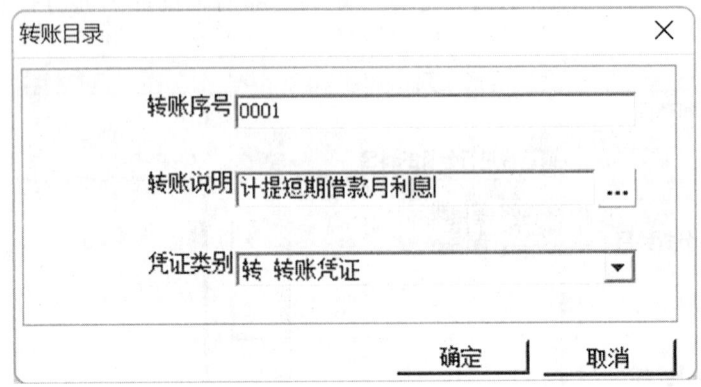

图 4-46　自定义转账设置

(3) 点击"增行"按钮,设置借方分录信息:科目"6603(财务费用)",方向"借",金额公式"QM(2001,月)＊0.06/12",金额公式可手工录入或通过公式向导自动生成,如图 4-47 所示。

图 4-47　函数公式向导

(4) 单击"增行",设置贷方分录信息:科目"2231",方向"贷",金额公式"JG()",金额公式可手工录入或通过公式向导自动生成,如图 4-48 所示。

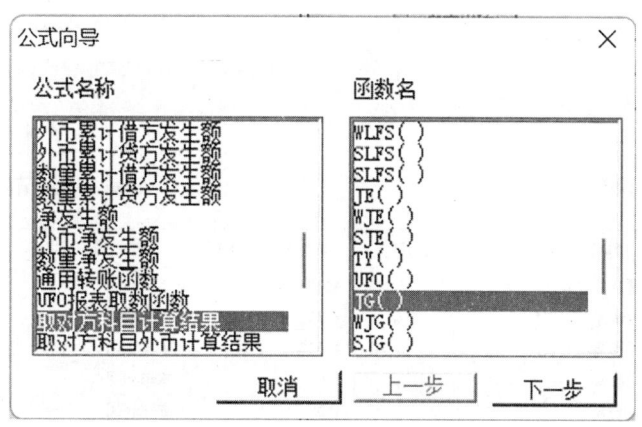

图 4-48 取对方科目计算结果

(5) 单击"保存"按钮退出,如图 4-49 所示。

图 4-49 转账分录设置完成

2. 期间损益结转的定义

(1) 执行"业务工作—财务会计—总账—期末—转账定义—期间损益"命令,进入工作界面,如图 4-50 所示。

图 4-50 期间损益结转设置

（2）确认凭证类别为“转账凭证”，本年利润科目“4103”，单击“确定”按钮。如图 4-51 所示。

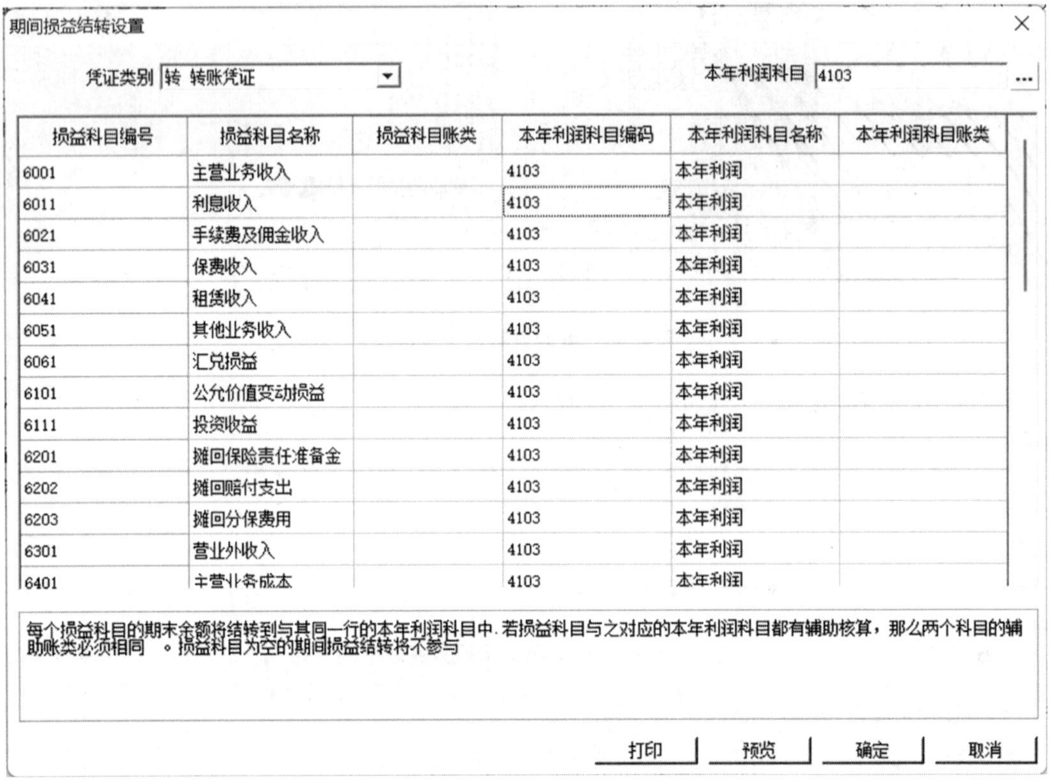
期间损益结转设置

凭证类别 转 转账凭证

本年利润科目 4103

损益科目编号	损益科目名称	损益科目账类	本年利润科目编码	本年利润科目名称	本年利润科目账类
6001	主营业务收入		4103	本年利润	
6011	利息收入		4103	本年利润	
6021	手续费及佣金收入		4103	本年利润	
6031	保费收入		4103	本年利润	
6041	租赁收入		4103	本年利润	
6051	其他业务收入		4103	本年利润	
6061	汇兑损益		4103	本年利润	
6101	公允价值变动损益		4103	本年利润	
6111	投资收益		4103	本年利润	
6201	摊回保险责任准备金		4103	本年利润	
6202	摊回赔付支出		4103	本年利润	
6203	摊回分保费用		4103	本年利润	
6301	营业外收入		4103	本年利润	
6401	主营业务成本		4103	本年利润	

每个损益科目的期末余额将结转到与其同一行的本年利润科目中．若损益科目与之对应的本年利润科目都有辅助核算，那么两个科目的辅助账类必须相同 。损益科目为空的期间损益结转将不参与

打印　预览　确定　取消

图 4-51　期间损益结转设置

（二）自动转账生成

转账定义后，每月月末都可以通过会计信息系统自动生成相应记账凭证。

本章账套自动生成会计凭证如下：

（1）计提短期借款月利息的凭证生成。

（2）期间损益结转凭证的生成。

1. 计提短期借款利息的凭证生成

（1）以“002 姚贝贝（会计）”的身份注册进入系统，执行“业务工作—财务会计—总账—期末—转账生成”命令，进入工作界面。

（2）找到需要生成的凭证，双击“是否结转”列，使其变成“Y”，点击“确定”或点击“全选—确定”按钮，如图 4-52 所示。

（3）系统自动弹出相应凭证界面，单击“保存”按钮，以便系统将当期机制转账凭证保存到未记账凭证库中。单击“退出”按钮。

（4）由“李盛泽（审核）”审核刚刚生成的机制转账凭证，并进行记账处理。

2. 期间损益结转生成凭证

（1）以“002 姚贝贝（会计）”的身份注册进入系统，执行“业务工作—财务会计—总账—期末—转账生成”命令，进入工作界面。

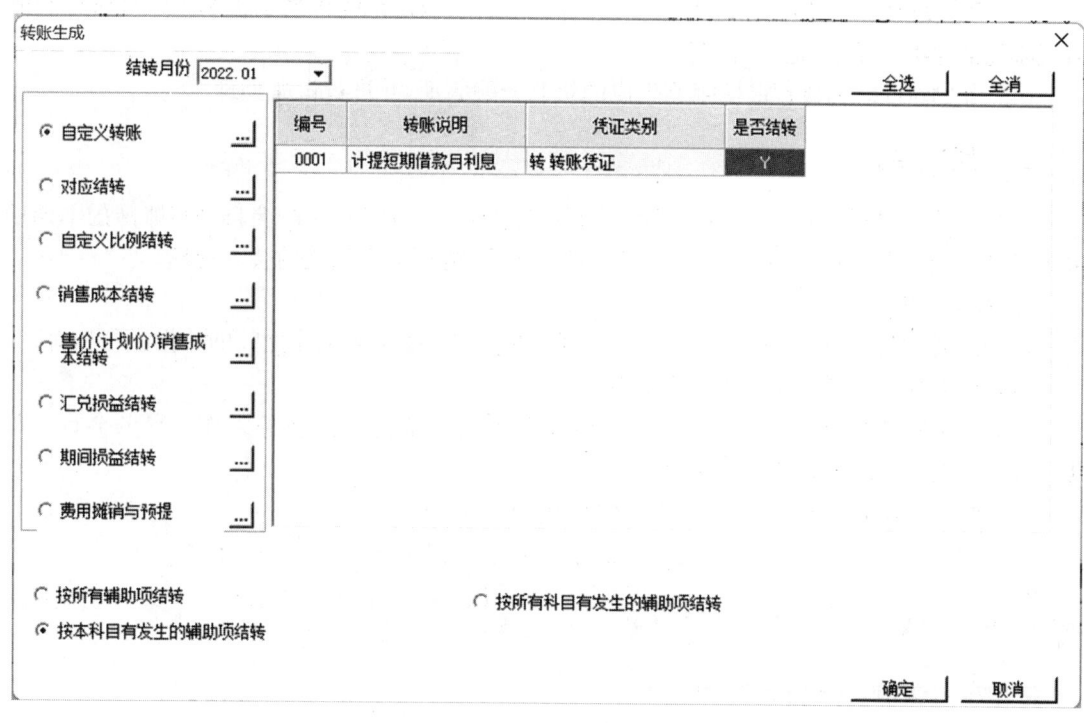

图 4-52　自定义转账生成

（2）单击"期间损益结转—全选—确定"按钮，如图 4-53 所示。

图 4-53　期间损益结转生成

107

(3) 系统自动弹出相应凭证界面,单击"保存"按钮,以便系统将当期机制转账凭证保存到未记账凭证库中。单击"退出"按钮。

(4) 由"李盛泽(审核)"审核刚刚生成的机制转账凭证,并进行记账处理。

二、期末结账

每月会计工作结束后,会计人员都要进行结账处理。结账后,系统会自动将账簿的本期期末余额结转到下期期初,开始下期的账务处理,当月不能再进行相关的会计处理。

1. 对账处理

对账主要是将总账与明细账、总账与辅助账以及辅助账与明细账之间的数据进行核对。

本章账套在期末模块中进行对账处理。

(1) 以"001李盛泽(账套主管)"的身份注册进入系统,执行"业务工作—财务会计—总账—期末—对账"命令,进入工作界面。

(2) 单击选择欲对账月份,并单击"选择"按钮,如图4-54所示。

图4-54 对账处理

(3) 单击"对账"按钮,即可开始自动对账。

(4) 单击"试算"按钮,可以对各类科目类别余额进行试算平衡。单击"确定"按钮。

2. 结账

本章账套在期末模块中进行期末结账处理。

(1) 以"001李盛泽(账套主管)"的身份注册进入系统,执行"业务工作—财务会计—总账—期末—结账"命令,进入工作界面,如图4-55所示。

(2) 单击要结账月份"2022-01",点击"下一步"按钮。

(3) 单击"对账"按钮,系统对要结算的月份进行账账核对。如图4-56所示。

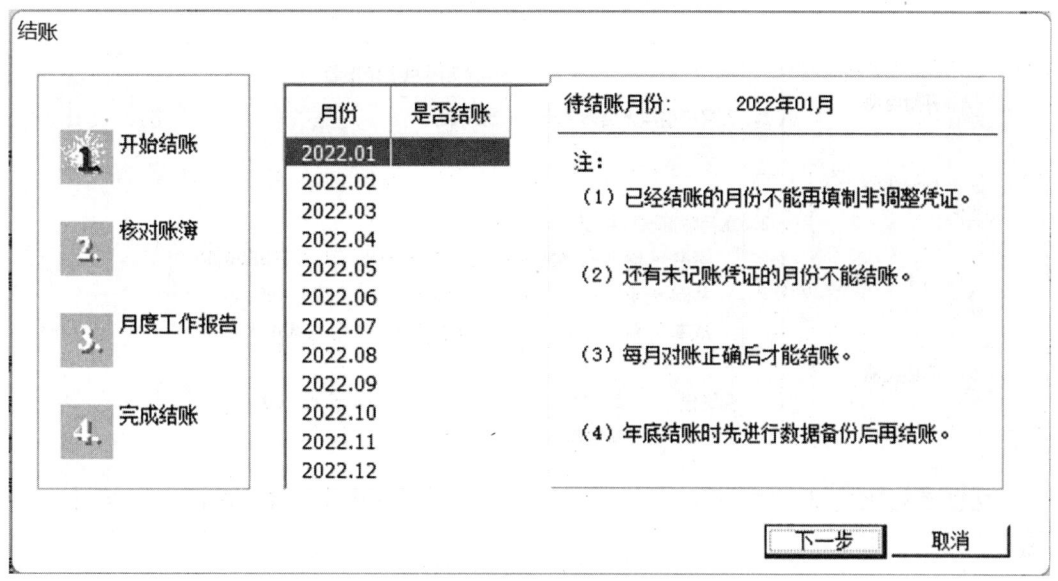

图 4-55　结账

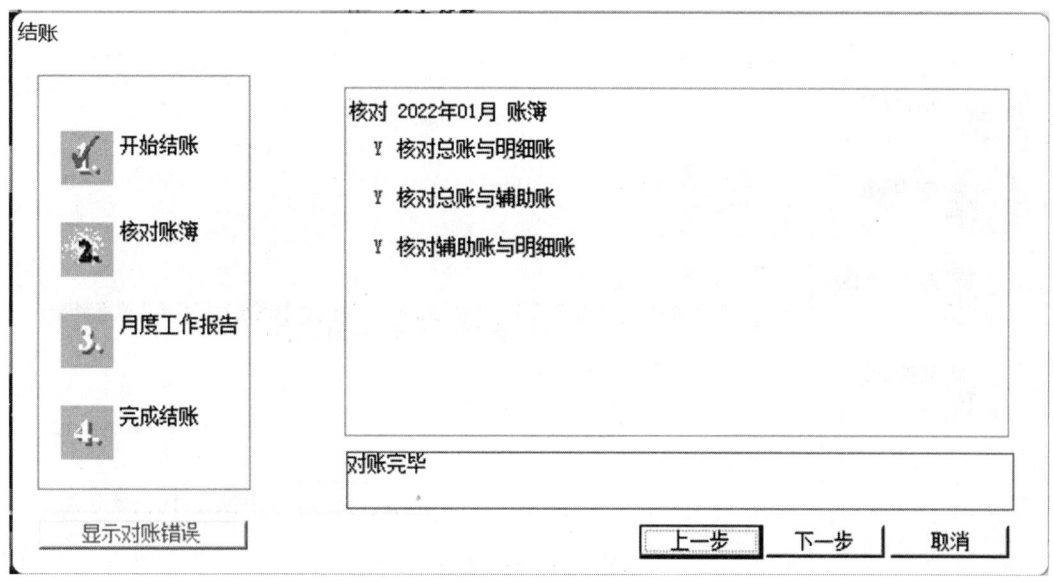

图 4-56　对账完毕

(4) 单击"下一步"按钮,系统显示"2022年01月工作报告",如图4-57所示。

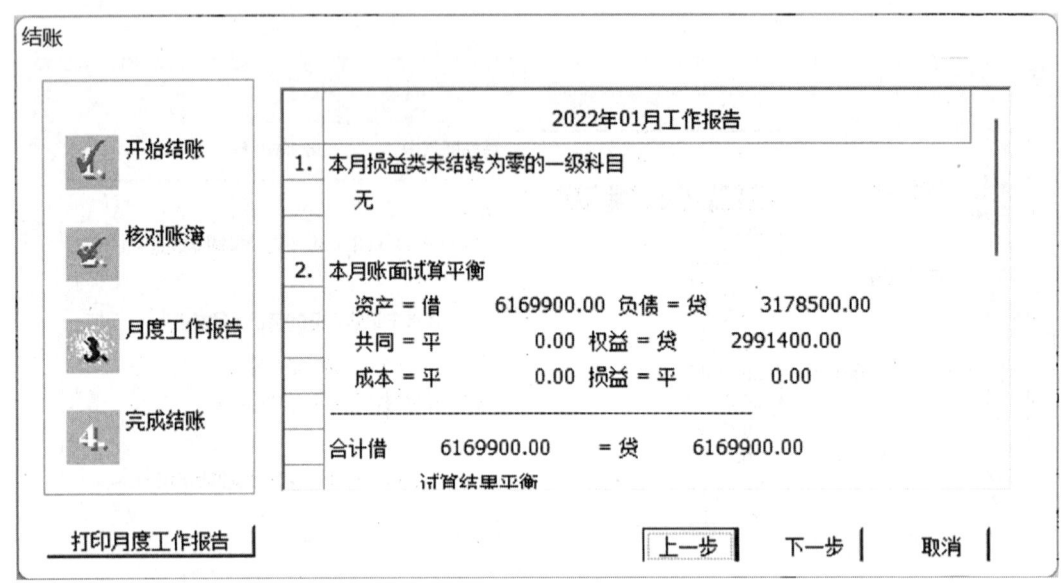

图 4-57 月工作报告

(5) 查看工作报告后,点击"下一步"按钮。
(6) 单击"结账"按钮,系统将进行结账,如图4-58所示。

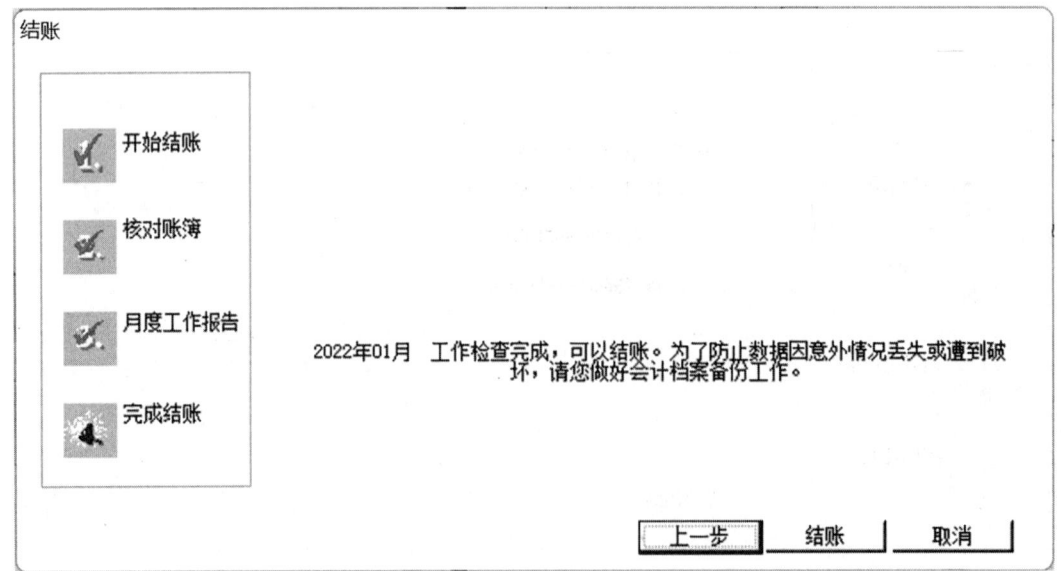

图 4-58 结账处理

取消结账操作如下。
(1) 以"001李盛泽(账套主管)"的身份注册进入系统,执行"业务工作—财务会计—总账—期末—结账"命令,进入工作界面。
(2) 单击要反结账月份,例:"2022-01",如图4-59所示。

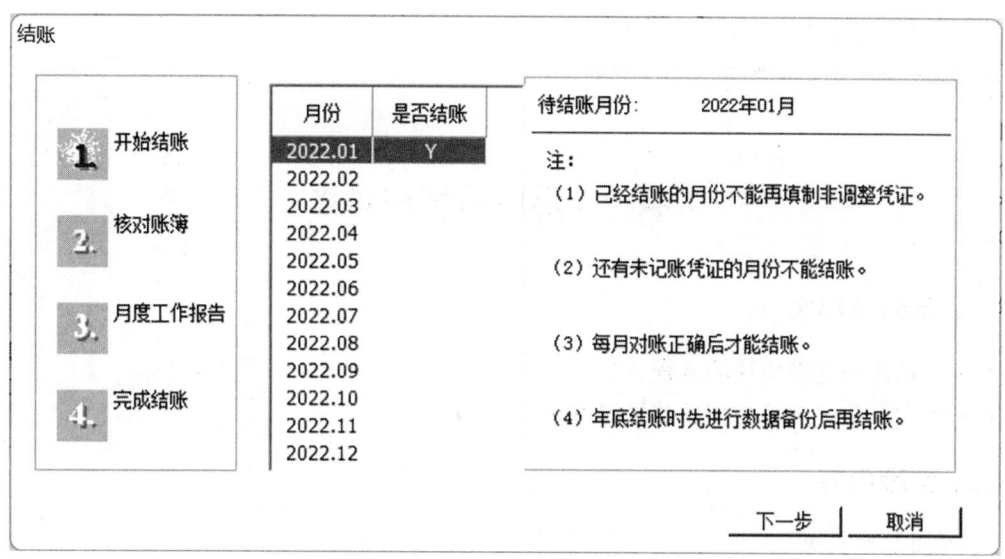

图 4-59 结账界面

(3) 按组合键"Ctrl＋Shift＋F6",激活"取消结账"功能。
(4) 输入账套主管口令,单击"确定"按钮,如图 4-60 所示。

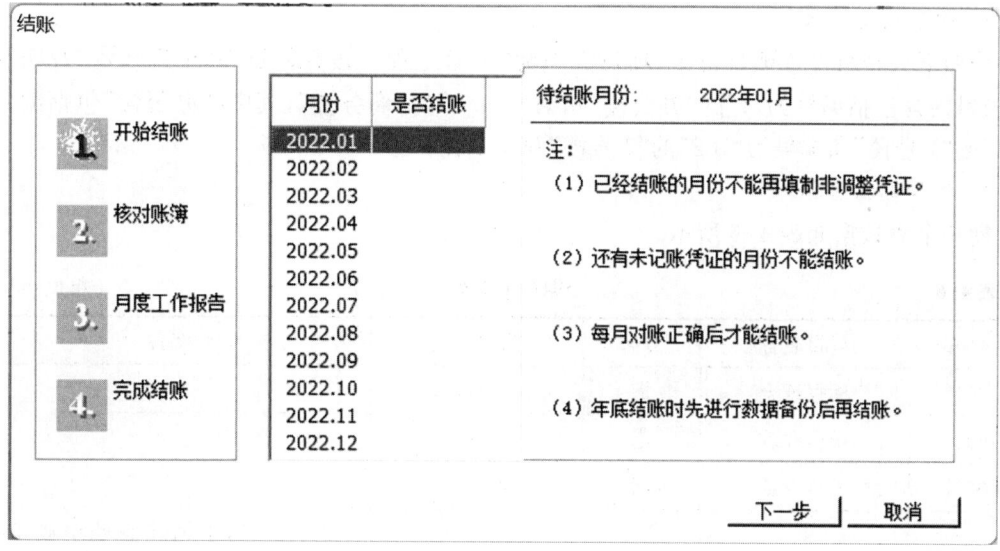

图 4-60 完成反结账

(5) 单击"取消"按钮。

思考题

1. 总账系统的主要功能包括哪些?
2. 什么是总账初始化? 包括哪些内容?
3. 凭证管理和出纳管理有哪些功能?
4. 什么是银行对账?

5. 总账系统可以进行哪些账簿的查询?
6. 自动转账主要对哪些内容进行定义?

实验一 总账系统初始化

一、目的与要求

(1) 了解账务处理模块的流程。
(2) 掌握账务处理系统初始化设置方法。

二、实验内容

1. 启用总账模块

在企业应用平台中,启用总账系统、应收款管理系统和应付款管理系统。

2. 设置系统参数

账套总账管理系统的参数如下:不允许修改、作废他人填制的凭证,可以使用应收受控科目,可以使用应付受控科目。

3. 设置项目目录

按照下列资料设置项目目录:项目大类为"一号工程",核算科目为"工程物资"及明细科目,项目内容包括编号为"1"的"办公楼"和编号为"2"的"商务楼",其中,"办公楼"包括编号为"101"的"1号楼"和编号为"102"的"2号楼"两项工程。

4. 输入期初余额

期初余额数据如表 4-6 所示。

表 4-6   期初余额表   单位:元

科目编码	科目名称	方向	期初余额	备注
1001	库存现金	借	70 883.24	
1002	银行存款	借	500 000	
100201	工行存款	借	500 000	
1121	应收票据	借	791 000	2021.10.15,上海华强购电脑 B120 台,价税合计 474 600 元,商业承兑汇票,票据号 98765 2021.12.10,上海华强购电脑 B80 台,价税合计 316 400 元,商业承兑汇票,票据号 87654
1122	应收账款	借	452 000	2021.10.01,北京华锦购电脑 A100 台,价税合计 452 000 元
1231	坏账准备	贷	788	
122101	职工借款	借	38 000	2021.12.10 职工宋风借款 38 000 元

(续表)

科目编码	科目名称	方向	期初余额	备注
1403	原材料	借	827 000	
1405	库存商品	借	888 000	
1601	固定资产	借	2 899 640	
1602	累计折旧	贷	26 435.24	
1701	无形资产	借	500 000	
2001	短期借款	贷	185 000	
2201	应付票据	贷	406 800	2021.07.10,向沈阳守信采购主机A200台,价税合计406 800元
2202	应付账款	贷	847 500	2021.07.10,向天津诚信采购主机B300台,价税合计508 500元 2021.12.18,向上海铭心采购显示器250台,价税合计339 000元
2501	长期借款	贷	2 500 000	
4001	实收资本	贷	3 000 000	

实验二 总账系统日常业务处理

一、目的与要求

（1）了解账务处理模块的流程。
（2）了解账务处理系统日常业务的处理。
（3）掌握凭证管理、出纳管理、账簿查询方法。

二、实验内容

1. 凭证录入
（1）1月8日,以现金支付综合部办公费700元。
（2）1月12日,用工行转账支票支付财务部门设备修理费3 000元,票号:1122。
（3）1月21日,收到职工宋风借款8 000元现金。
2. 凭证修改
修改1月8日现金支付综合部办公费金额为800元。
3. 凭证删除
删除宋风借款凭证。
4. 出纳签字
提示:以"李俊(出纳)"的身份注册进入系统。
5. 审核凭证
提示:以"王伟(账套主管)"的身份进入系统。

6. 凭证记账

7. 查询现金日记账和银行存款日记账

记录查询到的现金日记账的内容,采用".xls"的格式保存起来。文件名为"现金日记账+组号.xls"。

8. 银行对账

期初数据:单位日记账余额为 195 000 元,银行对账单期初余额为 200 000 元,有银行已收而企业未收的未达账(2021 年 12 月 20 日)5 000 元,如表 4-7 所示。

表 4-7 2022 年 1 月份的银行对账单 单位:元

日期	结算方式	票号	借方金额	贷方金额	余额
2022-01-08	转账支票	1122		3 000	197 000
2022-01-22	转账支票	1234	6 000		203 000

输出银行存款余额调节表,文件名为"银行存款余额调节表+组号.xls"。

9. 账簿查询

(1) 科目账查询。查询总分类账、明细账、余额表。

输出发生额和余额表,文件名为"发生额和余额表+组号.xls"。

(2) 辅助账查询.查询部门收支分析表。

输出部门收支分析表,文件名为"部门收支分析表+组号.xls"。

实验三 总账系统期末业务处理

一、目的与要求

(1) 了解账务处理模块的流程。

(2) 掌握账务处理系统期末业务的处理。

二、实验内容

1. 自动转账

(1) 转账业务设置:计提短期借款的月利息(转账序号:0001,短期借款的利率为 6%)。

(2) 期间损益结转设置。

(3) 自定义转账凭证的生成。

(4) 期间损益结转转账凭证的生成。

(5) 审核、记账。

2. 期末结账

(1) 对账处理。

(2) 期末结账处理。

第五章　报 表 系 统

> **知识导航**
>
> 报表系统 ┬ 报表系统概述 ┬ 报表系统的主要功能
> 　　　　 │　　　　　　　└ 报表系统与其他子系统的关系
> 　　　　 ├ 自定义报表 ┬ 启动自定义报表
> 　　　　 │　　　　　　├ 格式设计
> 　　　　 │　　　　　　├ 设置关键字
> 　　　　 │　　　　　　├ 报表公式设置
> 　　　　 │　　　　　　└ 报表数据生成
> 　　　　 └ 模板报表

学习目标

1. 了解报表系统的功能以及与其他子系统之间的关系。
2. 熟悉报表系统的业务处理流程。
3. 掌握报表系统自定义报表中的格式定义、公式定义、数据处理以及表页管理的操作方法。
4. 掌握利用报表模板生成报表的操作方法。

第一节　报表系统概述

会计报表是综合反映企业某一特定日期的财务状况，以及某一会计期间的经营成果、现金流量和所有者权益变动情况的书面文件，为会计信息使用者作出正确的生产经营决策提供重要的支撑。企业在进行日常会计核算后，生产经营和财务收支的相关会计信息散落于大量的会计凭证、总分类账和明细分类账中，不利于会计信息使用者的阅读和分析。因此，企业可以根据自身经营管理决策的需求，对会计信息进行整合和处理，通过编制会计报表，综合、系统地反映企业在某一方面或整体的经营状况和收支情况。

会计信息系统中的报表系统主要有自定义报表和模板报表两个功能。自定义报表可以通过设计报表的格式和编制公式，从总账系统和其他子系统中提取所需的数据自动编制的报表，满足企业经营管理的一些特殊需求。而一般的会计信息系统软件都会预设大部分企业常用的模板报表，使用者只需利用相应的报表模板，便可自动生成所需的财务报表，以供会计信息使用者阅读和分析。

一、报表系统的主要功能

1. 自定义报表

自定义报表根据企业需求编制,主要包括格式设计、关键字设置、报表公式设置、报表数据生成等功能。

2. 模板报表

模板报表是会计信息系统预先设计好的报表,主要包括调用模板、调整模板和数据生成等功能。

二、报表系统与其他子系统的关系

报表系统通常不直接录入相关会计数据,而是从总账系统和其他子系统中提取所需数据进行加工、分类和整理,从而形成会计信息使用者所需的报表。因此,报表系统通常不能独立存在,需要其他子系统提供数据支撑,才能完成报表系统的相关功能。

第二节 自定义报表

每个企业都有自身的生产经营特点和管理要求,因此企业有时会需要一些特殊的报表,通过会计信息系统软件自定义报表模块,企业可根据自身要求编制符合企业管理决策需求的报表。

一、启动自定义报表

本章演示在企业应用平台中启动报表管理系统,并创建一个新的会计报表文件。

(1) 以"001李盛泽(账套主管)"的身份注册进入系统,执行"业务工作—财务会计—UFO报表"命令,进入"UFO报表"窗口,点击"关闭"按钮。

(2) 单击"文件—新建",进入报表编辑窗口,如图5-1所示。

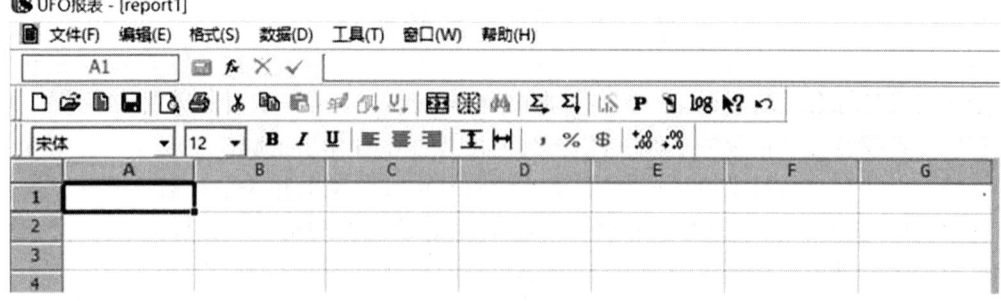

图5-1 报表模块

二、格式设计

报表的格式设计是对整张报表的外观和结构的设置,是制作报表的基本步骤。

本章账套设置货币资金表,如表5-1所示。

表 5-1　　　　　　　　　　　　货币资金表

单位名称：　　　　　　　　　　　　年　月　日　　　　　　　　　　　　单位:元

项目	行次	期初数	期末数
库存现金			
银行存款			
合计			

制表人：XXX

(1) 执行"格式—表尺寸"命令，填写"行数"和"列数"，单击"确认"按钮，如图 5-2 所示。

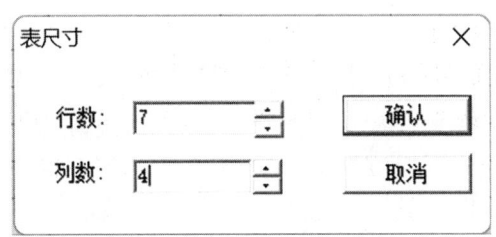

图 5-2　设置表尺寸

(2) 选择需合并的区域"A1:D1"，单击"格式—组合单元"，打开"组合单元"对话框，如图 5-3 所示。

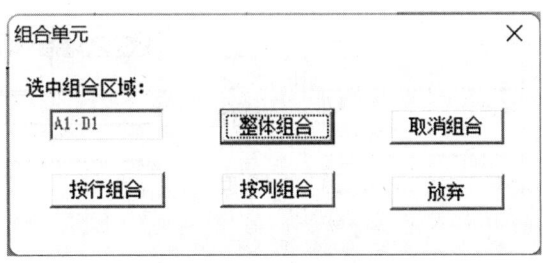

图 5-3　组合单元

(3) 选择组合方式"整体组合"。同理，定义"A2:D2"单元为组合单元。

(4) 选中"A3:D6"，执行"格式—区域画线"命令，打开"区域画线"对话框，如图 5-4 所示。

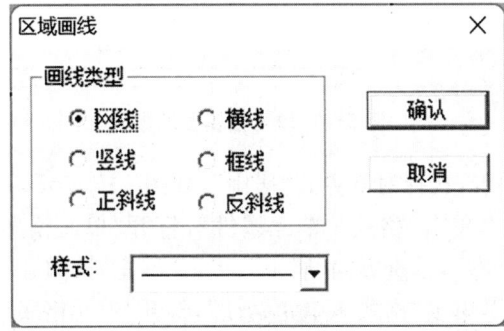

图 5-4　区域划线

(5) 单击"确认"按钮,完成表格划线。
(6) 选中需要输入内容的单元或组合单元,输入相关文字内容。
(7) 选中需要调整的单元所在行"A1",打开"格式—行高"对话框,输入行高"15",如图 5-5 所示。单击"确认"按钮。

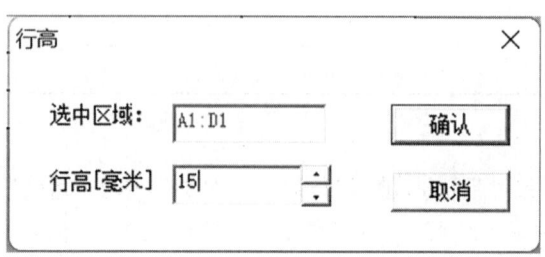

图 5-5　设置行高

(8) 执行"格式—列宽"命令,输入行宽"50",点击确认按钮。
(9) 选中标题所在的组合单元"A1",执行"格式—单元属性"命令,打开"单元格属性"对话框,单击"字体图案"选项卡,设置字体"黑体",字号"24",如图 5-6 所示。

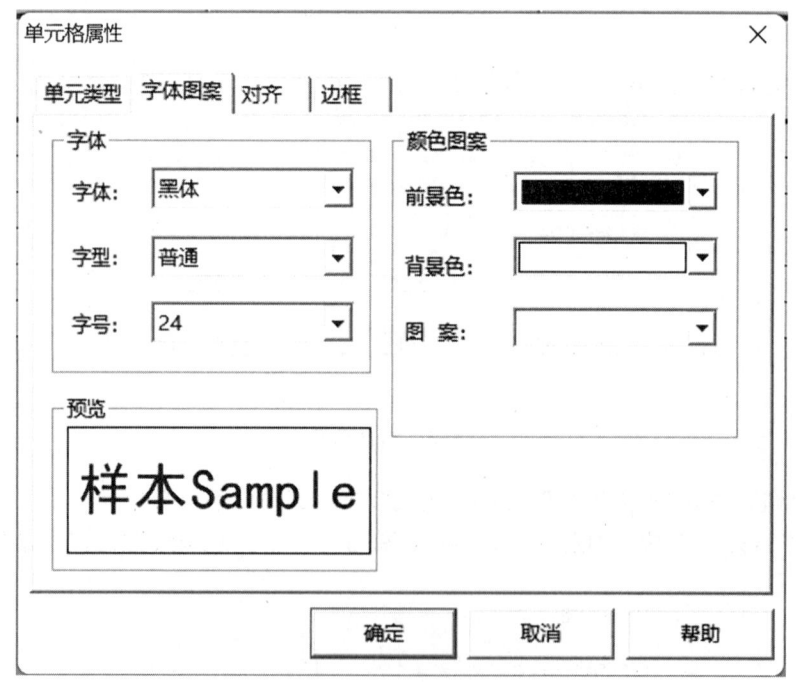

图 5-6　单元格属性设置

(10) 单击"对齐"选项卡,选择对齐方式"居中",如图 5-7 所示,单击"确定"按钮。
(11) 选中单元格"A2",单击"格式—单元属性",打开"单元格属性"对话框,点击"对齐"选项卡,选择水平方向:"居右",垂直方向"居中",单击"确定"按钮。
(12) 选中单元格"D7",单击"格式—单元属性",打开"单元格属性"对话框,在"单元类型"选项卡下,单击"字符"选项,如图 5-8 所示,单击"确定"按钮。

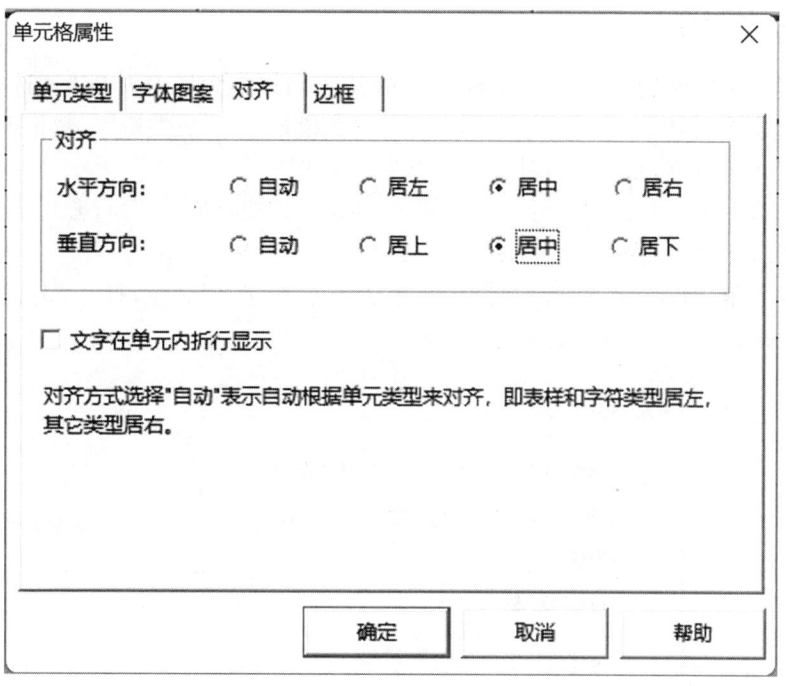

图 5-7 单元格属性设置

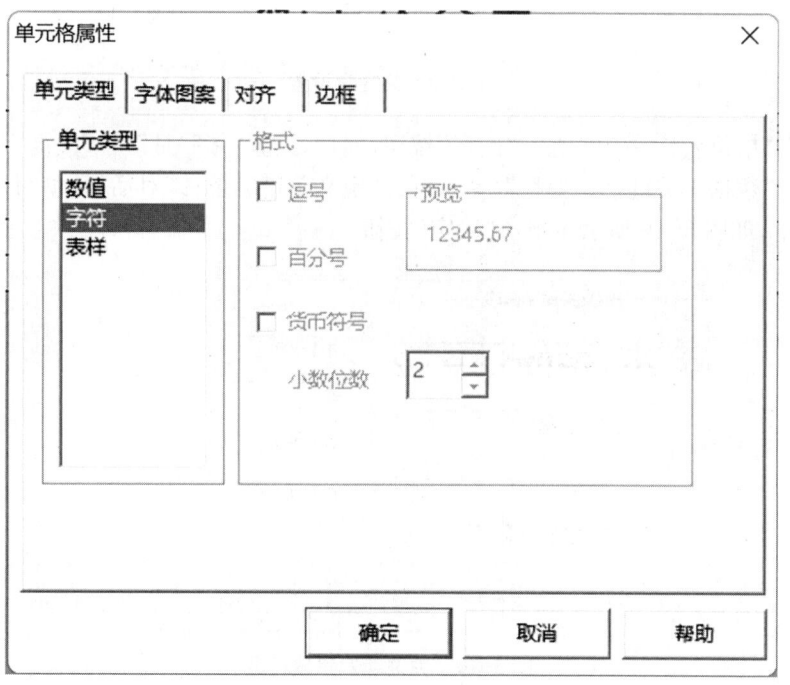

图 5-8 单元格属性设置

(13) 将左下角"格式"处点击更改为"数据",在"数据"模式下输入"制单人:XXX"。

三、设置关键字

关键字是一种特殊的数据单元,游离于单元之外,可以在大量表页中快速选择表页。每张报表可以设置多个关键字,但关键字不能重复。格式模式下,设置关键字;数据模式下,录入关键字。通过录入关键字,系统会自动提取数据生成报表。

本章账套设置单位名称和年月日为关键字,并定义其偏移量。

(1)选择需要输入关键字的组合单元"A2"。

(2)在左下角"格式"状态下,执行"数据—关键字—设置"命令,打开"设置关键字"对话框,如图5-9所示。

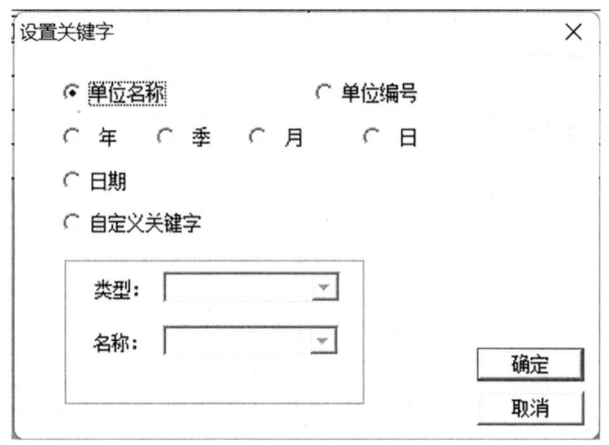

图5-9 关键字设置

(3)单击"单位名称"按钮,点击"确定"按钮,同理,设置"年""月""日"关键字。

(4)执行"数据—关键字—偏移"命令,打开"定义关键字偏移"对话框,填写对应"年""月""日"的偏移量,如图5-10所示。单击"确定"按钮。

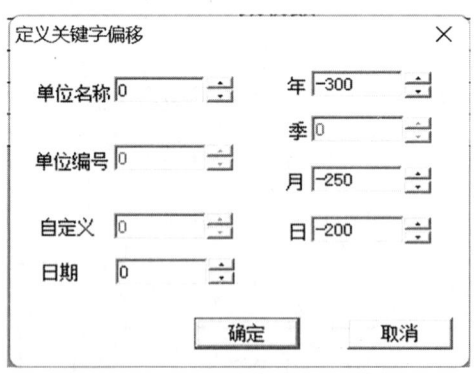

图5-10 关键字偏移量设置

四、报表公式设置

报表公式是确定单元格数据来源的函数。在生成报表时,利用函数公式从相应的位置提取数据并进行运算,将运算后的结果输出在单元格中。报表公式编辑有两种:一种是直接输入;另一种是利用函数向导输入。

账务函数主要包括期初余额函数、期末余额函数和发生额函数等,其基本格式为:函数名("科目编码",会计期间,["账套号"],[会计年度])

本章账套设置货币资金表的数据公式。

(1)选定需要定义公式的单元"C4"。

(2)执行"数据—编辑公式—单元公式"命令,打开"定义公式"对话框,点击"函数向导",在函数分类(C)处选择"用友账务函数",在函数名(N)处选择"期初(QC)",如图5-11所示。点击"下一步",单击"参照",选择科目"1001",期间"月",如图5-12所示。点击"确定"按钮。同理,按照资料要求输入其他公式。

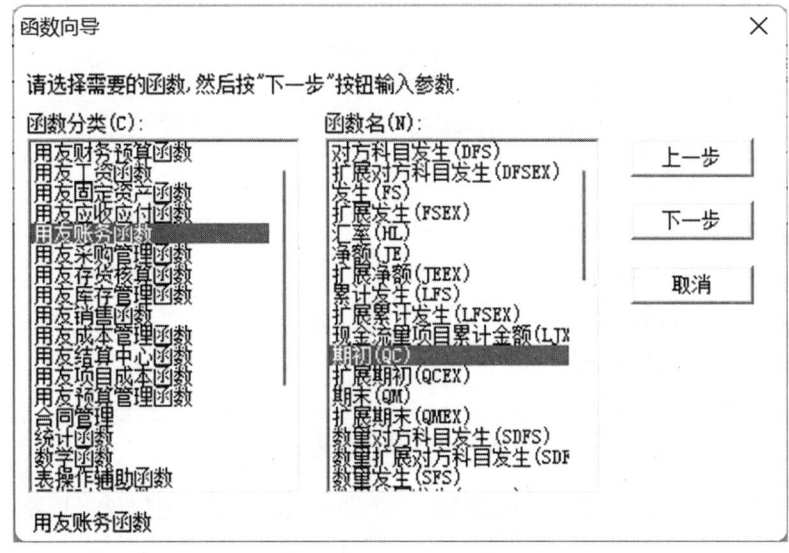

图 5-11 函数向导设置公式

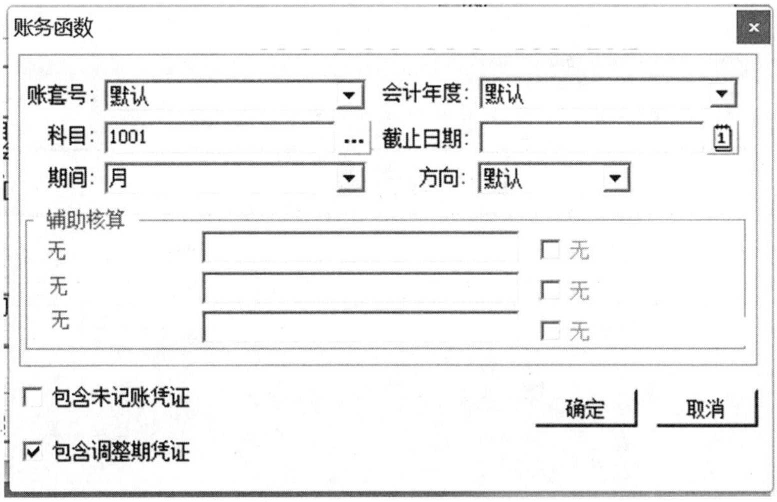

图 5-12 账务函数设置

（3）单击"保存"按钮，弹出"另存为"窗口，选择存储路径，文件名输入"货币资金表"，点击"另存为"按钮，保存文件。

五、报表数据生成

报表数据生成是会计人员通过关键字的录入，由计算机按照报表公式自动计算并输出数据的过程。

基于本账套取数，生成2022年1月的货币资金表的数据页。

（1）启用UFO系统，执行"文件—打开"命令。选择需要打开的报表文件"货币资金表.rep"，单击"打开"按钮。单击空白报表底部左下角的"格式/数据"按钮，使当前状态为"数据"状态。

（2）执行"数据—关键字—录入"命令，打开"录入关键字"对话框。输入单位名称：烟台大地科技有限公司；年：2022；月：1；日：31，如图5-13所示。

图5-13 录入关键字

（3）单击"确认"按钮，弹出"是否重算第一页？"对话框，单击"是"按钮，系统会自动根据单元公式计算1月份数据，如图5-14所示；单击"否"系统不计算1月份数据，可利用"表页重算"功能生成1月份数据。

图5-14 货币资金表

（4）单击"保存"按钮，关闭"UFO报表"窗口。

第三节 模板报表

资产负债表、利润表和现金流量表是企业主要的对外三大报表，这类报表的格式和数据处理方法是国家会计制度统一规定的。因此，为了简化会计信息系统使用者对报表格式设计及公式设置的工作，报表系统会预先设置一系列的报表模板以供用户选择使用。

基于本账套取数，利用利润表模板生成2022年1月份的利润表数据页。

1. 调用利润表模板

（1）进入"UFO报表"窗口，执行"文件—新建"命令，进入报表编辑窗口，单击底部左下角的"数据/格式"按钮，当前状态更改为"格式"状态。

（2）执行"格式—报表模板"命令，打开"报表模板"对话框，选择您所在的行业"2007年新会计制度科目"，财务报表"利润表"，如图5-15所示。

（3）单击"确认"按钮，弹出"模板格式将要覆盖本表格式！是否继续？"提示框，单击"确定"按钮，即可打开"利润表"模板，如图5-16所示。

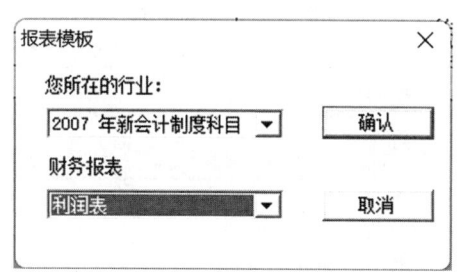

图 5-15 调用报表模板

图 5-16 利润表模板

2. 调整报表模板

(1) 单击左下角"数据/格式"按钮,使"利润表"处于"格式"状态。根据本单位的实际情况,调整报表格式,修改报表公式,如将"编制单位"改为关键字。在"格式"状态下,选中"编辑单位"删除。

(2) 选中 A3,执行"数据—关键字—设置"命令,选中"单位名称",点击"确定"按钮,如图 5-17 所示。

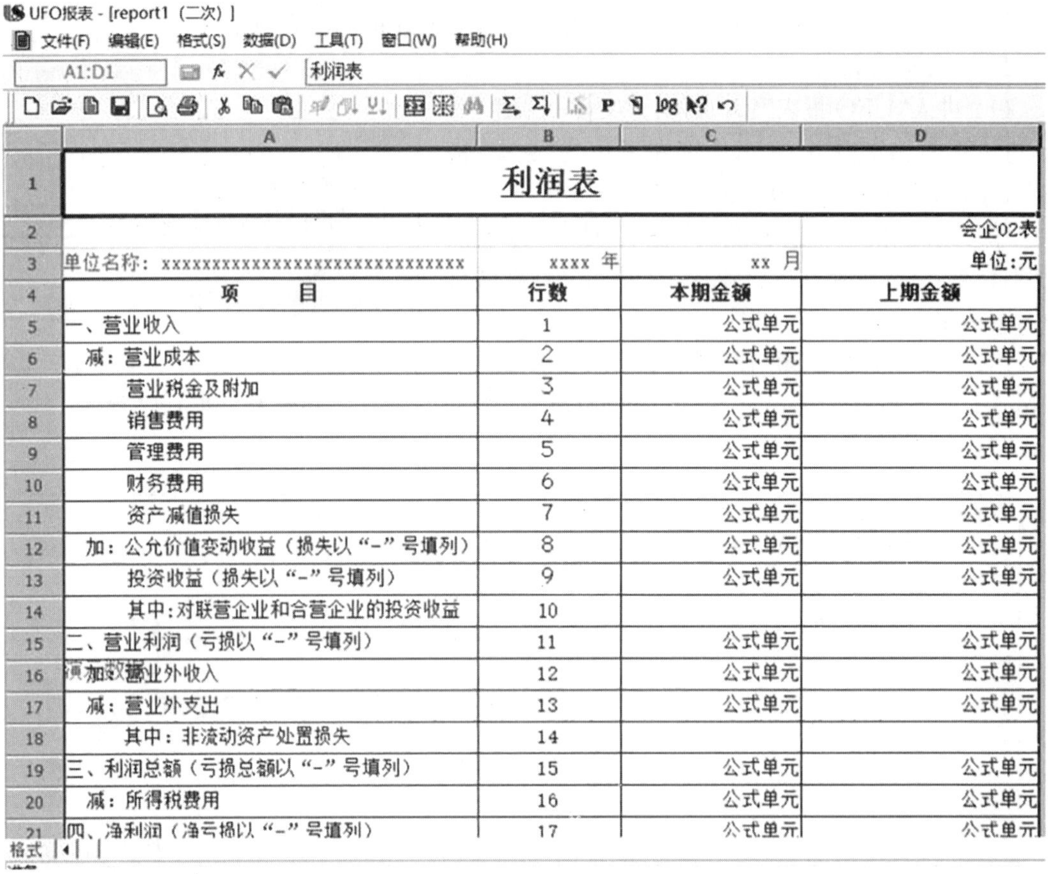

	A	B	C	D
1	利润表			
2				会企02表
3	单位名称: xxxxxxxxxxxxxxxxxxxxxxxxxxxxxxxx	xxxx 年	xx 月	单位:元
4	项　　目	行数	本期金额	上期金额
5	一、营业收入	1	公式单元	公式单元
6	减:营业成本	2	公式单元	公式单元
7	营业税金及附加	3	公式单元	公式单元
8	销售费用	4	公式单元	公式单元
9	管理费用	5	公式单元	公式单元
10	财务费用	6	公式单元	公式单元
11	资产减值损失	7	公式单元	公式单元
12	加:公允价值变动收益(损失以"-"号填列)	8	公式单元	公式单元
13	投资收益(损失以"-"号填列)	9	公式单元	公式单元
14	其中:对联营企业和合营企业的投资收益	10		
15	二、营业利润(亏损以"-"号填列)	11	公式单元	公式单元
16	加:营业外收入	12	公式单元	公式单元
17	减:营业外支出	13	公式单元	公式单元
18	其中:非流动资产处置损失	14		
19	三、利润总额(亏损总额以"-"号填列)	15	公式单元	公式单元
20	减:所得税费用	16	公式单元	公式单元
21	四、净利润(净亏损以"-"号填列)	17	公式单元	公式单元

图 5-17　设置单位名称的关键字

3. 生成利润表数据

(1) 在数据状态下,执行"数据—关键字—录入"命令,打开"录入关键字"对话框,输入单位名称:烟台大地科技有限公司;年:2022;月:1,单击"确认"按钮。

(2) 弹出"是否重算第一页?"对话框,单击"是"按钮,系统会自动根据单元公式计算 1 月份数据;单击"否"系统不计算 1 月份数据,可利用"表页重算"功能生成 1 月份数据,如图 5-18 所示。

4. 保存文件

(1) 执行"文件—保存"命令,弹出"另存为"窗口,选择存储路径,文件名输入"烟台大地科技有限公司利润表",点击"另存为"按钮保存文件,如图 5-19 所示。

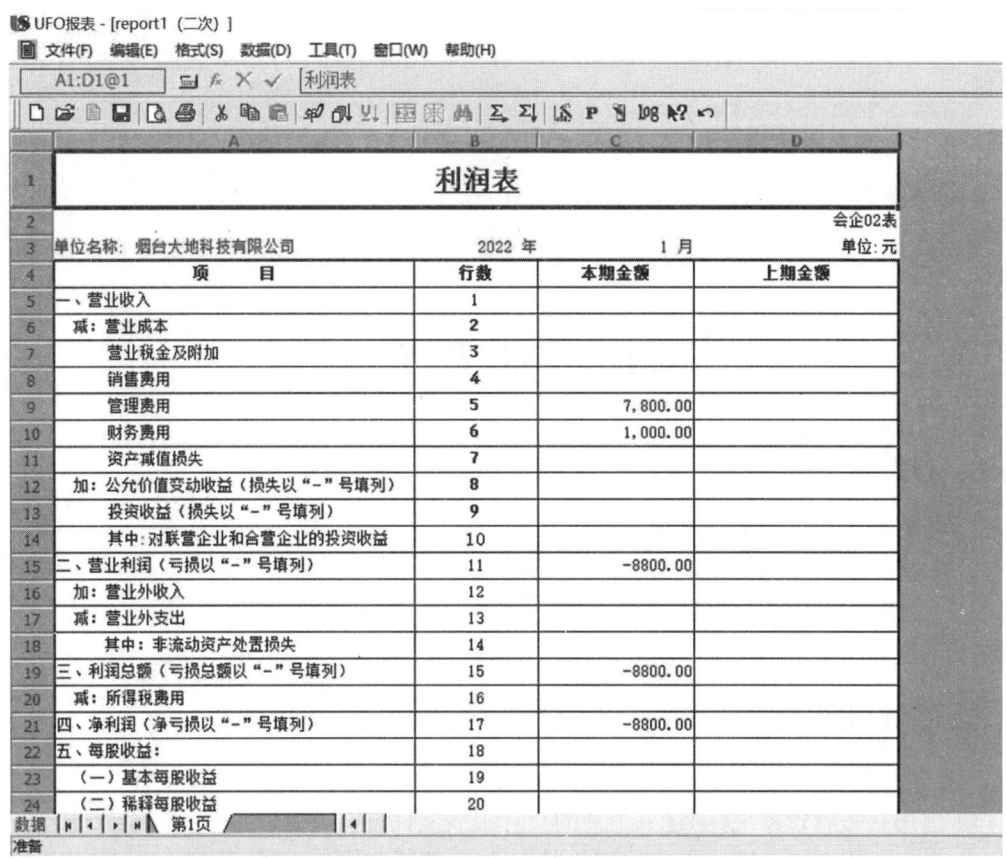

图 5-18　利润表界面

图 5-19　另存为界面

(2) 保存后关闭报表界面。

思考题

1. 报表系统的主要功能包括哪些?
2. 报表系统与其他子系统之间的关系是什么?
3. 什么是自定义报表?自定义报表的制作流程是什么?

实验一 报 表 系 统

一、目的与要求

(1) 了解报表系统的基本原理及流程。
(2) 掌握报表系统的格式定义、公式定义的操作方法。
(3) 掌握报表系统的数据处理、表页管理的操作方法。
(4) 掌握利用报表模板生成报表的操作方法。

二、实验内容

1. 自定义报表
(1) 启用报表管理系统,创建一个新的会计报表文件。
(2) 自定义报表——固定资产使用状况变动表,格式如表5-2所示。

表5-2　　　　　　　　　固定资产使用状况变动表
单位名称:　　　　　　　　　年　月　日　　　　　　　　　单位:元

项目	行次	期初数	期末数
固定资产			
累计折旧			
净值			

制表人:XXX

(3) 设置单位名称和年月日为关键字,并设置偏移量。
(4) 定义单元公式。
(5) 基于账套取数,生成2022年1月份报表数据页。
2. 利用报表模版生成2022年1月份的资产负债表

第六章　薪资管理系统

知识导航

```
                    ┌ 薪资管理系统概述 ┬ 薪资管理系统的主要功能
                    │                  ├ 薪资管理系统操作流程
                    │                  └ 薪资管理系统与其他子系统的关系
                    │
                    ├ 薪资管理系统初始化 ┬ 启用薪资模块并建立工资账套
                    │                    ├ 基础信息设置
  薪资管理系统 ─────┤                    └ 工资类别管理
                    │
                    ├ 薪资管理系统日常业务处理 ┬ 扣缴个人所得税
                    │                          ├ 工资数据的录入
                    │                          ├ 银行代发
                    │                          └ 工资分摊
                    │
                    └ 薪资管理系统期末业务处理 ┬ 月末处理
                                                └ 信息查询
```

学习目标

1. 熟悉薪资管理系统的基本功能。
2. 掌握薪资管理系统中建立工资类别、建立人员类别、设置工资项目和计算公式的操作方法。
3. 掌握薪资管理系统中工资数据的处理和个人所得税的计算方法。
4. 掌握薪资管理系统中工资分摊和生成转账凭证的方法。
5. 熟悉查询有关薪资的账表资料的方法。

第一节　薪资管理系统概述

薪资是企业给予员工辛勤劳动的反馈。员工的业绩考评及薪酬计算的正确与否直接关系到每个员工的切身利益,合理的业绩考评和薪酬管理能调动员工工作的积极性,同时也有助于处理企业与员工之间的经济关系。薪资管理系统是我国使用最普及的会计信息系统的子系统,通过薪资管理系统进行工资核算,能够极大地提高薪资计算的效率和准确性。

薪资管理系统是以员工的工资为原始数据,按照一定的设置,计算应发工资、应扣款项、实发工资以及个人所得税;按照工资的用途、部门进行计提分配;正确计算相关的成本费用,自动生成记账凭证并传递到总账系统中,提供多种方式的查询,以实现对薪资的分析与管理。

一、薪资管理系统的主要功能

1. 初始设置

薪资管理系统的初始设置是指在进行薪资业务处理之前必须在会计信息系统中完成的功能设置和档案录入,以建立系统的应用环境。初始设置功能主要包括建立工资账套、工资类别、工资项目、人员档案、工资计算公式、工资分摊等基础信息设置,录入固定工资数据。

2. 日常业务处理

日常业务处理主要包括变动工资数据的录入,扣税处理,工资费用分摊生成凭证。

3. 期末业务处理

期末业务处理主要包括月末结账和对薪资相关账表的查询与分析。

二、薪资管理系统操作流程

薪资管理系统的操作流程,如图 6-1 所示。

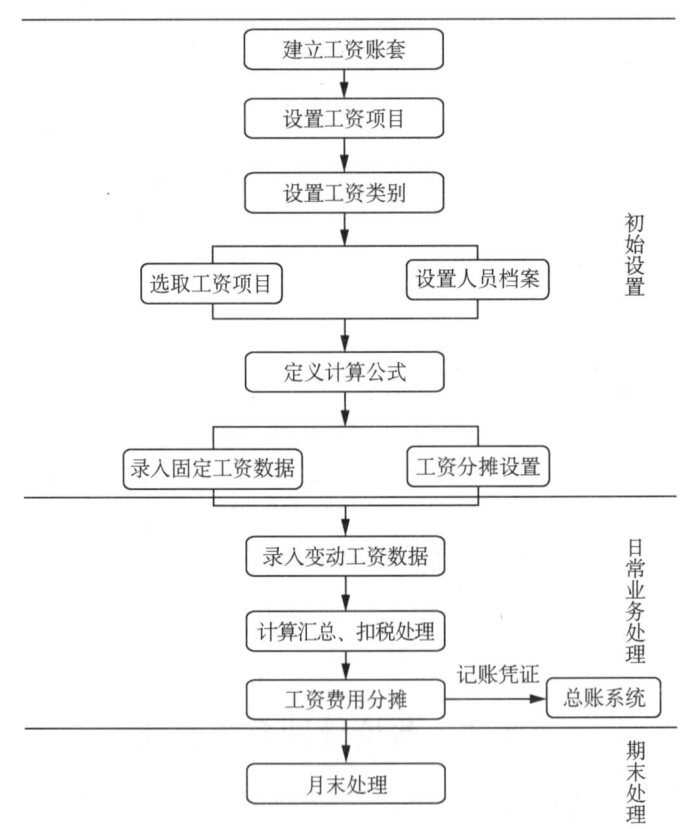

图 6-1 薪资管理系统操作流程

三、薪资管理系统与其他子系统的关系

企业对薪资管理系统的不同要求,使得系统与其他子系统的接口以及系统的操作流程会

有一定差异,薪资管理系统与其他子系统的主要关系,如图 6-2 所示。

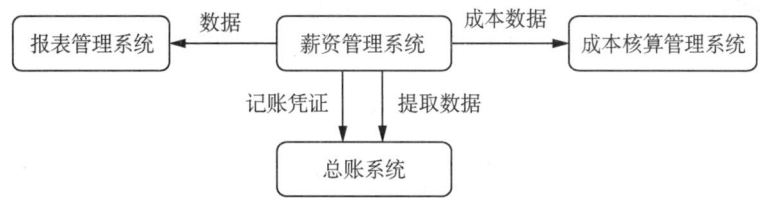

图 6-2　薪资管理系统与其他子系统的主要关系

第二节　薪资管理系统初始化

企业使用会计信息系统处理薪资业务前,需要将企业的人员类别、工资项目、公式、个人所得税等相关信息进行设置,系统根据相关信息自动完成薪资计算等工作,并汇总生成各种报表。薪资管理系统初始化主要包括建立工资账套、基础信息设置和工资类别设置。

一、启用薪资模块并建立工资账套

1. 启用薪资管理和计件工资管理模块

在使用薪资管理系统之前,应先启用薪资管理和计件工资管理模块。启用方法有两种,一种是建立账套之后直接启用;另一种是账套主管在企业应用平台的基本信息中勾选启用。

本章演示在企业应用平台启用薪资管理和计件工资管理模块。

(1) 执行"开始—程序—用友 U8V10.1—企业应用平台"命令,打开"登录"窗口。

(2) 输入操作员:001;密码:1;选择账套"[111]default 烟台大地科技有限公司";选择操作日期"2022-01-01",如图 6-3 所示。

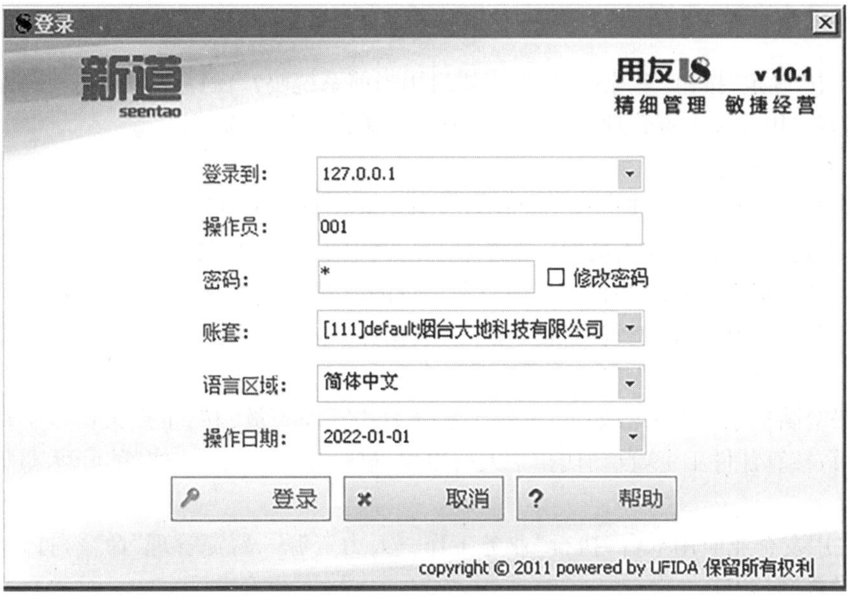

图 6-3　登录企业应用平台

(3) 单击"登录"按钮，进入企业应用平台。

(4) 在"基础设置"模块中，执行"基本信息—系统启用"命令，打开"系统启用"窗口。

(5) 勾选"薪资管理"复选框，弹出"日历"窗口，选择启用日期"2022-01-01"，如图6-4所示。

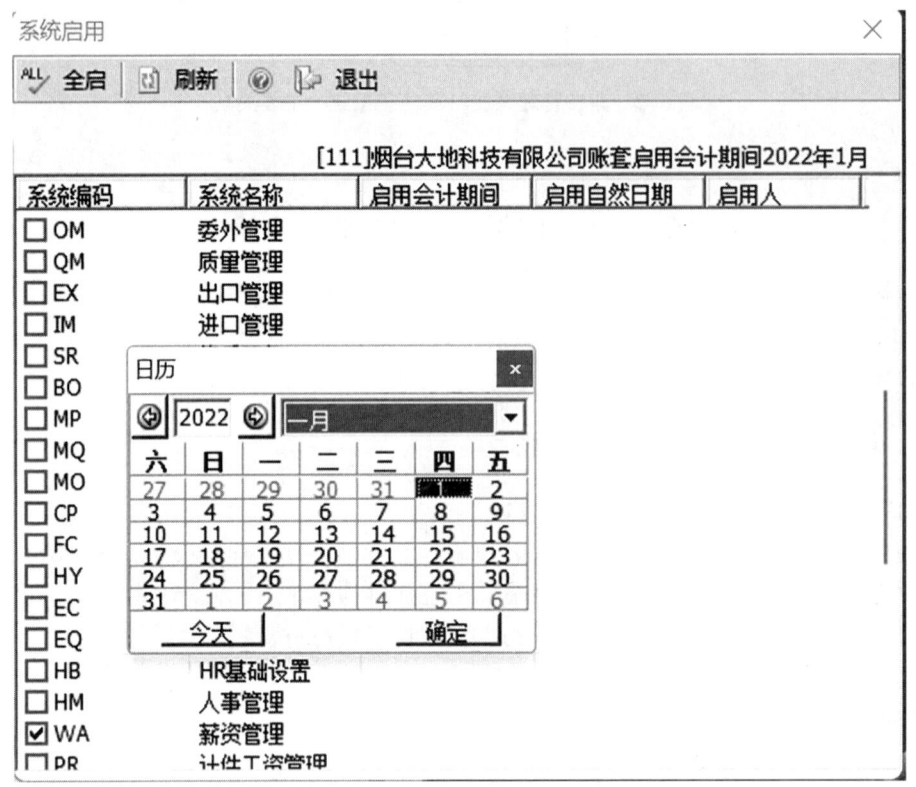

图6-4　启用薪资管理系统

(6) 单击"确定"按钮，系统弹出"确实要启用当前系统吗?"窗口，单击"是"按钮，完成系统的启用，同理启用计件工资管理系统，启用完毕后，单击"退出"按钮。

2. 建立工资账套

工资账套是针对薪资管理子系统的账套，用户可以通过向导建立工资账套，主要包括参数设置、扣税设置、扣零设置和人员编码四个步骤。其中工资类别可以选择单个或多个。如果公司所有员工的工资统一管理并且工资项目和工资的计算公式都是相同的，选择"单个"工资类别；若企业存在不同员工的工资项目以及工资数据计算方式不同，则选择"多个"工资类别进行分类管理。

本章账套薪资系统的参数如下：工资类别分为："管理人员"和"生产人员"，工资核算本位币为人民币，核算计件工资，自动代扣个人所得税，进行扣零设置并扣零到元；人员编码长度采用系统默认。

(1) 在用友企业应用平台，执行"业务工作—人力资源—薪资管理"命令，打开"建立工资套—参数设置"对话框。

(2) 在请选择本账套所需处理的工资类别个数处选择"多个"，勾选"是否核算计件工资"

复选框,如图 6-5 所示。

图 6-5　参数设置

(3) 单击"下一步"按钮,打开"建立工资套—扣税设置"对话框,勾选"是否从工资中代扣个人所得税"复选框。

(4) 单击"下一步"按钮,打开"建立工资套—扣零设置"对话框,勾选"扣零"前的复选框,再选择"扣零至元",如图 6-6 所示。

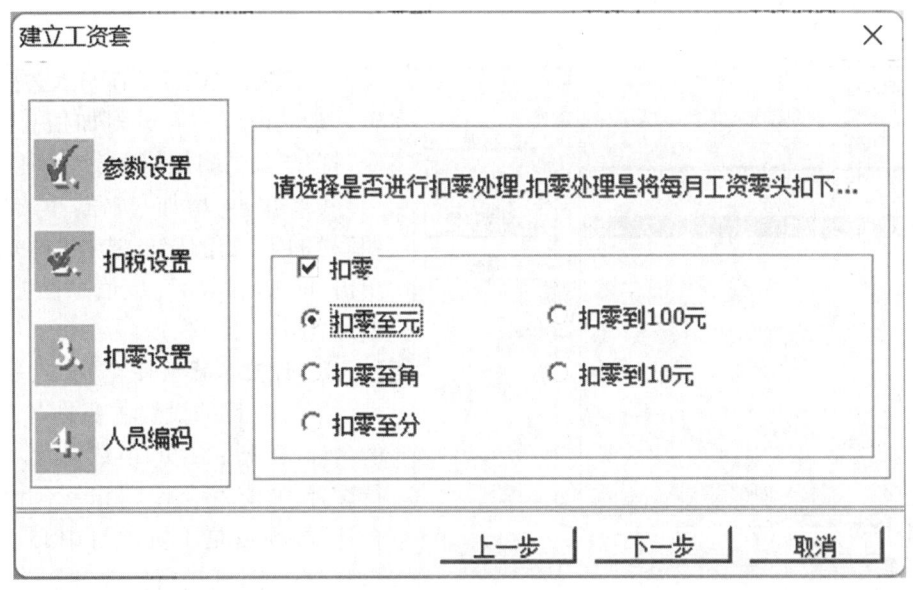

图 6-6　扣零设置

(5) 单击"下一步"按钮,打开"建立工资套—人员编码"对话框,如图 6-7 所示。

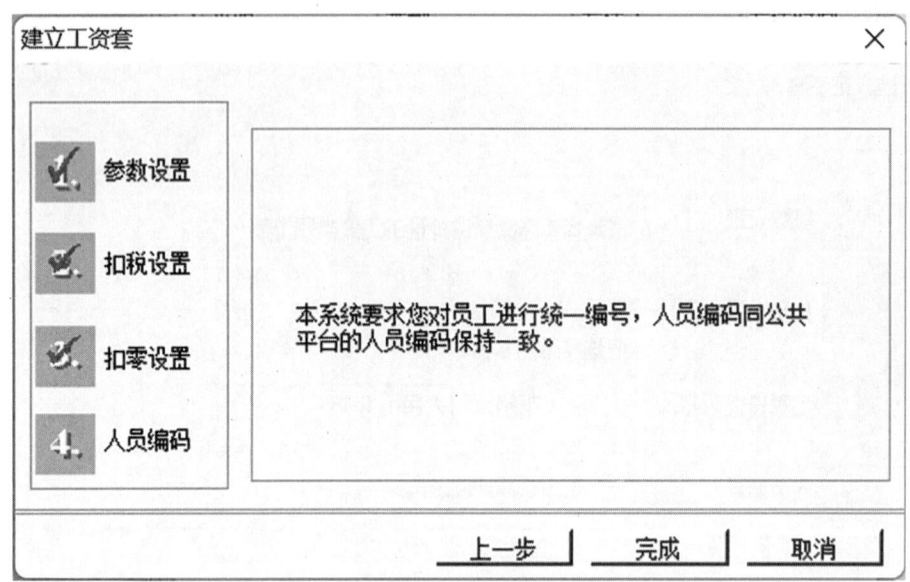

图6-7 人员编码

（6）单击"完成"按钮，完成建立工资套的过程。

二、基础信息设置

1. 人员附加信息的设置

很多企业利用薪资管理系统进行基本的人事信息管理，人员附加信息的设置可以增加人员档案的内容，便于对人员进行更加有效的管理。

本章账套增加人员附加信息："性别""学历"。

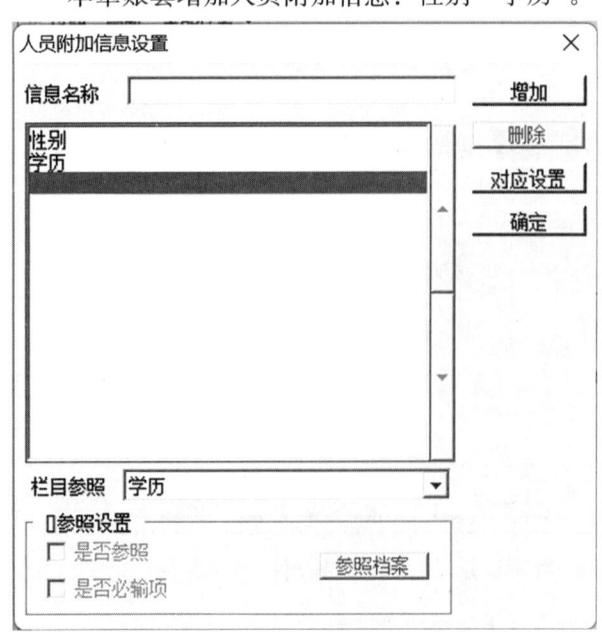

图6-8 人员附加信息设置

（1）执行"业务工作—人力资源—薪资管理—设置—人员附加信息设置"命令，打开"人员附加信息设置"窗口。

（2）单击"增加"按钮，单击"栏目参照"栏的下三角按钮，选择"性别"，再次单击"增加"按钮，完成信息设置。同理，增加"学历"，如图6-8所示。

2. 设置工资项目

工资项目的设置主要是对工资项目的名称、类型、长度、小数以及增减项进行设置。"应发合计""扣款合计""实发合计"等项目是工资项目中必不可少的内容，不能对其进行修改和删除，其他工资项目可根据企业的实际情况进行设置或参照增加，如基本工资、奖金、请假天数、请假扣款等。需要注意的是，在此设置的工资项目是针对所有工资类别的全部工资项目。某一工资类别内的工资项目只能从全部工资项目中进行选择,而不能进行增加或修改工资项目的操作。

本章账套设置工资项目,如表6-1所示。

表6-1　　　　　　　　　　　　　全部工资项目设置

工资项目	类型	长度	小数点	增项及其他项
基本工资	数字	8	2	增项
岗位工资	数字	8	2	增项
岗位津贴	数字	8	2	增项
交通补助	数字	8	2	增项
加班费	数字	8	2	增项
应发合计	数字	10	2	增项
病假天数	数字	4	0	其他
病假扣款	数字	8	2	减项
事假天数	数字	4	0	其他
事假扣款	数字	8	2	减项
扣公积金	数字	8	2	减项
住房补助	数字	8	2	增项
奖金	数字	8	2	增项
扣款合计	数字	10	2	减项
扣税基础	数字	8	2	其他
实发合计	数字	10	2	增项

(1) 执行"业务工作—人力资源—薪资管理—设置—工资项目设置"命令,打开"工资项目设置"对话框。

(2) 单击"增加"按钮,从"名称参照"下拉列表中选择"基本工资",默认类型为"数字",长度"8",小数位"2",增减项"增项"。同理依次增加其他的工资项目,如图6-9所示。

(3) 单击"确定"按钮。

3. 设置代发银行名称

代发工资的银行可以根据企业的需要设置一个或者多个,这里的银行名称设置是针对所有的工资类别。

本章账套代发银行编码:0101;银行名称:工商银行厚朴支行;银行账号长度为11位,录入时自动带出账号长度为8位。

(1) 在企业应用平台"基础设置"选项卡中,执行"基础档案—收付结算—银行档案"命令,弹出"银行档案"窗口,单击"增加"按钮,打开"增加银行档案"窗口。

(2) 按实验资料增加银行的相关信息,如图6-10所示。

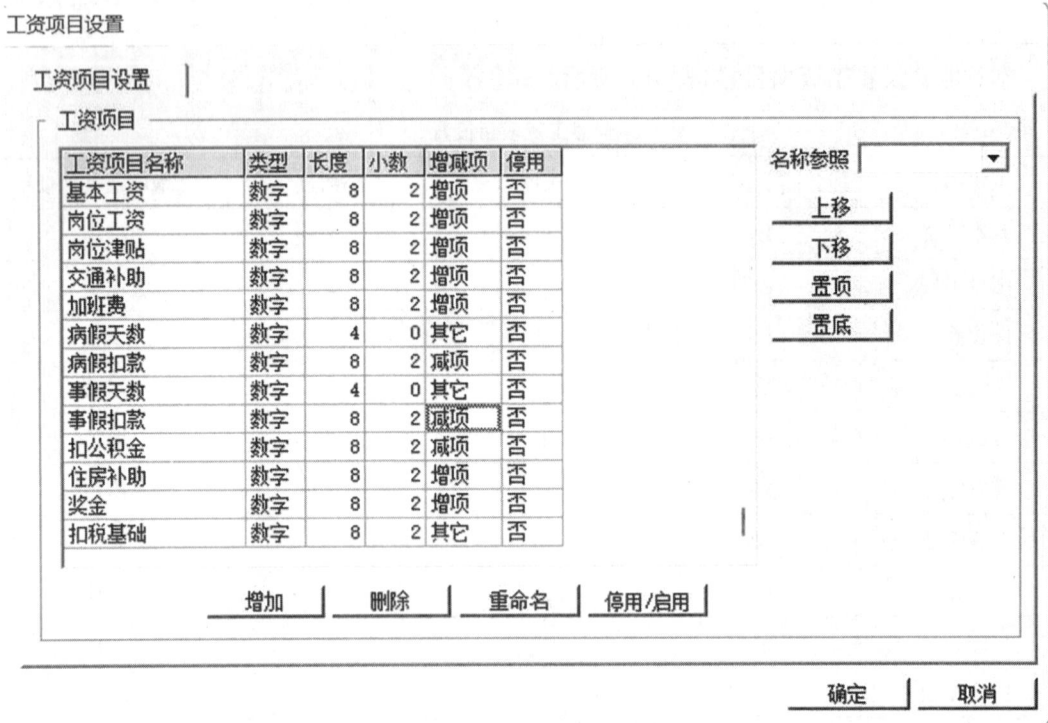

图 6-9 工资项目设置

图 6-10 设置银行名称

（3）单击"保存"按钮退出。

4．工资类别设置

如果企业在薪酬分配方面涉及多个标准，那么企业就可以根据不同的标准设置不同的工资类别，进行分类核算和管理。

本章账套设置"管理人员"和"生产人员"两个工资类别。"管理人员"的工资类别包含"总经理办公室""财务部""生产部-仓库""生产部-生产管理部门""销售部"和采购部"。"生产人员"的工资类别包含"生产部-生产车间"。

（1）在薪资管理系统中，执行"工资类别—新建工资类别"命令，打开"新建工资类别"对话框。

（2）输入工资类别名称"管理人员"，如图6-11所示。

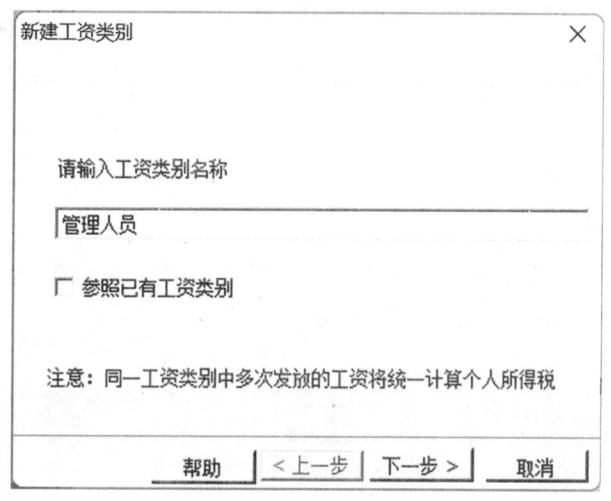

图6-11　新建工资类别

（3）单击"下一步"按钮，打开"新建工资类别—请选择部门"窗口，勾选资料包含的各部门，如图6-12所示。

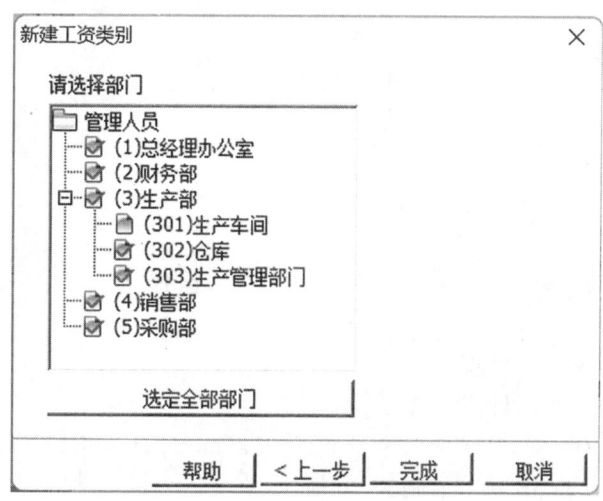

图6-12　新建工资类别—请选择部门

（4）单击"完成"按钮，系统提示"是否以2022-01-01为当前工资类别的启用日期？"，单击"是"返回，如图6-13所示。

（5）执行"工资类别—关闭工资类别"命令，关闭管理人员工资类别。

（6）同理建立"生产人员"工资类别。

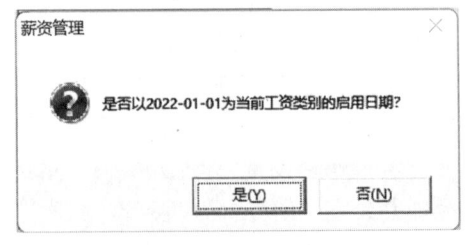

图6-13 薪资管理

5．工序设置

部分企业的生产人员工资是按照工时进行发放的，在输入相关工时数据之前，操作人员应先在会计信息系统中，对工序名称和工序单价进行设置。

本章账套的工序名称和工序单价设置数据如表6-2所示。

表6-2　　　　　　　　　　　计件工价　　　　　　　　　　　　　　单位：元

工序号	工序名称	计件单价（工时）
1	加工	40
2	装配	50

（1）执行"基础设置—基础档案—生产制造—标准工序资料维护"命令，单击"增加"按钮，工序代号"1"，工序说明"加工"，如图6-14所示。

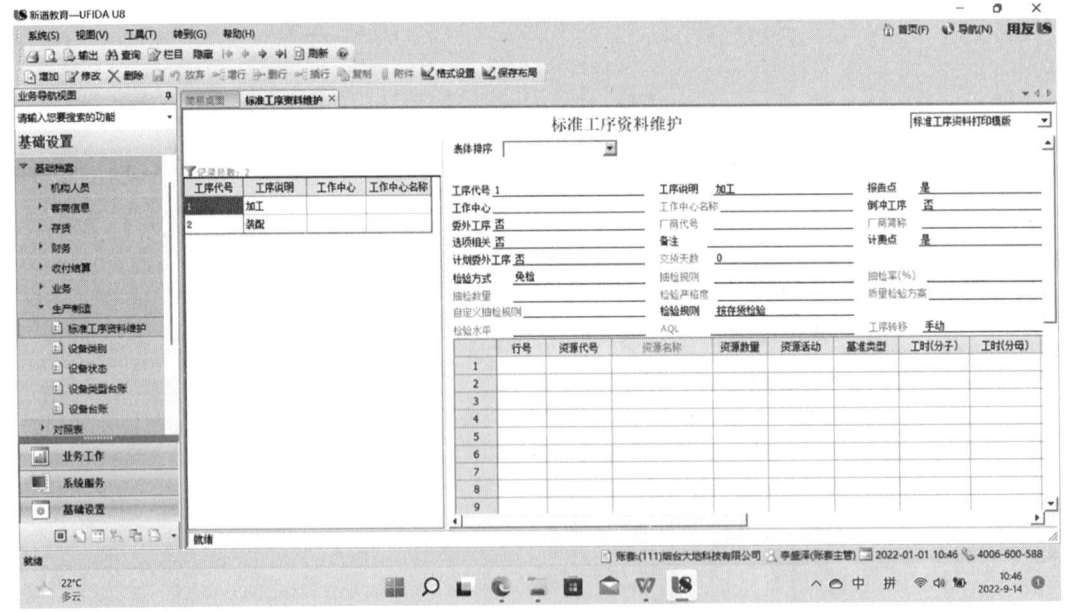

图6-14 标准工序资料维护

（2）单击"保存"按钮，同理增加"装配"信息。

（3）执行"业务工作—人力资源—计件工资—设置—计件工价设置"命令，点击"增加"按钮，工序选择"加工"，工价为"40"，如图6-15所示。

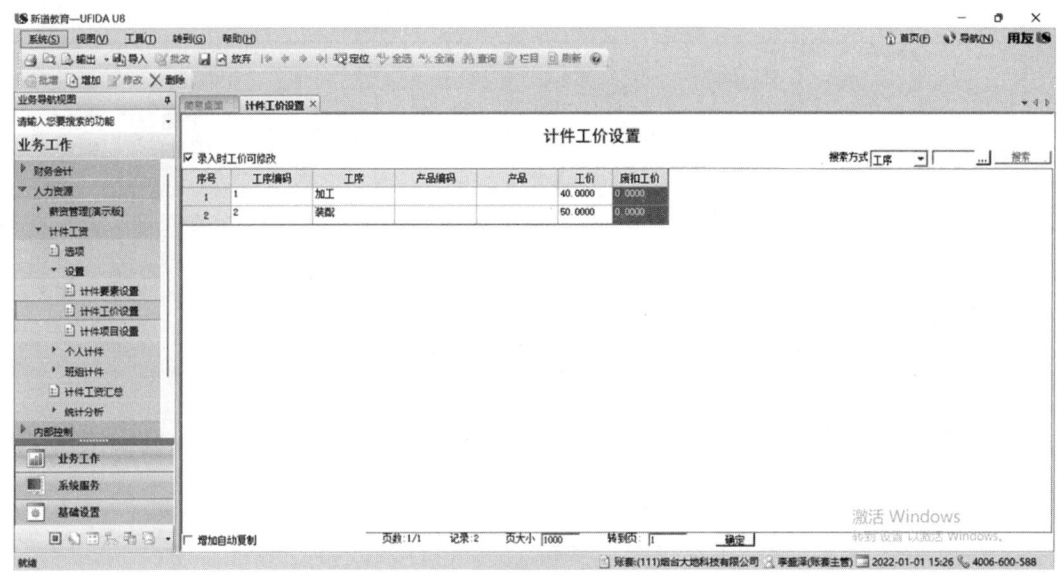

图 6-15 计件工价设置

（4）点击"保存"按钮，同理增加"装配"的工价信息。

三、工资类别管理

1. 人员档案设置

工资类别管理中的人员档案设置主要用于整理工资类别、员工的姓名、编号、所属部门、人员类别等相关信息，还包括附加人员信息的填制。由于人员档案的设置是根据工资类别进行登记的，在填制人员档案前，应先打开相应的工资类别。

本章账套的人员档案设置数据，如表 6-3 所示。

表 6-3　　　　　　　　　　薪资管理的人员档案

人员编号	姓名	性别	所属部门	人员类别	学历	代发银行	银行账号	工资类别
1001	孔德翔	男	总经理办公室	企业管理人员	硕士	工商银行厚朴支行	13579246801	管理人员
1002	张　晓	男	总经理办公室	企业管理人员	本科	工商银行厚朴支行	13579246802	管理人员
2001	李盛泽	男	财务部	企业管理人员	硕士	工商银行厚朴支行	13579246803	管理人员
2002	姚贝贝	女	财务部	企业管理人员	本科	工商银行厚朴支行	13579246804	管理人员
2003	向　男	男	财务部	企业管理人员	本科	工商银行厚朴支行	13579246805	管理人员
3001	孙思泽	男	生产部—生产车间	生产人员	本科	工商银行厚朴支行	13579246806	生产人员
3002	宋小宝	女	生产部—生产车间	生产人员	本科	工商银行厚朴支行	13579246807	生产人员

（续表）

人员编号	姓名	性别	所属部门	人员类别	学历	代发银行	银行账号	工资类别
3003	于传强	男	生产部—仓库	仓管人员	本科	工商银行厚朴支行	13579246808	管理人员
3004	赵文斌	女	生产部—仓库	仓管人员	本科	工商银行厚朴支行	13579246809	管理人员
3005	王加成	男	生产部—生产管理部门	生产管理人员	本科	工商银行厚朴支行	13579246810	管理人员
4001	宋鹏飞	男	销售部	销售人员	本科	工商银行厚朴支行	13579246811	管理人员
4002	赵坤	男	销售部	销售人员	本科	工商银行厚朴支行	13579246812	管理人员
5001	于欣丽	女	采购部	采购人员	本科	工商银行厚朴支行	13579246813	管理人员
5002	李强	男	采购部	采购人员	本科	工商银行厚朴支行	13579246814	管理人员

（1）执行"业务工作—人力资源—薪资管理—工资类别—打开工资类别"命令,如图6-16所示。

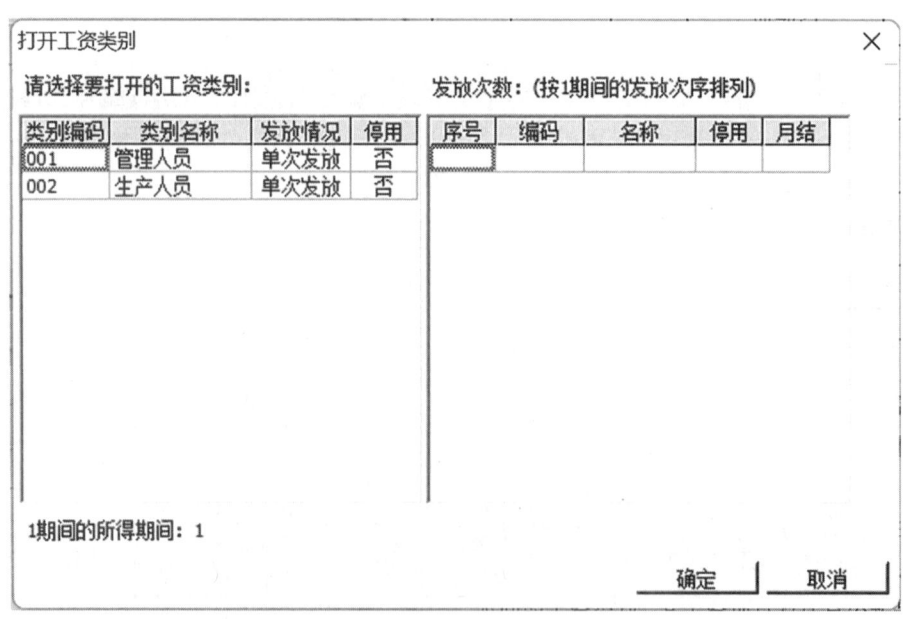

图6-16 "打开工资类别"对话框

（2）选择"管理人员"工资类别,点击"确定"按钮。

（3）执行"设置—人员档案"命令,进入"人员档案"窗口。

（4）单击"批增"按钮,打开"人员批量增加"对话框。

（5）在左边窗口中分别选中管理人员所在部门,单击"查询"按钮,出现人员列表,如图6-17所示。单击"确定"按钮,返回"人员档案"窗口。

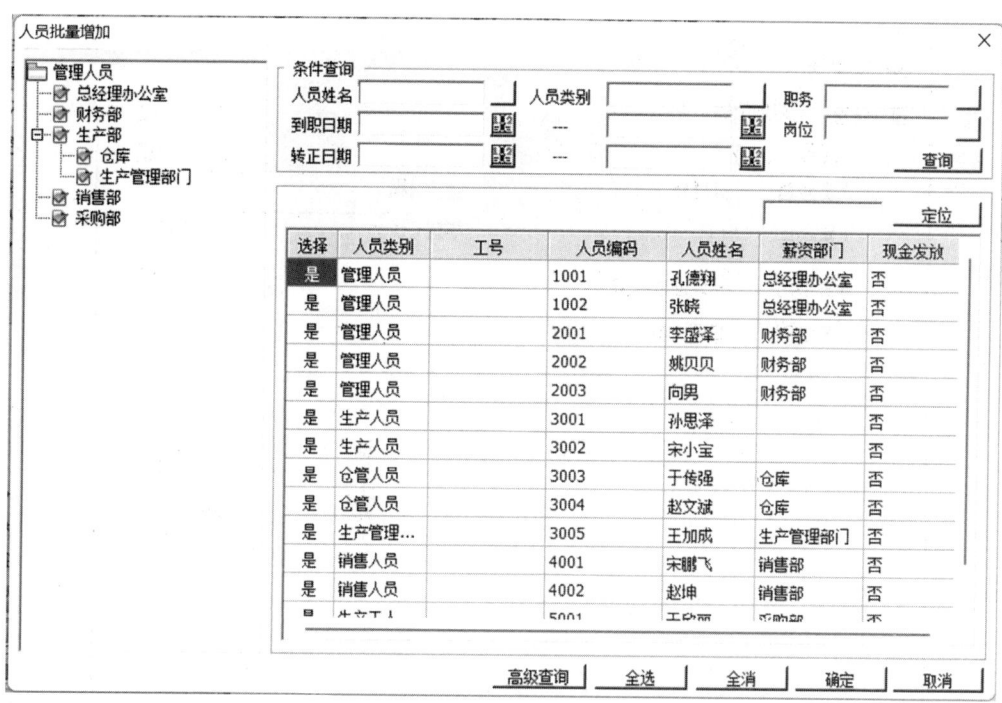

图 6-17 批量增加人员

（6）双击需要修改的人员档案记录，打开"人员档案明细"对话框。在"基本信息"选项卡中，补充录入"银行名称"和"银行账号"信息，如图 6-18 所示。单击"附加信息"选项卡，录入"学历"和"性别"信息，如图 6-19 所示。

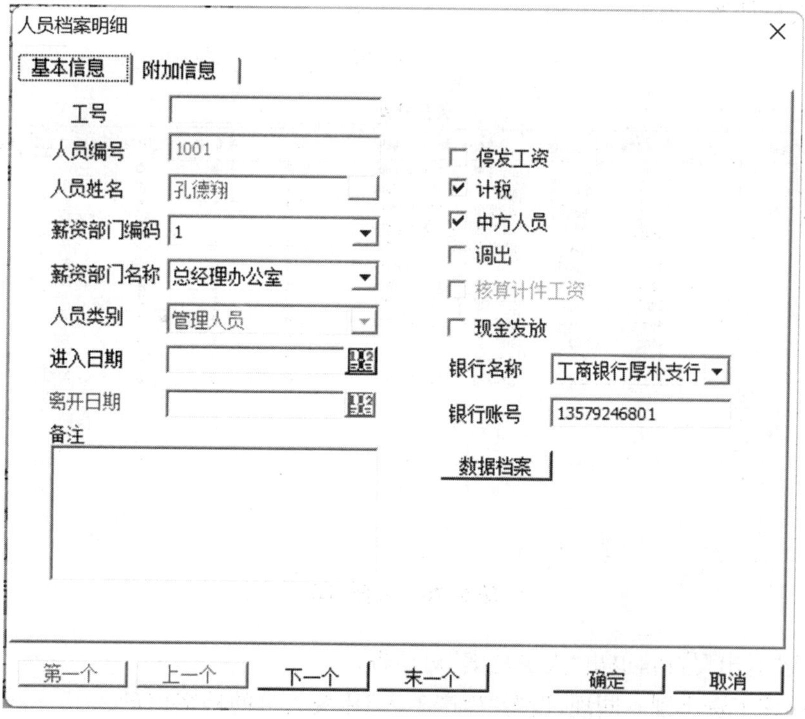

图 6-18 设置人员档案基本信息

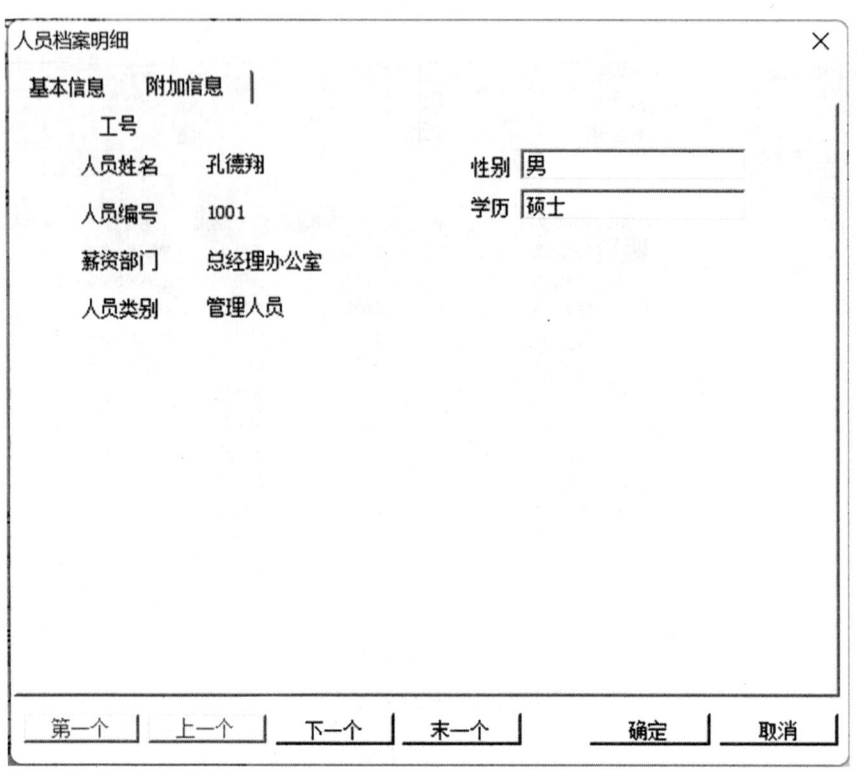

图 6-19　设置人员附加信息

（7）单击"确定"按钮，系统弹出"写入该人员档案信息吗？"提示框，单击"确定"按钮，继续录入其他的人员档案，如图 6-20 所示。

选择	薪资部门名称	工号	人员编号	人员姓名	人员类别	账号	中方人员	是否计税	工资停发	核算计件工资	现金发放	进
	总经理办公室		1001	孔德翔	企业管理人员	13579246801	是	是	否	否	否	
	总经理办公室		1002	张斌	企业管理人员	13579246802	是	是	否	否	否	
	财务部		2001	李雁泽	企业管理人员	13579246803	是	是	否	否	否	
	财务部		2002	姚贝贝	企业管理人员	13579246804	是	是	否	否	否	
	财务部		2003	向男	企业管理人员	13579246805	是	是	否	否	否	
	仓库		3003	于传强	仓管人员	13579246808	是	是	否	否	否	
	仓库		3004	赵文斌	仓管人员	13579246809	是	是	否	否	否	
	生产管理部门		3005	王加成	生产管理人员	13579246810	是	是	否	否	否	
	销售部		4001	宋鹏飞	销售人员	13579246811	是	是	否	否	否	
	销售部		4002	赵坤	销售人员	13579246812	是	是	否	否	否	
	采购部		5001	于欣丽	采购人员	13579246813	是	是	否	否	否	
	采购部		5002	李强	采购人员	13579246814	是	是	否	否	否	

图 6-20　人员档案

（8）单击"退出"按钮，退出"人员档案"对话框。
（9）关闭该工资类别。同理，设置"生产工人"相关人员的档案信息。

2. 工资类别下的工资项目及计算公式的设置

在基础信息设置的工资项目设置中增加、修改和删除所有工资类别的工资项目,不同的工资类别的工资项目及计算公式是不一样的,操作人员应从基础信息设置的工资项目中选取所需项目并设置其计算公式。

增加"管理人员"的工资类别中的工资项目,其中部分项目公式为:

病假扣款＝基本工资/22＊病假天数

事假扣款＝(基本工资＋岗位津贴)/22＊事假天数

扣公积金＝(基本工资＋岗位津贴)＊0.08

交通补助:销售部和采购部每人每月500元,其他部门没有交通补助。

"生产人员"的工资类别增加"病假天数""病假扣款""事假天数""事假扣款"四项工资项目,其中部分项目的公式为:

病假扣款＝50＊病假天数

事假扣款＝100＊事假天数

具体操作如下:

(1) 执行"业务工作—人力资源—薪资管理—工资类别—打开工资类别"命令,选择"管理人员"工资类别,点击"确定"按钮。

(2) 执行"设置—工资项目设置"命令,如图6-21所示。

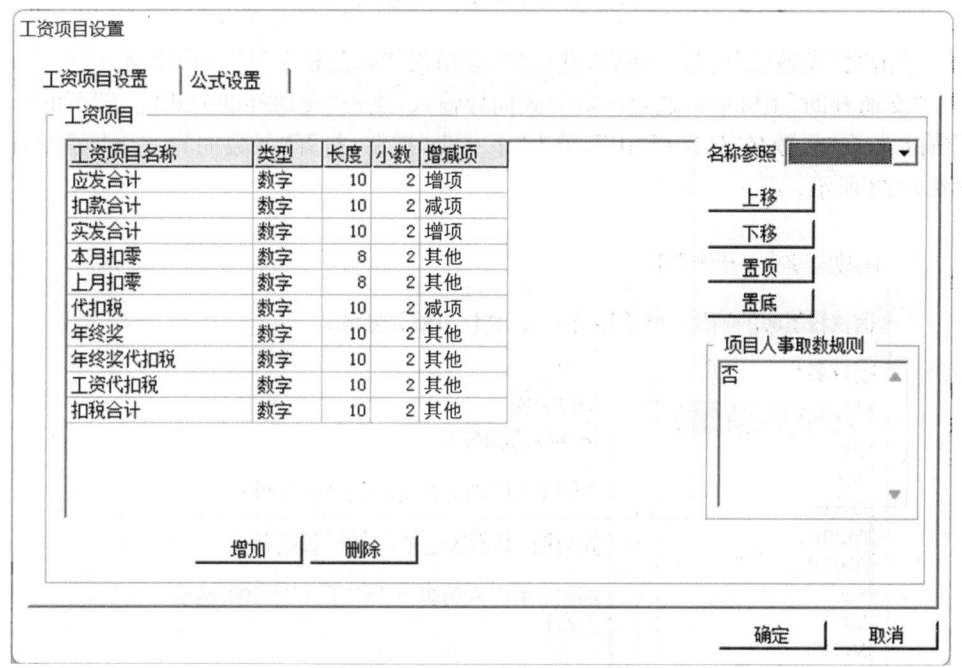

图6-21 "工资项目设置"对话框

(3) 单击"增加"按钮,从"名称参照"栏中增加基础信息设置中的所有工资项目。

(4) 在"工资项目设置"对话框中,单击"公式设置"选项卡,单击"增加"按钮,在工资项目的下拉列表中选择"病假扣款"工资项目。在"病假扣款公式定义"区域录入相关公式,公式中部分内容可从下方的公式输入参照中选择,如图6-22所示。

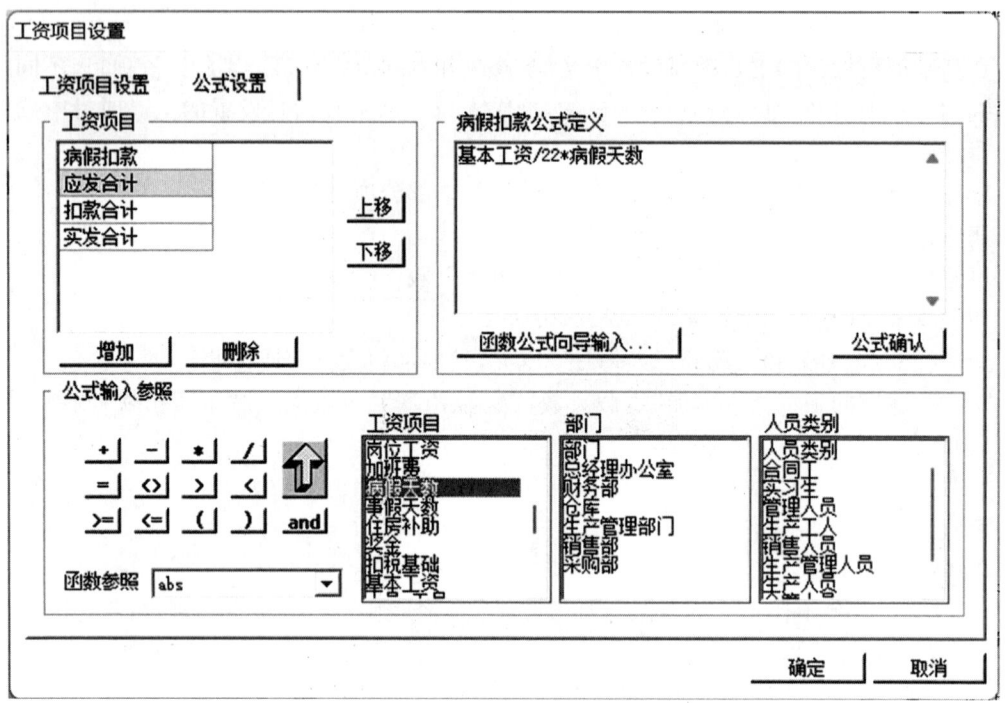

图 6-22 病假扣款公式定义设置

(5) 单击"公式确认"按钮。同理,进行"事假扣款""扣公积金"的公式定义。

(6) "交通补助"工资项目通过函数公式向导输入,点击"交通补助公式定义"下的"函数公式向导输入",在"函数名"处选择"iff",单击"下一步"按钮,打开"函数向导——步骤之1"对话框,如图 6-23 所示。

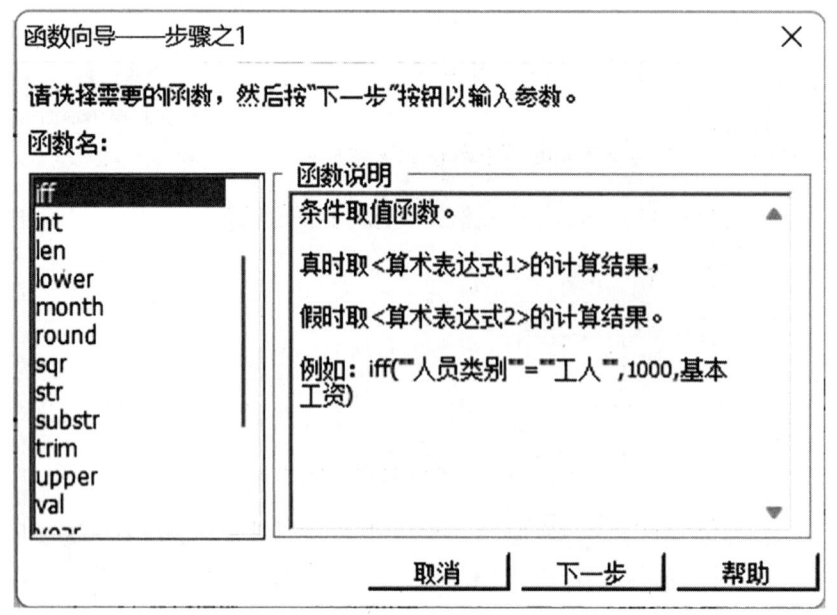

图 6-23 函数向导——步骤之 1

(7) 单击"逻辑表达式"栏的"参照"按钮,打开"参照"对话框,单击"参照列表"栏下的三角按钮,选择"部门名称—销售部",如图 6-24 所示。单击"确定"按钮。

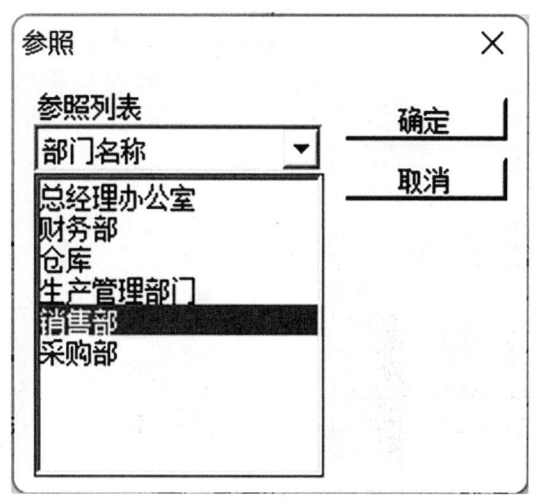

图 6-24　选择部门名称

(8) 在已生成的逻辑表达式后输入"or",注意前后必须空格。继续打开"参照"对话框,单击"参照列表"栏下的三角按钮,选择"部门名称—采购部"。在"算数表达式 1"栏处输入"500",在"算术表达式 2"处输入"0",如图 6-25 所示。

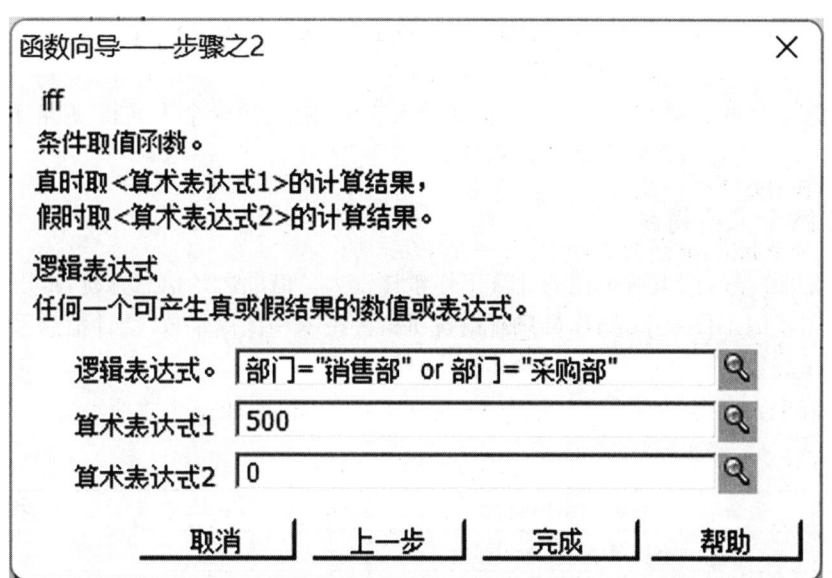

图 6-25　设置算数表达式

(9) 单击"完成"按钮,返回公式设置界面,如图 6-26 所示。

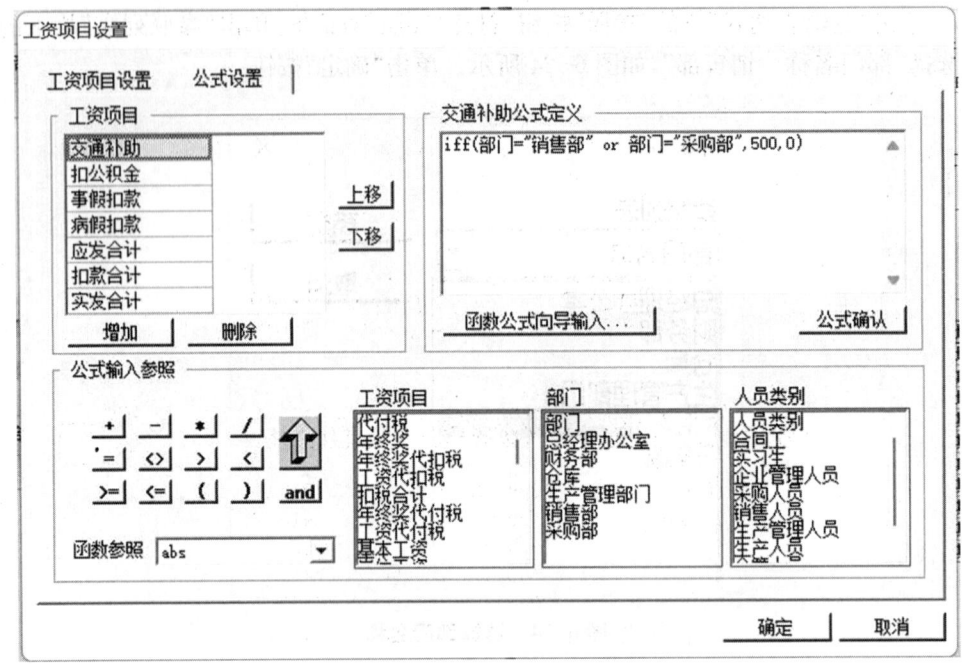

图 6-26　交通补助公式设置

(10) 同理，进行"生产工人"工资项目的公式设置。

第三节　薪资管理系统日常业务处理

薪资管理系统的日常业务处理主要包括录入工资数据、扣缴个人所得税、银行代发、工资分摊等，主要负责企业日常薪资的记录和核算。

一、扣缴个人所得税

在手工记账阶段，个人所得税的计算工作量比较大。借助会计信息系统，可以极大地提高计算个人所得税的工作效率，操作员只需设置所得税税率和计提基数，会计信息系统可以根据用户输入的工资数据自动计算出应扣缴的个人所得税。

本章账套个人所得税的计提基数为 5 000 元，相关的税率如表 6-4 所示。

表 6-4　　　　　　　　　　　　个人所得税税率表

级数	全月应纳税所得额	税率	速算扣除数
1	不超过 3 000 元的部分	3%	0
2	超过 3 000 元至 12 000 元的部分	10%	210
3	超过 12 000 元至 25 000 元的部分	20%	1 410
4	超过 25 000 元至 35 000 元的部分	25%	2 660
5	超过 35 000 元至 55 000 元的部分	30%	4 410
6	超过 55 000 元至 80 000 元的部分	35%	7 160
7	超过 80 000 元的部分	45%	15 160

（1）执行"业务工作—人力资源—薪资管理—工资类别—打开工资类别"命令，选择"管理人员"工资类别，点击"确定"按钮。

（2）执行"设置—选项"命令，单击"编辑"按钮。

（3）单击"扣税设置"选项卡，点击"税率设置"按钮，打开"个人所得税申报表—税率表"对话框，按照实验资料进行信息录入，如图6-27所示。

图6-27　税率表

（4）单击"确定"按钮，完成税率表的设置。

（5）同理，进行"生产工人"工资类别的税率修改。

二、工资数据的录入

针对普通管理人员的薪资数据，操作人员在第一次使用薪资管理系统时须将所有人员的基本工资数据录入系统，每月根据基本工资变更数据进行修改即可。计件工资同理，操作人员每月将计件工时数据录入系统，计算机会根据相应的公式自动计算出计件工资，提高薪资管理的效率。

1. 管理人员的工资数据录入

本章账套管理人员的工资数据，如表6-5所示。

表6-5　　　　　　　　　　　管理人员的工资数据

人员编号	姓名	基本工资（元）	岗位津贴（元）	事假天数（天）	病假天数（天）
1001	孔德翔	12 000	6 000		
1002	张　晓	6 000	2 000		
2001	李盛泽	6 000	2 000		
2002	姚贝贝	4 000	1 500		
2003	向　男	3 500	1 200		
3003	于传强	4 500	1 000		

(续表)

人员编号	姓名	基本工资(元)	岗位津贴(元)	事假天数(天)	病假天数(天)
3004	赵文斌	4 500	1 000		
3005	王加成	4 500	1 000		
4001	宋鹏飞	4 500	1 000		
4002	赵 坤	2 500	1 000		4
5001	于欣丽	3 000	1 000		
5002	李 强	3 000	1 000	3	

（1）执行"业务工作—人力资源—薪资管理—工资类别—打开工资类别"命令，选择"管理人员"工资类别，点击"确定"按钮。

（2）执行"业务处理—工资变动"命令，打开"工资变动"窗口。

（3）输入对应数据，如图 6-28 所示。

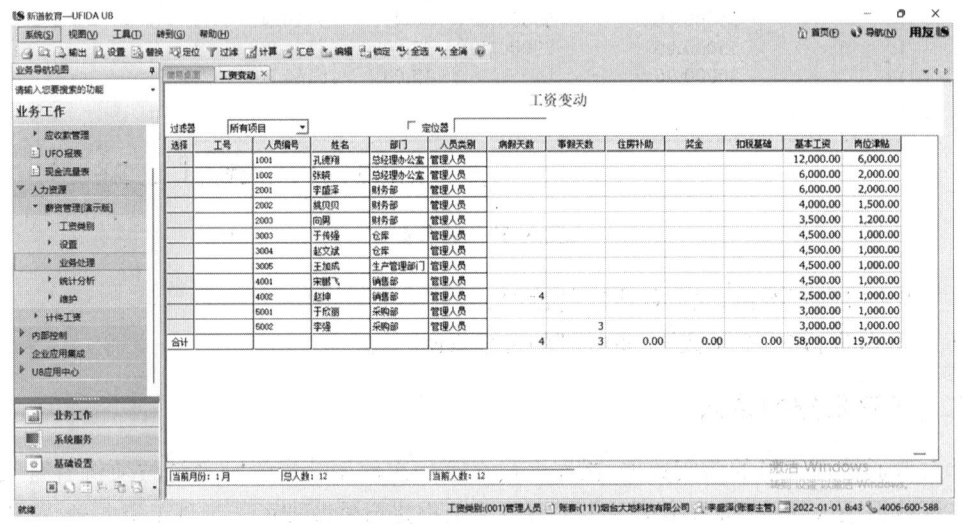

图 6-28　管理人员工资变动

（4）执行菜单栏中的"计算"和"汇总"按钮，完成"管理人员"工资的计算和汇总。

2. 生产人员的工资数据录入

本章账套生产人员的工时数据，如表 6-6 所示。

表 6-6　　　　　　　　　生产人员的工时数据

人员编码	姓名	时间	加工工时	装配工时
3001	孙思泽	2022 年 1 月 1 日～31 日	180	
3002	宋小宝	2022 年 1 月 1 日～31 日		160

（1）执行"业务工作—人力资源—薪资管理—工资类别—打开工资类别"命令，选择"生产工人"工资类别，点击"确定"按钮。

（2）执行"计件工资—个人计件—计件工资录入"命令，进入"计件数据录入"窗口。

(3)工资类别选择"生产人员",单击"批增"按钮,录入相关信息,如图6-29所示,单击"确定"按钮。

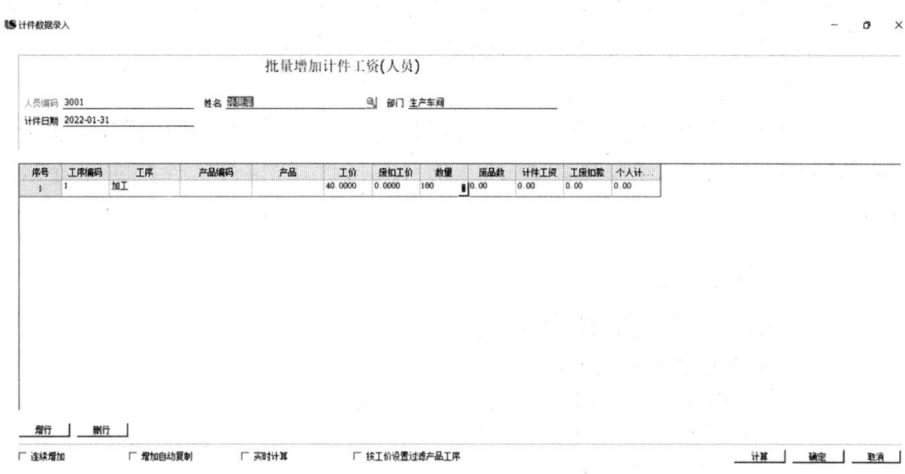

图6-29 生产人员工时数据录入

(4)同理,增加下一位生产人员的工时数据。增加完成后,分别选中已增加的信息,单击"审核"按钮。

(5)执行"业务工作—人力资源—计件工资—计件工资汇总"命令,进入"计件工资汇总"窗口,工资类别选择"生产人员",点击菜单栏中的"汇总"按钮完成汇总,如图6-30所示。

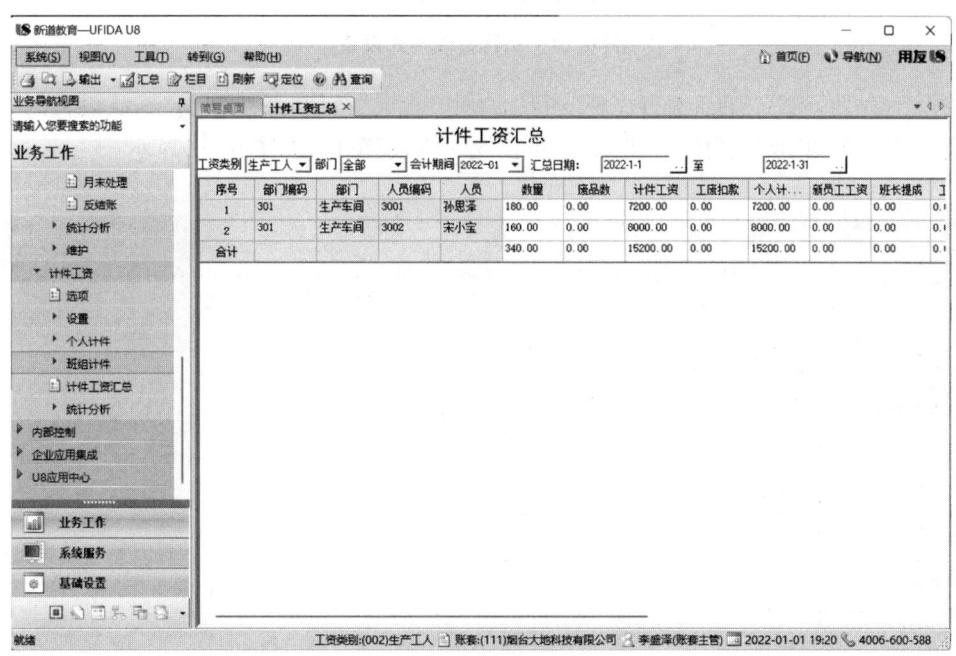

图6-30 "计件工资汇总"窗口

(6)执行"业务工作—人力资源—薪资管理—业务处理—工资变动"命令,进入"工资变动"窗口,点击菜单栏中的"计算"和"汇总"按钮,完成"生产人员"工资的计算和汇总。

三、银行代发

每月薪资核算结束后,企业都应将每位职工的工资数据按照银行要求的文件格式提交给开户银行,银行根据文件将相关款项打入每位员工的银行卡内。

本章账套演示查看银行代发一览表。

(1) 打开"管理人员"的工资类别,执行"薪资管理—业务处理—银行代发"命令,打开"请选择部门范围"对话框,选择全部部门,单击"确定"按钮,打开"银行文件格式设置"对话框,如图 6-31 所示。

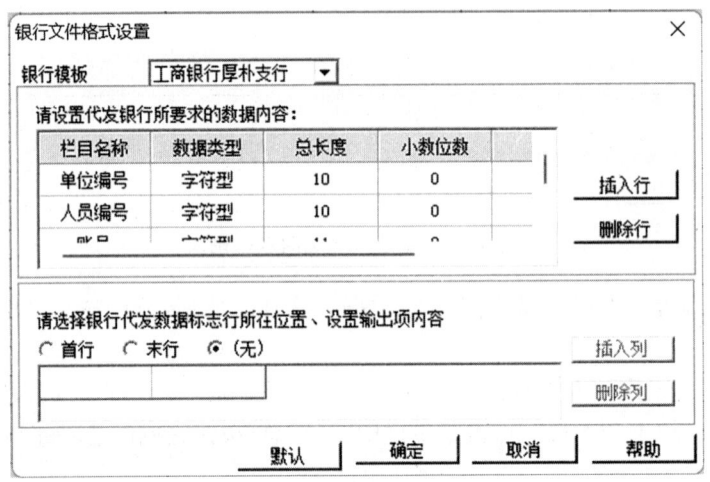

图 6-31　银行文件格式设置

(2) 银行模板选择"工商银行厚朴支行",单击"确定"按钮,系统弹出"确认设置的银行文件格式?"提示框,单击"是"按钮,进入"银行代发一览表"窗口,如图 6-32 所示。

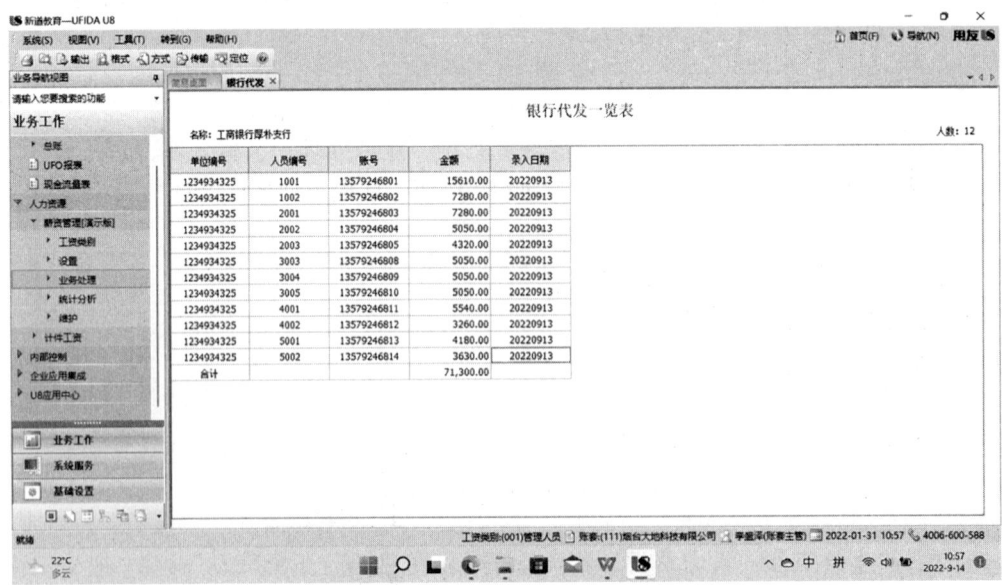

图 6-32　银行代发一览表

(3) 单击"关闭"按钮。同理,查询"生产工人"的银行代发一览表。

四、工资分摊

工资分摊是指对会计期间发生的工资费用进行工资总额的计算、分配及各种经费的计提,通过系统自动生成转账凭证,并传递到总账系统进行进一步处理。

初次使用工资分摊,需要进行工资分摊的设置,通过对工资数据的提取,自动生成相关凭证。

1. 工资分摊设置

本章账套应付工资等于"实发合计",应付福利费为"实发合计"的14%。相关设置如表6-7所示。

表6-7 工资分摊设置

部门	人员类别	应付工资		应付福利费	
		借方科目	贷方科目	借方科目	贷方科目
总经理办公室、财务部	企业管理人员	管理费用——工资(660203)	应付职工薪酬——应付工资(221101)	管理费用——工资(660203)	应付职工薪酬——应付福利费(221102)
生产部——生产车间	生产人员	生产成本——直接人工(500101)(借方项目大类:产品,借方项目:笔记本电脑)		生产成本——直接人工(500101)(借方项目大类:产品,借方项目:笔记本电脑)	
生产部——仓库	仓管人员	管理费用——工资(660203)		管理费用——工资(660203)	
生产部——生产管理部门	生产管理人员	制造费用(5101)		制造费用(5101)	
销售部	销售人员	销售费用(6601)		销售费用(6601)	
采购部	采购人员	管理费用——工资(660203)		管理费用——工资(660203)	

(1) 在"管理人员"工资类别下,执行"薪资管理—业务处理—工资分摊"命令,打开"工资分摊"对话框。单击"工资分摊设置",点击"增加"按钮。计提类型名称"应付工资",点击"下一步"按钮,如图6-33所示。

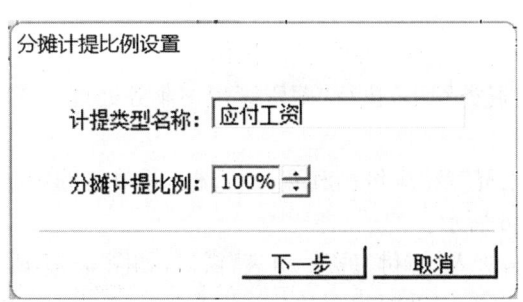

图6-33 "分摊计提比例设置"对话框

(2) 在"分摊构成设置"对话框中分别选择分摊构成的各个项目内容,如图6-34所示。同理,进行其他项和应付福利费的工资分摊设置。

部门名称	人员类别	工资项目	借方科目	借方项目大类	借方项目	贷方科目	贷方项目大类
总经理办公室,…	企业管理人员	应发合计	660203			221101	
仓库	仓管人员	应发合计	660203			221101	
生产管理部门	生产管理人员	应发合计	5101			221101	
销售部	销售人员	应发合计	6601			221101	
采购部	采购人员	应发合计	660203			221101	

图6-34 "分摊构成设置"对话框

(3) 单击"完成"按钮,返回"分摊类型设置"对话框,如图6-35所示。

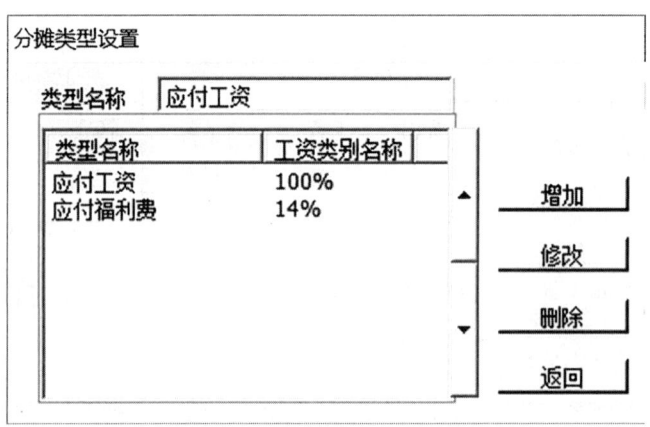

图6-35 "分摊类型设置"对话框

(4) 同理,完成"生产工人"的工资分摊设置。

2. 工资分摊生成

本章账套演示工资分摊并生成转账凭证的操作。

(1) 在"管理人员"工资类别下,执行"薪资管理—业务处理—工资分摊"命令,打开"工资分摊"对话框。

(2) 分别勾选"应付工资"及"应付福利费"复选框,并单击选中各个部门,勾选"明细到工资项目"复选框,如图6-36所示。

(3) 单击"确定"按钮,进入"应付工资一览表"窗口,如图6-37所示。

(4) 勾选"合并科目相同、辅助项相同的分录"复选框,单击"制单"按钮,选择凭证类别为"转账凭证",单击"保存"按钮,结果如图6-38所示。

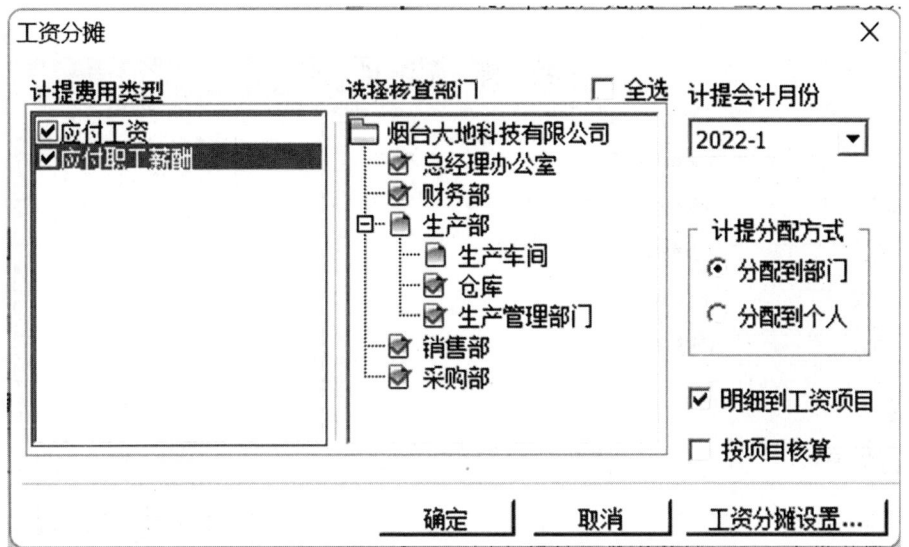

图 6-36 "工资分摊"对话框

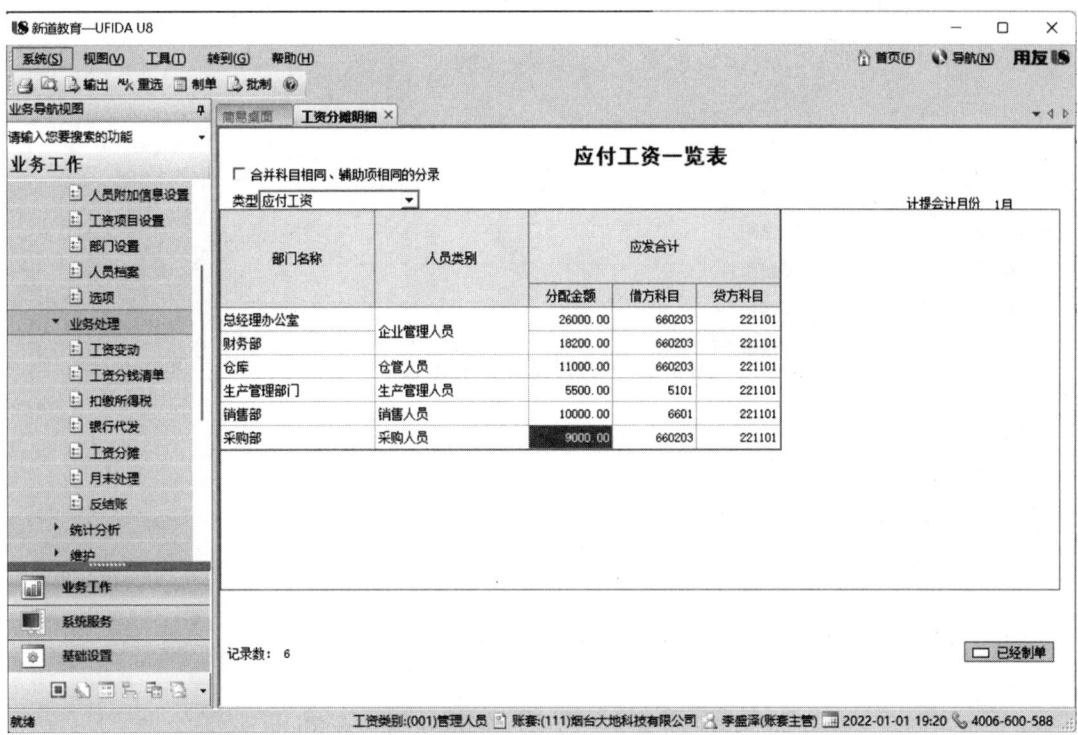

图 6-37 应付工资一览表

已生成

转 账 凭 证

转 字 0003 - 0001/0002 制单日期：2022.01.31 审核日期： 附单据数：0

摘要	科目名称	借方金额	贷方金额
应付工资	制造费用	550000	
应付工资	销售费用	1000000	
应付工资	管理费用/工资	2600000	
应付工资	管理费用/工资	1820000	
应付工资	管理费用/工资	1100000	
票号 日期	数量 单价	合计 7970000	7970000
备注	项目 个人 业务员	部门 客户	

记账 审核 出纳 制单 李盛泽

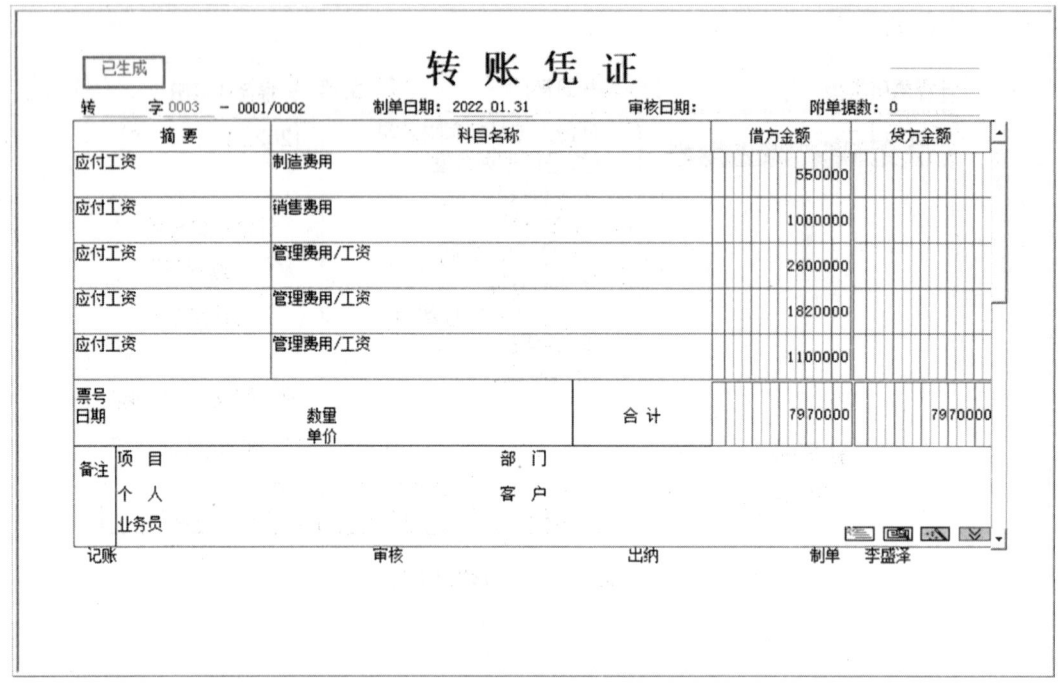

图 6-38 应付工资的记账凭证

(5) 关闭窗口返回“应付工资一览表”窗口，单击“类型”栏下三角按钮，选择“应付福利费”，同理生成应付福利费的转账凭证，如图 6-39 所示。

字 - 0001/0002 制单日期：2022.01.31 审核日期： 附单据数：0

摘要	科目名称	借方金额	贷方金额
应付福利费	制造费用	77000	
应付福利费	销售费用	140000	
应付福利费	管理费用/工资	364000	
应付福利费	管理费用/工资	254800	
应付福利费	管理费用/工资	154000	
票号 日期	数量 单价	合计 1115800	1115800
备注	项目 个人 业务员	部门 客户	

记账 审核 出纳 制单 李盛泽

图 6-39 应付福利费的记账凭证

(6) 同理，完成“生产人员”的工资分摊并生成转账凭证的操作。

第四节 薪资管理系统期末业务处理

薪资管理系统期末业务处理主要包括月末处理以及信息查询。

一、月末处理

月末处理是指将当月的薪资数据经过处理结转到下月。在工资项目中,有些项目每月不变,有些项目每月数据不相同。针对变动的项目,在每月工资处理时,需要将其数据变更为零,再输入相关的数据,此类项目称为清零项目,如病假天数。

本章账套进行薪资管理系统的月末处理,并将"事假天数""事假扣款""病假天数""病假扣款""奖金"做月末清零处理。

（1）在"管理人员"工资类别下,执行"业务处理—月末处理"命令,打开"月末处理"对话框,如图6-40所示。

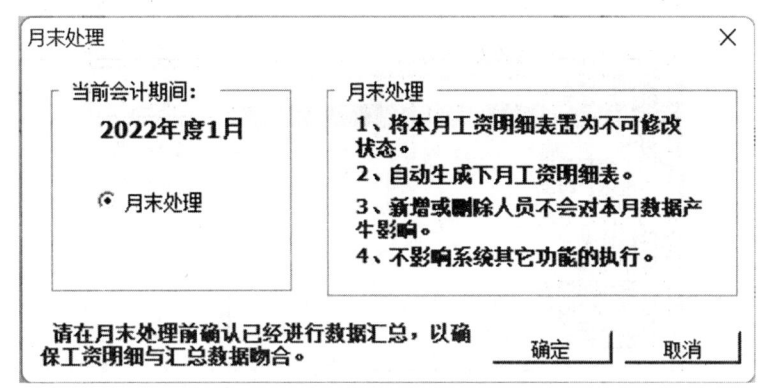

图6-40　"月末处理"对话框

（2）单击"确定"按钮,系统提示"月末处理之后,本月工资将不许变动！继续月末处理吗？"对话框,如图6-41所示。

（3）单击"是"按钮。系统提示"是否选择清零项？"对话框,单击"是"按钮,进入"选择清零项目"窗口,选择"事假天数""事假扣款""病假天数""病假扣款""奖金",点击"确定"按钮,如图6-42所示。同理,完成"生产人员"的月末处理。

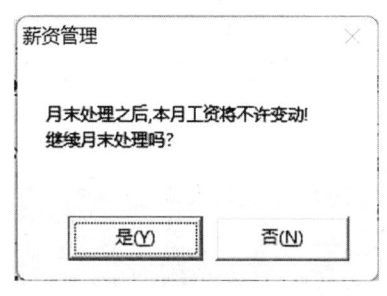

图6-41　薪资月末处理系统提示

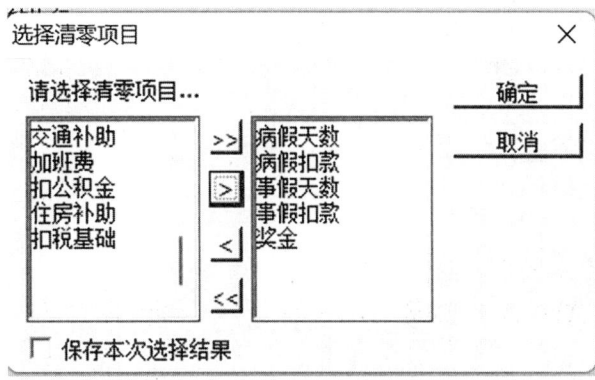

图6-42　月末清零

二、信息查询

薪资管理系统月末处理后,可以进行相关信息的查询,主要包括工资发放条、部门工资汇总表、工资项目分析表以及相关记账凭证的查询。

1. 查询工资发放条

本章账套演示查询工资发放条。

(1) 执行"薪资管理—统计分析—账表—工资表"命令,打开"工资表"对话框。

(2) 选中"工资发放条",如图 6-43 所示。

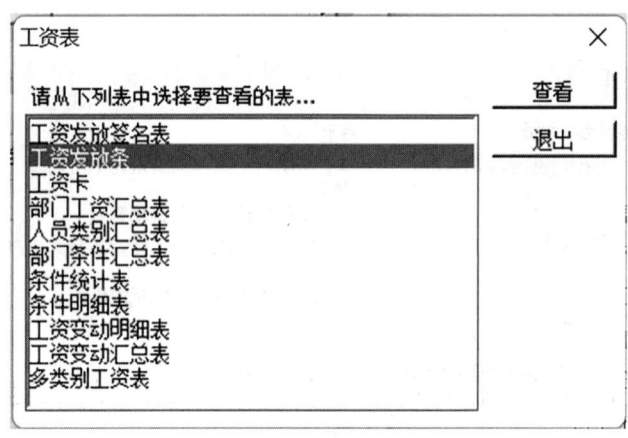

图 6-43 选中"工资发放条"

(3) 单击"查看"按钮,打开"工资发放条"对话框。

(4) 选中需要查询的各个部门,单击"确定"按钮,进入"工资发放条"窗口,如图 6-44 所示。

人员编号	姓名	应发合计	扣款合计	实发合计	本月扣零	上月扣零	代扣税	代付税	年终奖	年终奖代扣税	工资代扣税	扣税合计	年终奖代付税	工资代付税	基本工资
1001	孔德翔	18,000.00	2,386.00	15,610.00	4.00		946.00				946.00	946.00			12,000.0
1002	张晓	8,000.00	710.80	7,280.00	9.20		70.80				70.80	70.80			6,000.0
2001	李盛泽	8,000.00	710.80	7,280.00	9.20		70.80				70.80	70.80			6,000.0
2002	姚贝贝	5,500.00	441.80	5,050.00	8.20		1.80				1.80	1.80			4,000.0
2003	向男	4,700.00	376.00	4,320.00	4.00										3,500.0
3003	于传强	5,500.00	441.80	5,050.00	8.20		1.80				1.80	1.80			4,500.0
3004	赵文斌	5,500.00	441.80	5,050.00	8.20		1.80				1.80	1.80			4,500.0
3005	王加威	5,500.00	441.80	5,050.00	8.20		1.80				1.80	1.80			4,500.0
4001	宋鹏飞	6,000.00	456.80	5,540.00	3.20		16.80				16.80	16.80			4,500.0
4002	赵坤	4,000.00	734.55	3,260.00	5.45										2,500.0
5001	于欣丽	4,500.00	320.00	4,180.00											3,000.0
5002	李强	4,500.00	865.45	3,630.00	4.55										3,000.0
合计		79,700.00	8,327.60	71,300.00	72.40	0.00	1,111.60	0.00	0.00	0.00	1,111.60	1,111.60	0.00	0.00	58,000.0

图 6-44 工资发放条

2. 查询部门工资汇总表

本章账套演示查询部门工资汇总表。

（1）执行"薪资管理—统计分析—账表—工资表"命令，打开"工资表"对话框。

（2）选择"部门工资汇总表"，单击"查看"按钮，打开"部门工资汇总表—选择部门范围"对话框。

（3）选中需要查询的各个部门，单击"确定"按钮，进入"部门工资汇总表"窗口，如图 6-45 所示。

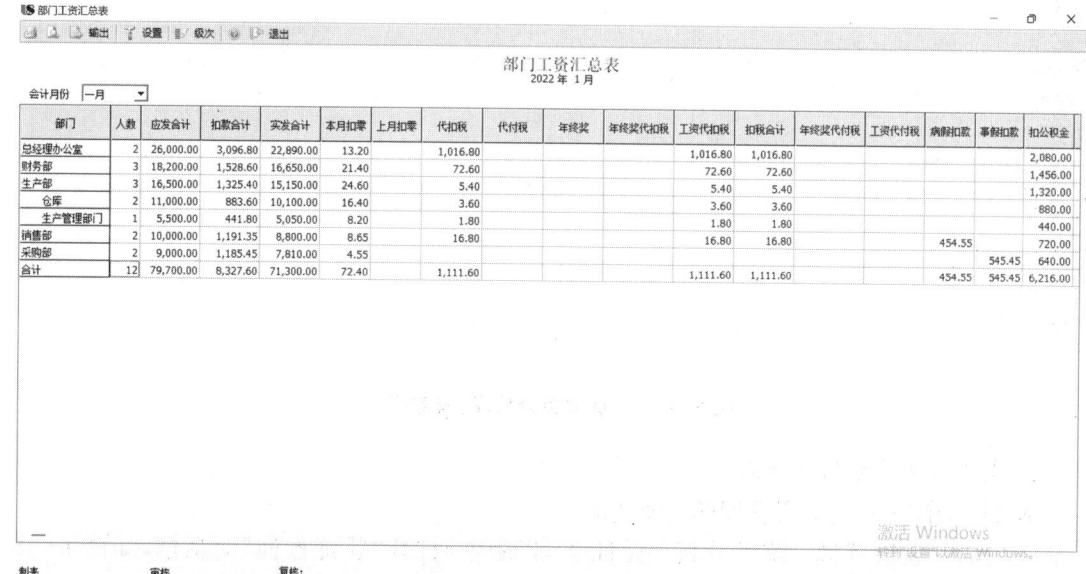

图 6-45　部门工资汇总表(管理人员)

3. 查询工资项目分析表

本章账套演示查询工资项目分析表。

（1）执行"薪资管理—统计分析—账表—工资分析表"命令，打开"工资分析表"窗口。

（2）单击"确定"按钮，系统弹出"请选择分析部门"对话框，选中所需查询的各个部门，单击"确定"按钮，打开"分析表选项"对话框，单击"＞＞"按钮，选中所有的薪资项目内容，如图 6-46 所示。

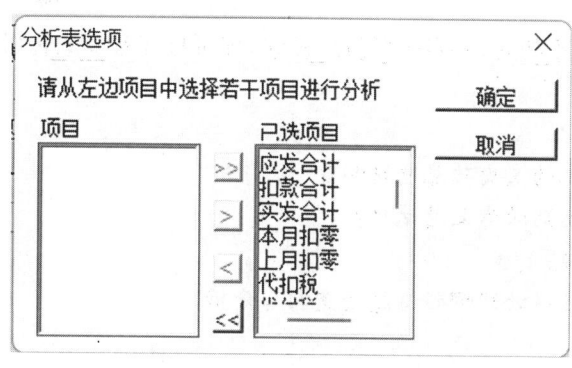

图 6-46　选中所有的薪资项目

(3) 单击"确定"按钮,进入"工资项目分析表(按部门)"窗口,单击"部门"栏的下三角按钮,选择"财务部",即可查看财务部工资项目构成情况,如图6-47所示。

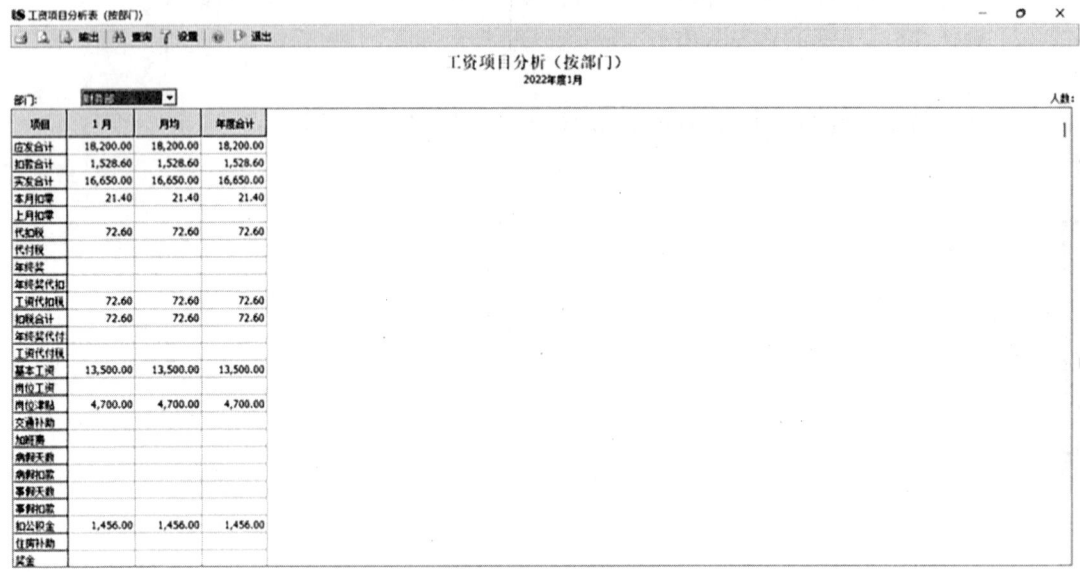

图 6-47 工资项目分析表(按部门)

4. 查询薪资管理的记账凭证

本章账套演示查询薪资管理的记账凭证。

(1) 执行"薪资管理—统计分析—凭证查询"命令,打开"凭证查询"对话框,如图6-48所示。

业务日期	业务类型	业务号	制单人	凭证日期	凭证号	标志
2022-01-01	应付工资	1	李盛泽	2022-01-31	转-3	未审核
2022-01-01	应付福利费	2	李盛泽	2022-01-31	转-4	未审核

图 6-48 凭证查询(管理人员)

(2) 单击选中需要查找凭证,点击"凭证"按钮,即可打开对应的转账凭证。

思考题

1. 薪资管理子系统的主要功能包括哪些?
2. 设置多个工资类别的意义是什么?
3. 什么是工资分摊?
4. 薪资管理系统可以进行哪些信息的查询与分析?

实验一　薪资管理系统初始化

一、目的与要求

（1）掌握薪资管理系统初始化设置方法。
（2）掌握薪资计算公式的设置方法。

二、实验内容

1. 启用系统模块

在企业应用平台中，启用总账系统、薪资管理、计件工资管理系统。

2. 系统参数

薪资管理系统子账套建账月份"2022-01-01"，薪资管理系统所建工资账套有"管理人员"和"生产人员"两个工资类别，其中"生产人员"工资类别采用计件工资，工资核算本位币为人民币，选择核算计件工资，自动代扣所得税，进行扣零设置且扣零到元。公司无退休人员，管理人员类别分布在除生产车间以外的所有部门，生产人员分布在加工车间。

3. 人员附加信息

增加人员附加信息"性别""学历"。

4. 工资项目

薪资管理系统中的工资项目，如表6-8所示。

表6-8　　　　　　　　　　工资项目

工资项目	类型	长度	小数点	增项及其他项
基本工资	数字	8	2	增项
岗位工资	数字	8	2	增项
岗位津贴	数字	8	2	增项
交通补助	数字	8	2	增项
加班费	数字	8	2	增项
应发合计	数字	10	2	增项
病假天数	数字	4	0	其他
病假扣款	数字	8	2	减项
事假天数	数字	4	0	其他
事假扣款	数字	8	2	减项
扣公积金	数字	8	2	减项
住房补助	数字	8	2	增项

(续表)

工资项目	类型	长度	小数点	增项及其他项
奖金	数字	8	2	增项
扣款合计	数字	10	2	减项
扣税基础	数字	8	2	其他
实发合计	数字	10	2	增项

5. 代发工资银行账户信息

代发银行名称及编号:0101 工商银行,代发银行账号长度为11位。

6. 在职人员档案

该企业在职人员档案,如表6-9所示。

表6-9　　　　　　　　　　在职人员档案

人员编码	姓名	行政部门	人员类别	性别	学历	代发银行账号
1	张宏	综合部	企业管理人员	男	大学	13579246801
2	江涛	综合部	企业管理人员	男	大学	13579246802
3	王伟	财务部	企业管理人员	男	大学	13579246803
4	张丽	财务部	企业管理人员	女	大学	13579246804
5	李俊	财务部	企业管理人员	男	大学	13579246805
6	宋凤	采购部	采购人员	女	大学	13579246806
7	张伟	销售部	销售人员	男	大学	13579246807
8	李亮	加工车间	生产工人	男	大学	13579246808
9	张刚	加工车间	生产工人	男	大学	13579246809
10	赵凯	加工车间	生产工人	男	大学	13579246810

7. 计算公式

1) 管理人员类别

病假扣款:基本工资/22＊病假天数

事假扣款:(基本工资＋岗位津贴)/22＊事假天数

公积金:(基本工资＋岗位津贴)＊0.08

交通补助:采购部、销售部人员交通补助每人每月300元,其他人员没有交通补贴。

2) 生产人员类别

病假扣款:10＊病假天数

事假扣款:50＊事假天数

8. 计件工资标准

计件工资标准:工时

该企业计件工价信息,如表6-10所示。

表 6-10　　　　　　　　　　　　　计件工价

工序号	工序名称	计件单价(工时)
1	加工	28
2	装配	30

实验二　薪资业务处理

一、目的与要求

(1) 掌握薪资管理系统日常业务和期末业务的处理。
(2) 掌握薪资管理系统业务处理操作类型、操作方法及操作步骤。

二、实验内容

1. 管理人员工资数据

管理人员工资数据,如表 6-11 所示。

表 6-11　　　　　　　　　　　　管理人员工资

人员编码	姓名	基本工资(元)	岗位津贴(元)
0001	张宏	12 000	6 000
0002	江涛	5 000	2 000
0003	王伟	6 000	2 000
0004	张丽	4 000	1 200
0005	李俊	3 500	1 000
0006	宋风	4 500	1 000
0007	张伟	4 500	1 000

2. 工资变动情况

考勤情况:张丽请事假 2 天;江涛病假 3 天。
其他变动情况:去年销售业绩好,销售部张伟奖励 5 000 元。

3. 计件工时

生产人员的工时信息,如表 6-12 所示。

表 6-12　　　　　　　　　　　　　加工工时

人员编码	姓名	时　　间	加工工时
0008	李亮	2022 年 1 月 1—31 日	180
0009	张刚	2022 年 1 月 1—31 日	160
0010	赵凯	2022 年 1 月 1—31 日	180

4. 代扣个人所得税

个人所得税的计提基数为 5 000 元，个人所得税税率信息，如表 6-13 所示。

表 6-13　　　　　　　　　　个人所得税税率表

级数	全月应纳税所得额	税率	速算扣除数
1	不超过 3 000 元的部分	3%	0
2	超过 3 000 元至 12 000 元的部分	10%	210
3	超过 12 000 元至 25 000 元的部分	20%	1 410
4	超过 25 000 元至 35 000 元的部分	25%	2 660
5	超过 35 000 元至 55 000 元的部分	30%	4 410
6	超过 55 000 元至 80 000 元的部分	35%	7 160
7	超过 80 000 元的部分	45%	15 160

5. 工资分摊

应付工资总额等于"实发合计"，应付福利费为"实发合计"的 14%。

6. 工资费用分摊分录

企业工资分摊信息，如表 6-14 所示。

表 6-14　　　　　　　　　　工资费用分摊表

部门	应付工资		应付福利费	
	借方科目	贷方科目	借方科目	贷方科目
综合部、财务部、采购部	660203	221101	660203	221102
销售部	6601		6601	
加工车间	500102		500102	

7. 薪资月末处理

月末结账，将事假天数、事假扣款、病假天数、病假扣款、奖金作月末清零处理。

第七章　固定资产管理系统

知识导航

固定资产管理系统
- 固定资产管理系统概述
  - 固定资产管理系统的主要功能
  - 固定资产管理系统操作流程
  - 固定资产管理系统与其他子系统的关系
- 固定资产管理系统初始化
  - 启用固定资产系统并建立固定资产账套
  - 基础设置
  - 原始卡片录入
- 固定资产日常业务处理
  - 固定资产增加
  - 固定资产减少
  - 固定资产变动
  - 制单处理
- 固定资产期末业务处理
  - 计提折旧并生成凭证
  - 月末结账
  - 信息查询

学习目标

1. 掌握固定资产管理系统初始化设置、日常业务处理的操作方法。
2. 掌握固定资产管理系统期末处理的操作方法。
3. 熟悉固定资产管理系统的业务处理流程。
4. 了解固定资产管理系统的功能以及与其他子系统之间的关系。

第一节　固定资产管理系统概述

固定资产是指使用期限超过一个会计年度的房屋、建筑物、机器、机械、运输工具以及其他与生产经营有关的设备、器具和工具等。固定资产是企业资产中非常重要的组成部分，固定资产核算的合理性和正确性，直接关系到企业资产的安全性和成本费用以及利润计算的准确性。

固定资产管理系统的主要任务是完成企业固定资产的日常核算与管理，生成固定资产卡片，按会计期间反映固定资产的增减变动及其他变化，计提折旧并生成折旧相关的记账凭证，协助企业进行成本核算，同时输出固定资产相关的报表和账簿。

一、固定资产管理系统的主要功能

1. 初始设置

固定资产初始设置主要是根据企业自身情况,在系统中设置固定资产日常核算和管理所需的各种系统参数和基本信息,并录入原始数据,建立一个符合企业实际需要的固定资产账套的过程。初始设置功能主要包括:建立固定资产账套,基础设置,录入原始卡片。

2. 日常业务处理

日常业务处理主要包括固定资产的增加和减少、固定资产变动、生成凭证等功能。

3. 期末业务处理

期末业务处理主要包括计提折旧、月末结账和信息查询三个功能。

二、固定资产管理系统操作流程

固定资产管理系统的操作流程,如图7-1所示。

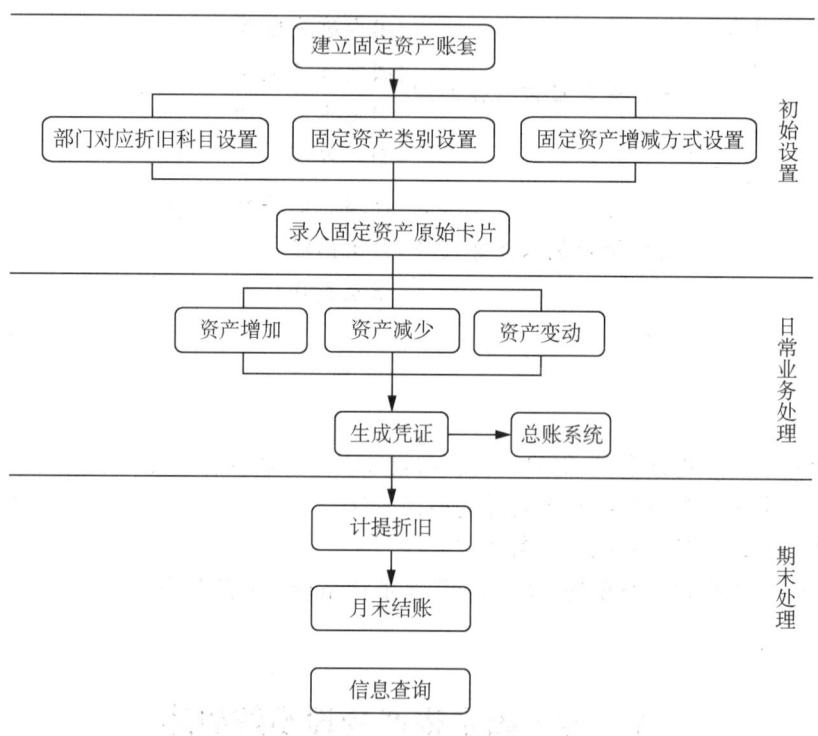

图7-1 固定管理系统操作流程

三、固定资产管理系统与其他子系统的关系

企业对固定资产管理的不同要求,使得系统与其他子系统的接口以及系统的操作流程会有一定差异,固定资产管理系统与其他子系统的主要关系,如图7-2所示。

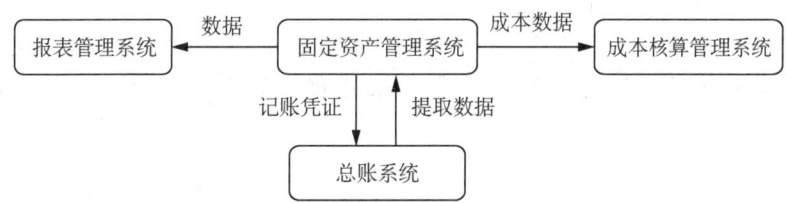

图 7-2 固定资产管理系统与其他子系统的主要关系

第二节 固定资产管理系统初始化

启用固定资产管理系统后,需要对该系统设置参数和基本信息,并录入原始数据才能进行固定资产的日常业务操作。

一、启用固定资产管理系统并建立固定资产账套

(一)启用固定资产管理系统

在使用固定资产管理系统之前,应先启用固定资产管理模块。启用方法有两种,一种是建立账套之后直接启用;另一种是账套主管在企业应用平台的基本信息中勾选启用。

本章演示在企业应用平台中启用固定资产管理系统。

(1) 执行"开始—程序—用友 U8V10.1—企业应用平台"命令,打开"登录"窗口。

(2) 输入操作员"001",密码"1",选择账套"[111]default 烟台大地科技有限公司",选择操作日期"2022-01-01",如图 7-3 所示。

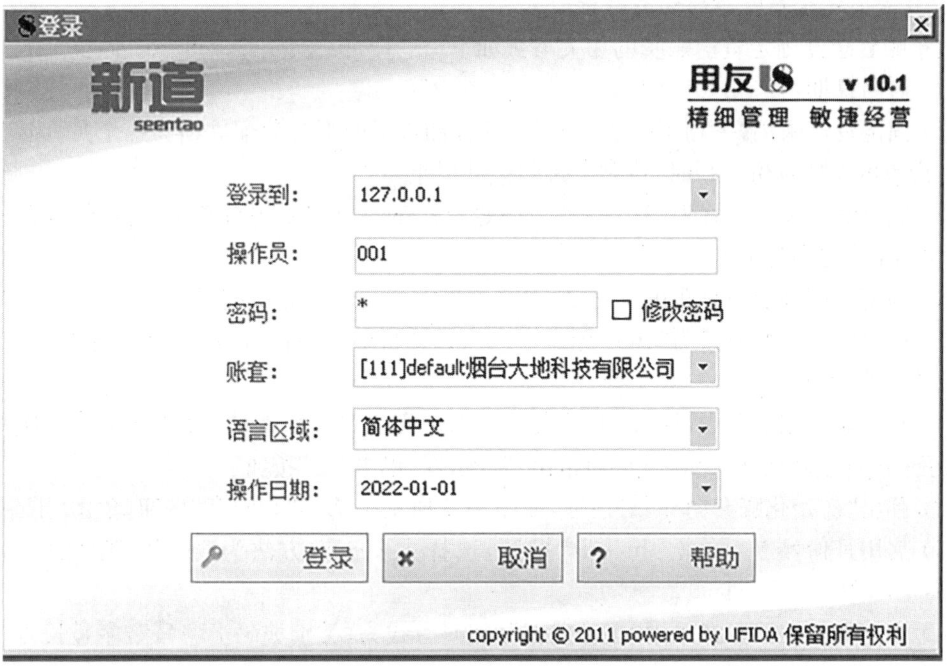

图 7-3 登录企业应用平台

(3) 单击"登录"按钮,进入企业应用平台。

(4) 在"基础设置"模块中,执行"基本信息—系统启用"命令,打开"系统启用"窗口。

(5) 勾选"固定资产"复选框,弹出"日历"窗口,选择启用日期"2022-01-01",如图 7-4 所示。

图 7-4　固定资产系统启用

(6) 单击"确定"按钮,系统弹出"确实要启用当前系统吗?"提示框,单击"是"按钮,完成固定资产系统的启用。

(二) 建立固定资产账套

在初次使用固定资产管理系统时,要建立固定资产账套,并进行相关业务处理方法的设置。业务处理方法通过在系统中定义相关的业务控制参数建立,主要包括启用月份、折旧信息、编码方式、账务接口等方面。这些功能有些是在建立账套时完成,有些则需要在系统启用后,通过"选项"设置。

1. 建立固定资产账套的相关参数设置

本章账套建立固定资产账套的相关参数如下:

(1) 启用日期:"2022-01-01"。

(2) 固定资产采用"平均年限法(一)"计提折旧,折旧汇总分配周期为一个月,当(月初已计提月份=可使用月份-1)时,将剩余折旧全部提足。

(3) 固定资产编码方式为"2-1-1-2",固定资产编码方式采用自动编码方式,编码方式为"类别编码+序号",序号长度"5"。

(4) 固定资产系统与总账进行对账,对账不平的情况下不允许结账。

(5) 固定资产对账科目为"1601 固定资产",累计折旧对账科目为"1602 累计折旧"。

具体操作如下:

(1) 在企业应用平台中,执行"财务会计—固定资产"命令,系统弹出"这是第一次打开此账套,还未进行过初始化,是否进行初始化?"提示框,单击"是"按钮。

(2) 弹出"初始化账套向导"对话框,如图 7-5 所示。选择"我同意"按钮,单击"下一步"。

(3) 启用月份不变,单击"下一步"按钮,选择主要折旧方法为"平均年限法(一)",如图 7-6 所示,单击"下一步"。

(4) 固定资产编码方式采用"自动编码",编码方式为"类别编码+序号",序号长度"5",如图 7-7 所示,单击"下一步"。

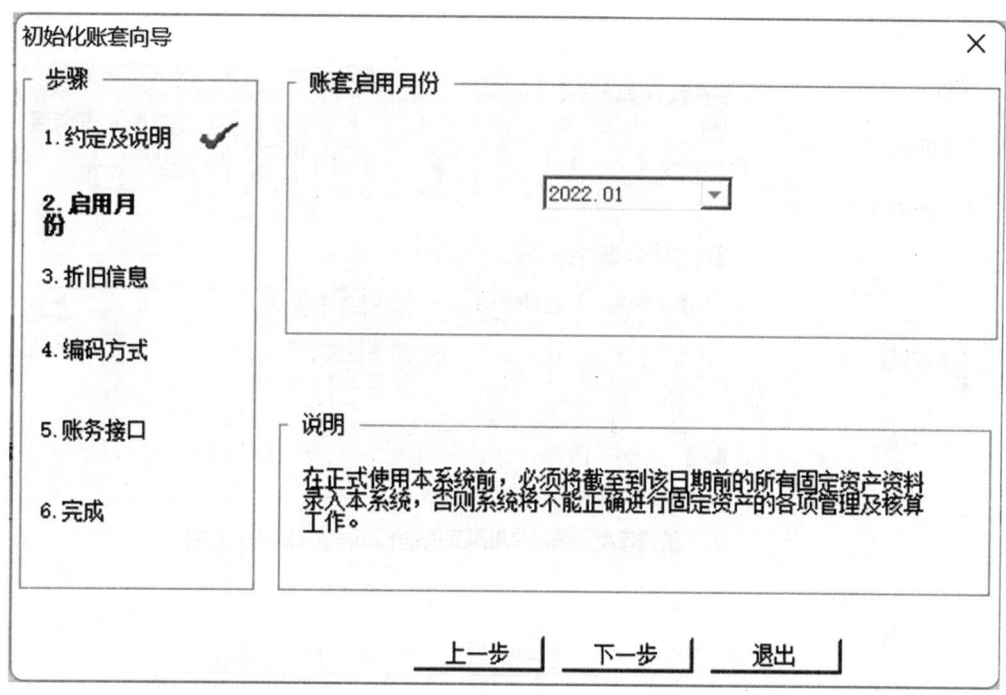

图 7-5　初始化账套向导—约定及说明

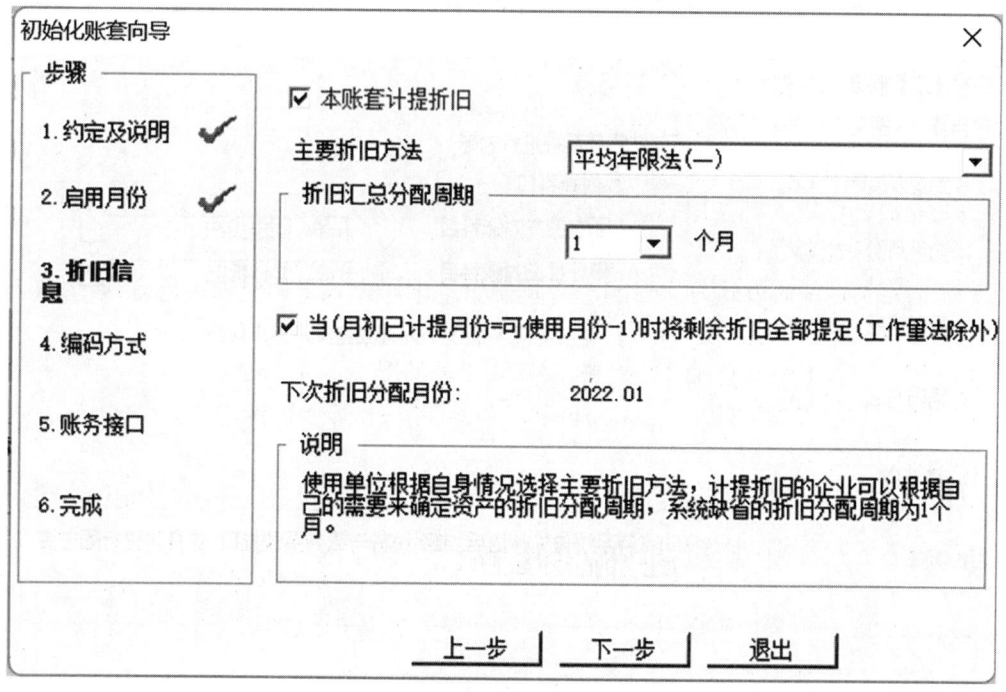

图 7-6　初始化账套向导—折旧信息

图 7-7 初始化账套向导—编码方式

（5）取消勾选"对账不平的情况下允许固定资产月末结账"复选框，固定资产对账科目录入"1601 固定资产"，累计折旧对账科目录入"1602 累计折旧"，如图 7-8 所示。

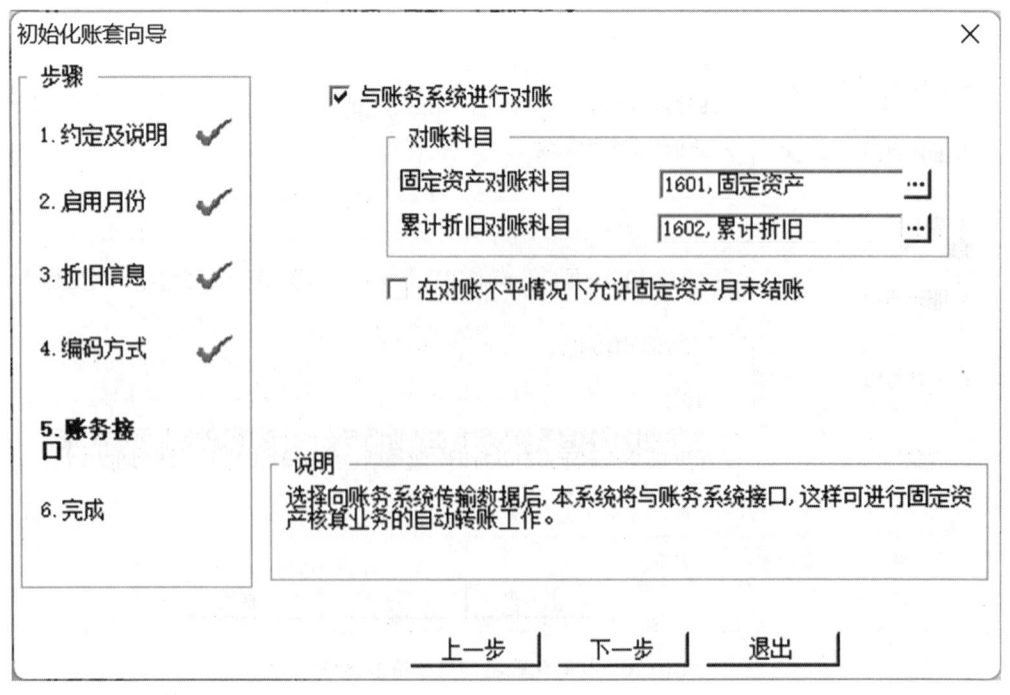

图 7-8 初始化账套向导—账务接口

(6) 单击"下一步"按钮,如图7-9所示。

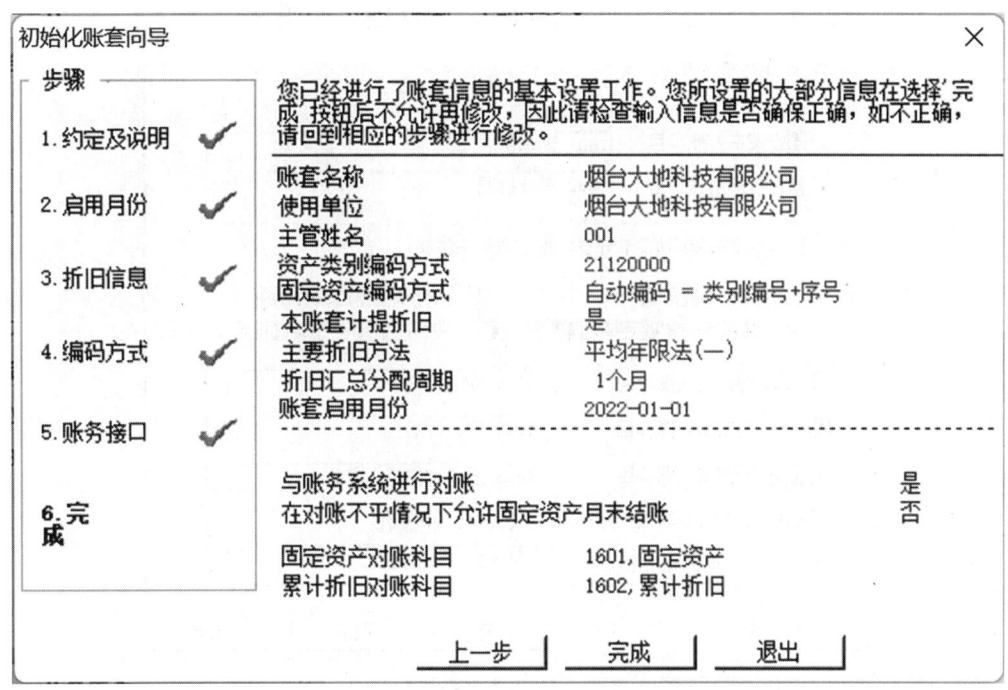

图7-9 初始化账套向导—完成

(7) 单击"完成"按钮,系统弹出"已经完成了新账套的所有设置工作,是否确定所设置的信息完全正确并保存对新账套的所有设置?"信息提示框,单击"是"。系统提示"已成功初始化固定资产账套!",单击"确定"按钮,完成固定资产建账。

2. 补充参数设置

本章账套在"选项"设置中补充以下参数:

(1) 业务发生后立即制单;月末结账前一定要完成制单登账业务。
(2) 固定资产缺省入账科目:1601。
(3) 累计折旧缺省入账科目:1602。
(4) 减值准备缺省入账科目:1603。
(5) 增值税进项税额缺省入账科目:22210101。
(6) 固定资产清理缺省入账科目:1606。

具体操作如下:

(1) 执行"业务工作—财务会计—固定资产—设置—选项"命令,进入"选项"窗口。单击"编辑"按钮,打开"与账务系统接口"选项卡。

(2) 分别勾选"业务发生后立即制单""月末结账前一定要完成制单登账业务"复选框。分别录入以上参数,固定资产缺省入账科目:1601;累计折旧缺省入账科目:1602;固定资产减值准备缺省入账科目:1603;增值税进项税额缺省入账科目:22210101;固定资产清理缺省入账科目:1606,如图7-10所示。

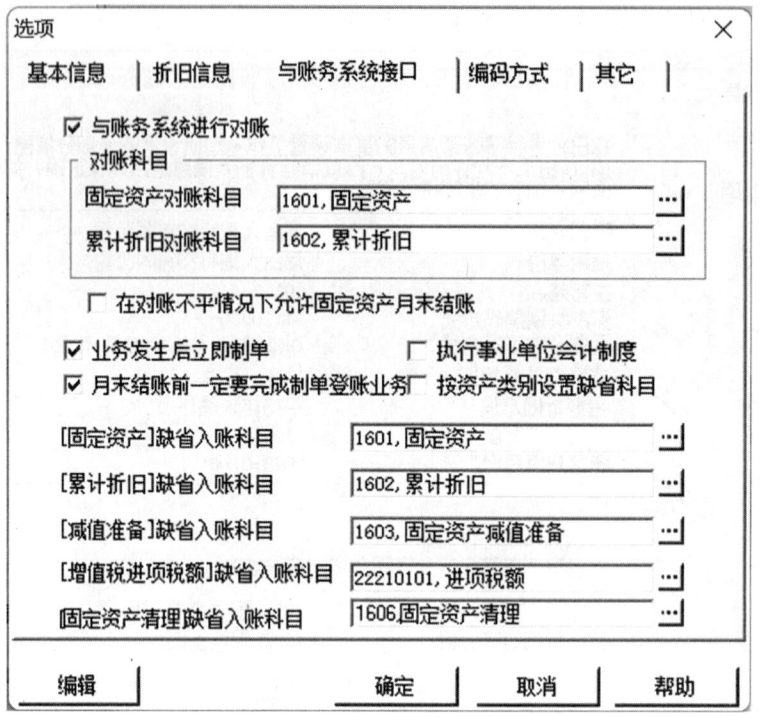

图 7-10 补充参数设置

(3) 单击"确定"按钮,完成补充参数的设置。

二、基础设置

基础设置主要包括部门对应折旧科目设置、固定资产类别设置、固定资产增减方式设置。

1. 部门对应折旧科目设置

部门对应折旧科目是指折旧费用的入账科目。固定资产计提折旧后,要将折旧归入成本或费用中,大部分企业是按部门进行归类的,不同的部门折旧计入的成本费用不同。

本章账套按表 7-1 设置部门对应折旧科目设置。

表 7-1　　　　　　　　　　部门对应折旧科目的设置

部门	折旧科目
总经理办公室	管理费用——折旧费(660204)
财务部	管理费用——折旧费(660204)
生产部——生产车间	制造费用(5101)
生产部——仓库	管理费用——折旧费(660204)
生产部——生产管理部门	制造费用(5101)
采购部	管理费用——折旧费(660204)
销售部	销售费用(6601)

(1) 执行"固定资产—设置—部门对应折旧科目"命令,打开"部门对应折旧科目"窗口。

（2）选中"总经理办公室"所在行，单击"修改"按钮，打开"单张视图"窗口，在"折旧科目"处录入"660204"，如图7-11所示。单击"保存"按钮。

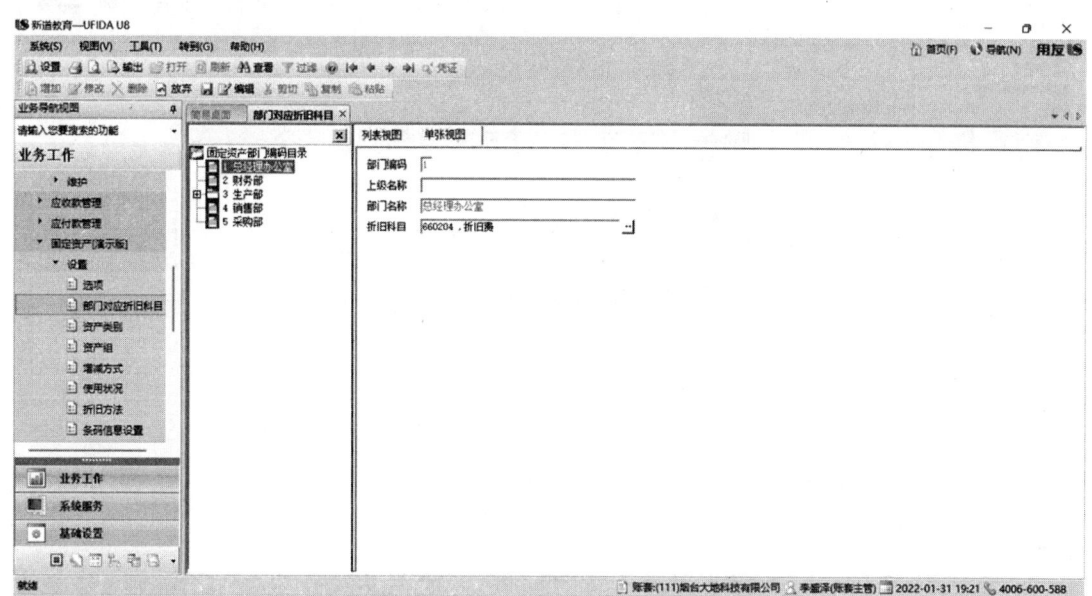

图7-11 "部门对应折旧科目——列表试图"窗口

（3）同理，依次设置其他对应部门的对应折旧科目。

2. 固定资产类别的设置

企业中的固定资产多种多样，为了方便和高效地进行固定资产的核算，企业可以将固定资产进行分类管理。

本章账套根据表7-2的资料设置固定资产类别。

表7-2　　　　　　　　　　　　固定资产类别

固定资产类别编码	固定资产类别名称	使用年限（月）	残值率	计提属性	折旧方法	卡片样式
01	房屋及建筑物	360	3%	正常计提	平均年限法（一）	通用样式
011	厂房	360	3%	正常计提	平均年限法（一）	通用样式
02	机器设备	120	3%	正常计提	平均年限法（一）	通用样式
03	交通工具	120	3%	正常计提	平均年限法（一）	通用样式
04	办公设备	60	3%	正常计提	平均年限法（一）	通用样式
041	服务器	60	3%	正常计提	平均年限法（一）	通用样式
042	电脑	60	3%	正常计提	平均年限法（一）	通用样式

（1）执行"固定资产—设置—资产类别"命令，进入"资产类别"窗口。

（2）单击"增加"按钮，打开"资产类别—单张视图"窗口。在"类别名称"栏录入"房屋及建筑物"，在"使用年限"栏录入"30"，在"净残值率"栏录入"3"，选择"折旧方法"为"平均年限法

（一）",选择"卡片样式"为"通用样式",单击"保存",如图7-12所示。

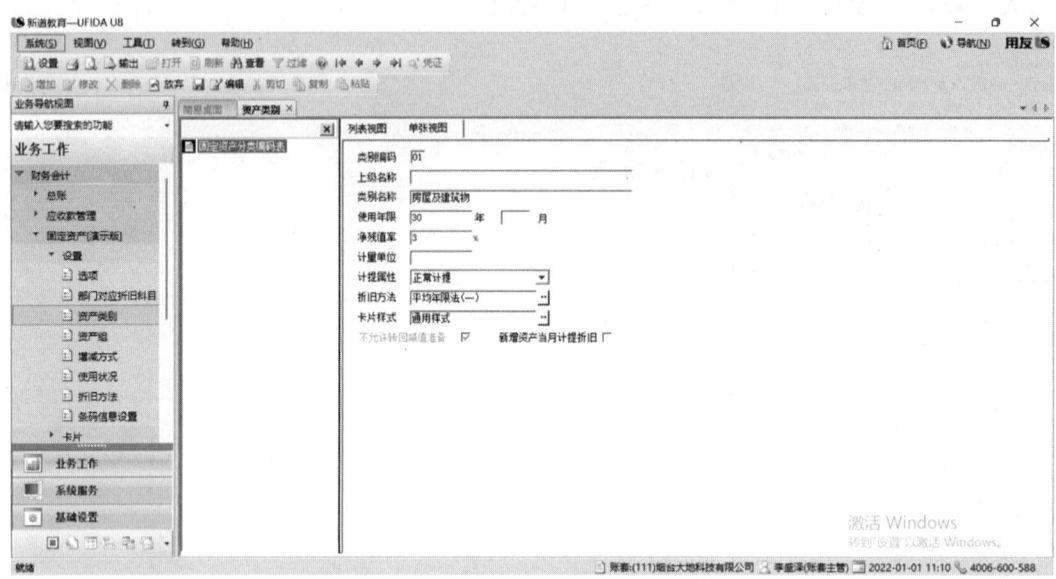

图7-12 "资产类别—单张视图"窗口

（3）单击选中"固定资产分类编码表"中"01房屋及建筑"分类,单击"增加"按钮,在"类别名称"栏录入"厂房",单击"保存"按钮,增加二级固定资产类别。如图7-13所示。

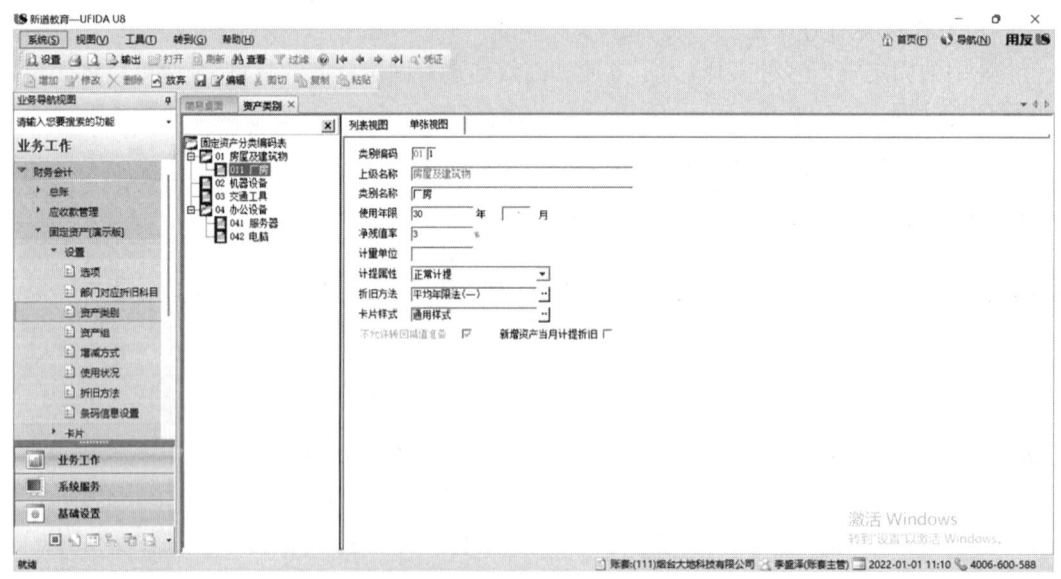

图7-13 "资产类别下级分类设置—单张视图"窗口

（4）同理,依次录入其他的固定资产类别。

3. 固定资产增减方式的设置

企业可以通过会计信息系统对固定资产增减方式的入账科目进行设置,从而更好地进行固定资产的日常业务处理。

本章账套根据表 7-3 的资料设置固定资产增减方式的入账科目。

表 7-3　　　　　　　　　　固定资产增减方式

编号	增加方式	对应入账科目	编号	减少方式	对应入账科目
1	直接购入	银行存款——工行存款(100201)	1	出售	固定资产清理(1606)
2	投资者投入	实收资本(4001)	2	盘亏	待处理财产损溢——待处理固定资产损益(190102)
3	捐赠	营业外收入(6301)	3	投资转出	长期股权投资(1511)
4	盘盈	待处理财产损溢——待处理固定资产损益(190102)	4	捐赠转出	固定资产清理(1606)
5	在建工程转入	在建工程(1604)	5	报废	固定资产清理(1606)
6	融资租入	长期应付款(2701)	6	毁损	固定资产清理(1606)

（1）执行"固定资产—设置—增减方式"命令，打开"增减方式"窗口。

（2）选中"直接购入"所在行，单击"修改"按钮，打开"增减方式—单张视图"窗口，在"对应入账科目"栏录入"100201"，如图 7-14 所示。

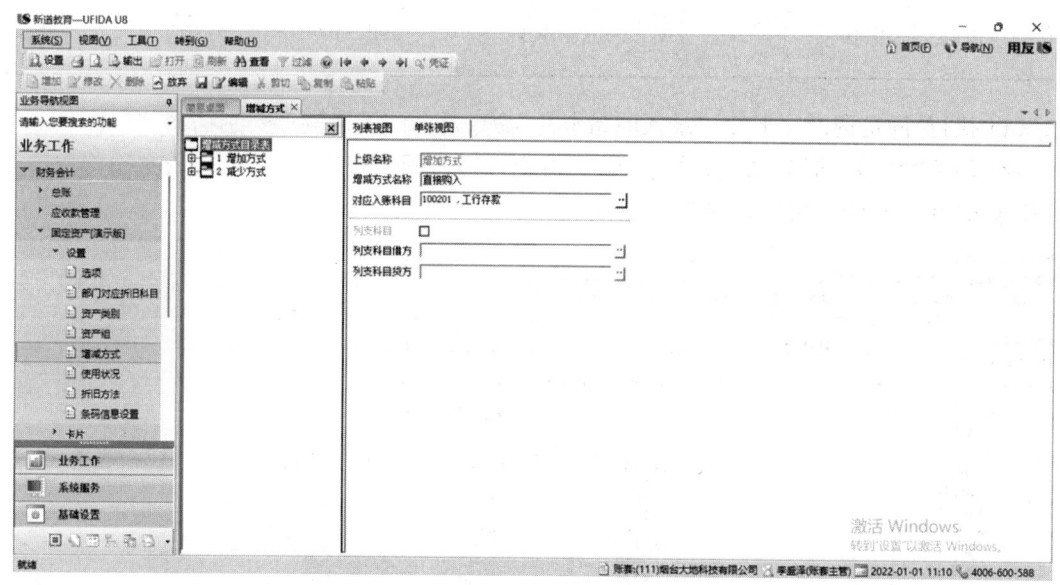

图 7-14　"增减方式—单张视图"窗口

（3）单击"保存"按钮。同理设置其他增减方式对应的入账科目。

三、原始卡片录入

固定资产卡片是固定资产核算和管理的基础，可以详细了解每项固定资产的来源、价值、折旧情况和所属部门等相关信息。为了保持会计资料的连续性，会计人员需要将建账前的固定资产数据录入到原始卡片中。

本章账套按照表7-4录入固定资产原始卡片。

表7-4　　　　　　　　　　固定资产原始卡片　　　　　　　　　　单位:元

编码	名称	固定资产类别	增加方式	使用部门	使用情况	预计使用时间(月)	开始使用日期	原值	残值率	累计折旧
00001	生产车间厂房	厂房	在建工程转入	生产部——生产车间	在用	360	2021-11-01	1 207 000	3%	3 258.90
00002	仓库厂房	厂房	在建工程转入	生产部——仓库	在用	360	2021-11-01	1 207 000	3%	3 258.90
00003	大客车	交通工具	直接购入	采购部	在用	120	2021-08-01	450 000	3%	14 580.00
00004	服务器	服务器	直接购入	财务部	在用	60	2021-03-01	25 000	3%	3 645.00
00005	电脑	电脑	直接购入	财务部	在用	60	2021-02-01	3 000	3%	486.00
00006	电脑	电脑	直接购入	销售部	在用	60	2021-02-01	3 000	3%	486.00
00007	电脑	电脑	直接购入	总经理办公室	在用	60	2021-02-01	4 640	3%	720.20

(1)执行"固定资产—卡片—录入原始卡片"命令,打开"固定资产类别档案"窗口。

(2)勾选"011厂房"复选框,单击"确定"按钮,进入"固定资产卡片"窗口,在"固定资产名称"栏录入"生产车间厂房",如图7-15所示。

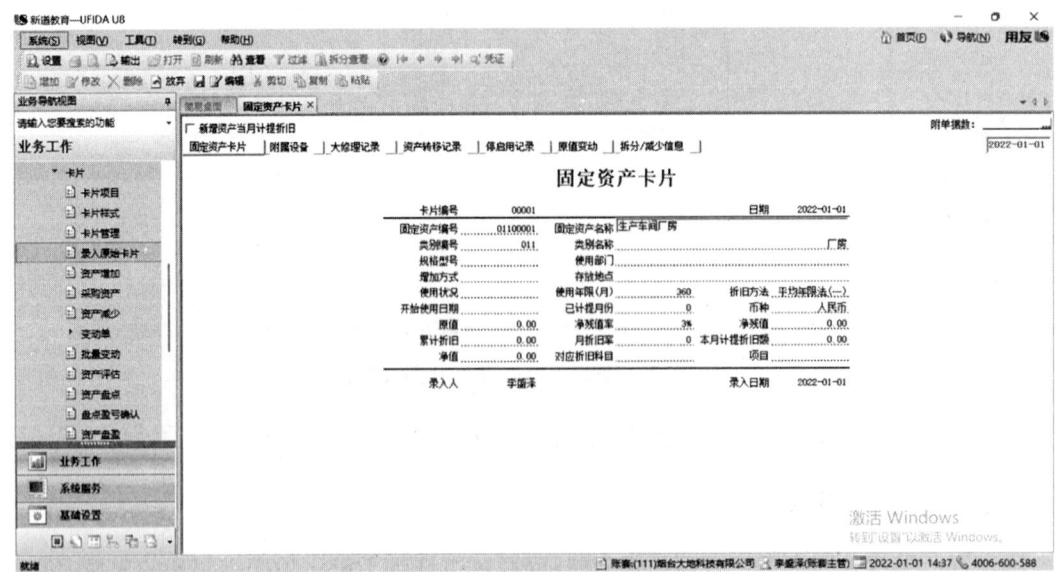

图7-15　"固定资产卡片[录入原始卡牌:00001号卡片]"窗口

（3）单击"使用部门"栏，单击"使用部门"按钮，打开"固定资产—本资产部门使用方式"对话框，如图 7-16 所示。

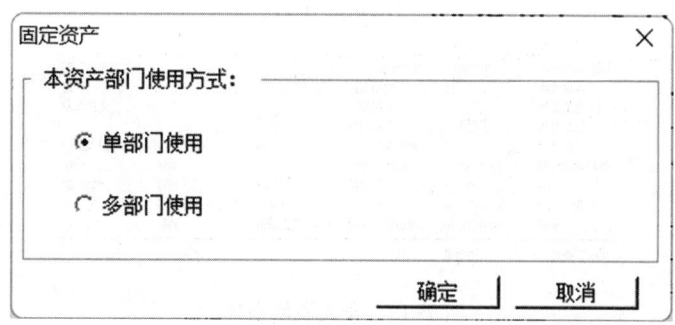

图 7-16　固定资产—本资产部门使用方式

（4）选择"单部门使用"，单击"确定"按钮，打开"部门基本参照"窗口，如图 7-17 所示。

图 7-17　"部门基本参照"窗口

（5）选择"生产车间"，单击"确认"按钮。

（6）同理录入"增加方式""使用状况"等固定资产信息。

（7）在"开始使用日期"栏录入"2021-11-01"，在"原值"栏录入"1207000"，在"累计折旧"栏录入"3258.90"，如图 7-18 所示。

图 7-18 录入原始卡片

（8）单击"保存"按钮，系统提示"数据成功保存！"，单击"确定"按钮。
（9）同理录入其他的固定资产卡片。

第三节 固定资产日常业务处理

固定资产管理系统的日常业务处理主要包括固定资产增加、固定资产减少、固定资产变动、制单处理等。

一、固定资产增加

固定资产增加是指购进或者以其他方式增加企业的固定资产。

本章账套：2022 年 1 月 1 日，销售部直接购入笔记本电脑投入使用，原值 5 000 元，预计使用年限 5 年，净残值 3%，计提折旧方式采用年数总和法，使用状况为在用。

（1）执行"固定资产—卡片—资产增加"命令，打开"固定资产类别档案"窗口。
（2）双击"办公设备—电脑"进入"固定资产卡片"窗口。在"固定资产名称"栏录入"笔记本电脑"，选择使用部门为"销售部"，增加方式为"直接购入"，使用状况"在用"，选择折旧方法"年数总和法"，在"原值"栏录入"5000"，如图 7-19 所示，单击"保存"按钮。

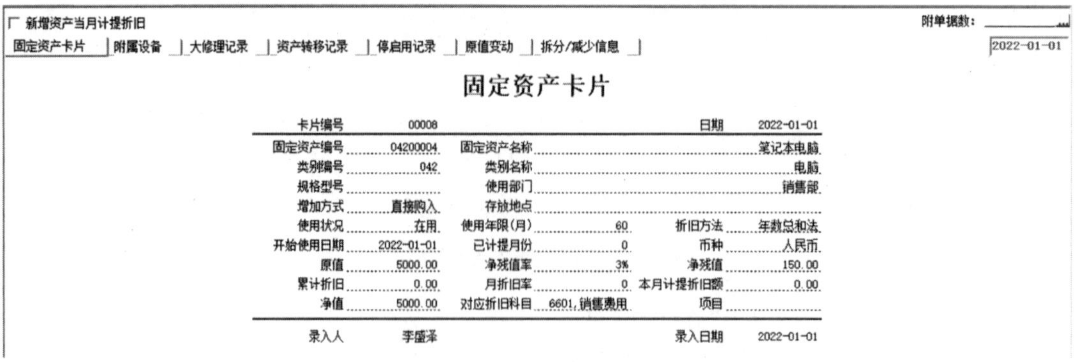

图 7-19 新增固定资产

（3）单击"保存"按钮，系统提示"数据成功保存！"，单击"确定"按钮，点击关闭"填制凭证"窗口，提示"还有1张凭证没保存"，点击"确定"按钮。

二、固定资产减少

企业在生产经营过程中，部分固定资产会由于出售、损毁、盘亏等原因退出企业，此时会计人员要做相应的资产减少处理。由于固定资产减少当月折旧，在进行固定资产减少之前要先进行折旧计提的操作。

本章账套2022年1月31日，将资产编号为"00003"号的大客车出售，售价400 000元。

（1）执行"系统—注册"命令，以"2022年1月31日"时间重新进入系统，如图7-20所示。

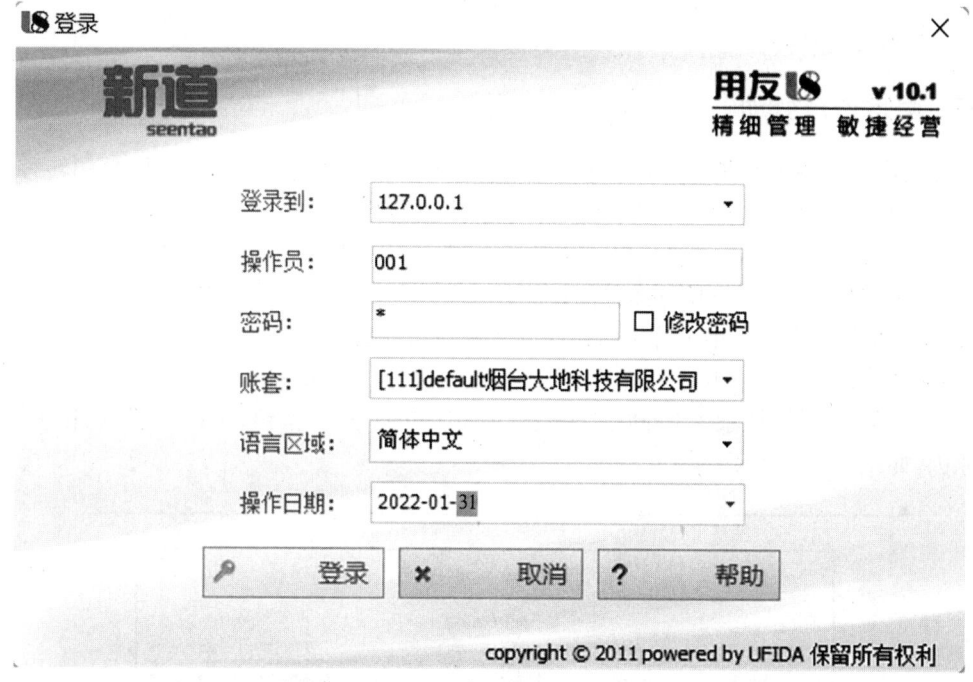

图7-20 重注册

（2）执行"固定资产—卡片—资产减少"命令，打开"资产减少"窗口。
（3）在"卡片编号"栏录入"00003"，或单击"卡片编号"栏选择"00003"。
（4）单击"增加"按钮，选择"减少方式"为"出售"，"清理收入"处输入400000，如图7-21所示。

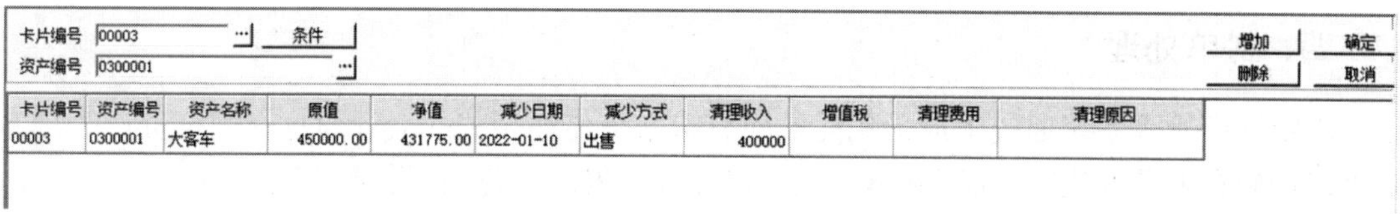

卡片编号	资产编号	资产名称	原值	净值	减少日期	减少方式	清理收入	增值税	清理费用	清理原因
00003	0300001	大客车	450000.00	431775.00	2022-01-10	出售	400000			

图7-21 "资产减少"窗口

（5）单击"确定"按钮，如图7-22所示。

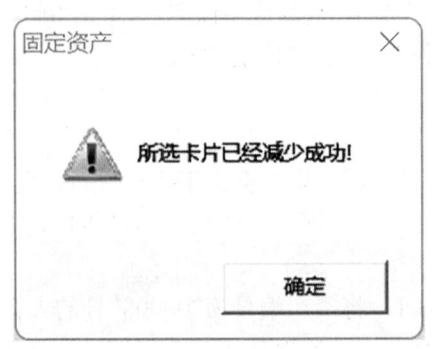

图 7-22　固定资产减少

(6) 单击"确定"按钮。

三、固定资产变动

固定资产变动主要是指通过输入相关的"变动单"记录固定资产原值变动、部门转移、使用状况变动、使用年限调整、折旧方法调整和净残值调整等内容。

本章账套:2022 年 1 月 15 日,由于生产工艺技术升级致使厂房提前更新换代,计划将资产编号为"00001"的生产车间厂房的折旧方法由"平均年限法(一)"更改为"年数总和法"。执行"系统重注册",以"2022 年 1 月 15 日"时间重新进入系统。

(1) 执行"固定资产—卡片—变动单—折旧方法调整"命令,打开"固定资产变动单"窗口。

(2) 在"卡片编号"栏录入"00001",单击"变动后折旧方法"按钮,选择"年数总和法",填入变动原因,如图 7-23 所示。

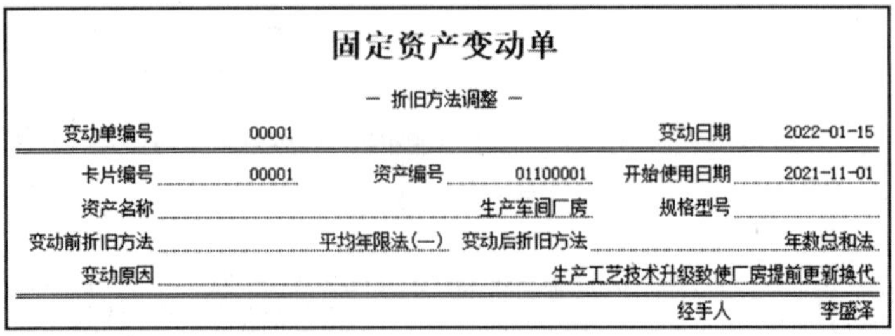

固定资产变动单
— 折旧方法调整 —

变动单编号	00001		变动日期	2022-01-15
卡片编号	00001	资产编号	01100001	开始使用日期	2021-11-01
资产名称		生产车间厂房	规格型号	
变动前折旧方法	平均年限法(一)	变动后折旧方法		年数总和法
变动原因			生产工艺技术升级致使厂房提前更新换代	
			经手人	李盛泽

图 7-23　固定资产变动单

(3) 单击"保存"按钮。

四、制单处理

固定资产管理系统通过生成记账凭证向总账系统传递相关的会计信息。固定资产管理系统可以选择在业务发生时"立即制单",也可以在业务发生后进行"批量制单"。

本章账套演示在业务发生后进行批量制单。

(1) 执行"固定资产—处理—批量制单"命令,打开"查询条件选择"对话框,填入查询条件,单击"确定"按钮,进入"批量制单"窗口,如图 7-24 所示。

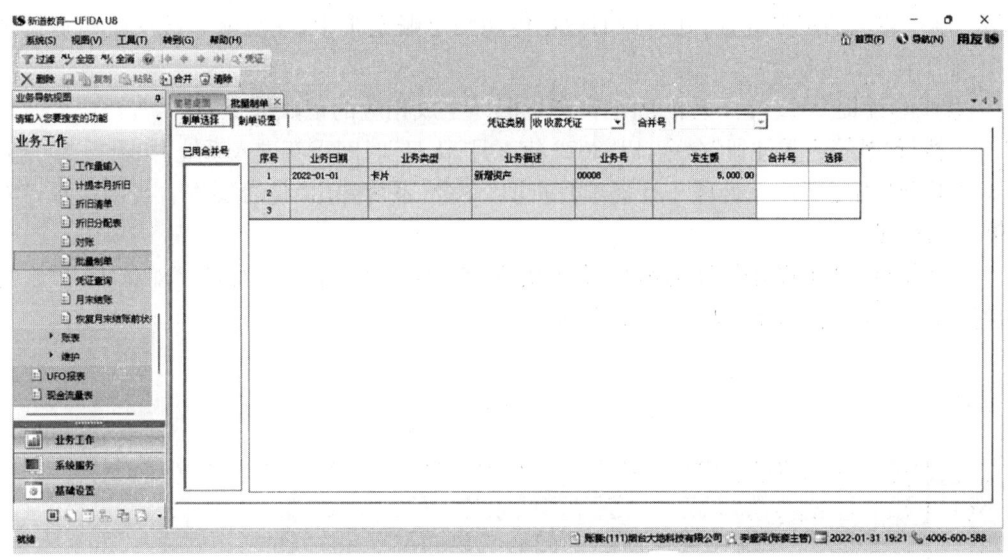

图 7-24　制单选择

（2）双击选择要制单的凭证，单击打开"制单设置"选项卡，如图 7-25 所示。

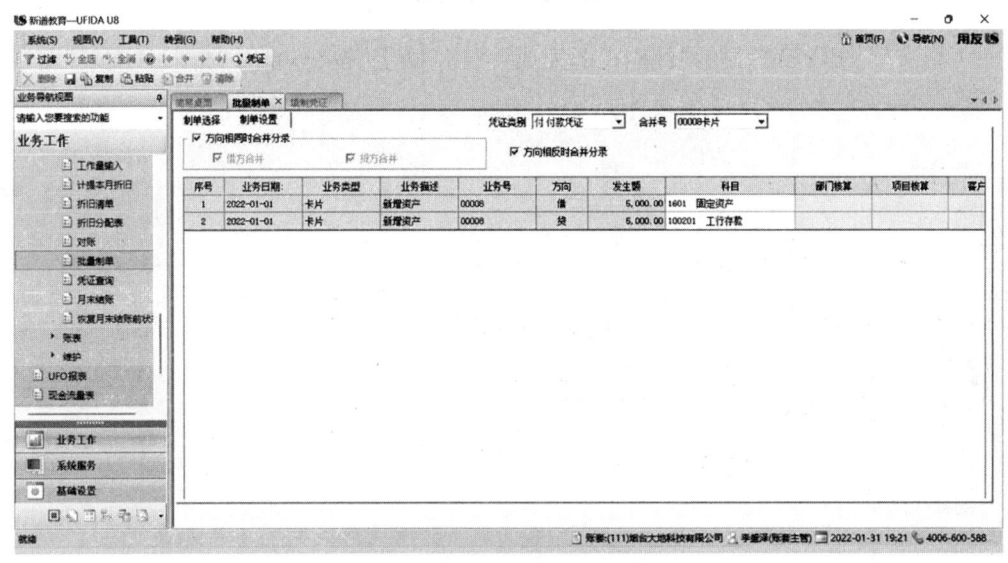

图 7-25　查看制单设置

（3）单击"凭证"按钮，按照资料修改凭证类别，录入摘要，单击"保存"按钮，完成凭证的生成，并将固定资产的凭证传递到总账系统中。

第四节　固定资产期末业务处理

一、计提折旧并生成凭证

会计信息系统可以根据企业录入系统的资料每月计算每项资产的折旧，并自动生成折旧分配表，制作相关的记账凭证，并将折旧数据传递到总账系统中，在总账系统中进行后续的审核和记账工作。

本章账套计提 2022 年 1 月的固定资产折旧并生成相应的记账凭证。

(1) 执行“系统—重注册”命令，以“2022 年 1 月 31 日”时间重新进入系统，如图 7-20 所示。

(2) 执行“固定资产—处理—计提本月折旧”命令，系统弹出“是否要查看折旧清单?”对话框，单击“是”按钮。

(3) 系统弹出“本操作将计提本月折旧，并花费一定时间，是否要继续?”对话框，单击“是”按钮，打开“折旧清单”窗口，如图 7-26 所示。

卡片编号	资产编号	资产名称	原值	计提原值	本月计提折旧额	累计折旧	本年计提折旧	减值准备	净值	净残值	折旧率	单位折旧	本月工作量	累计工作量	规格型号
00001	01100001	生产车间厂	000.00	207,000.00	6,421.42	9,680.32	6,421.42	0.00	319.68	6,210.00	0.0055		0.000	0.000	
00002	01100002	仓库厂房	000.00	207,000.00	3,258.90	6,517.80	3,258.90	0.00	482.20	6,210.00	0.0027		0.000	0.000	
00003	0300001	大客车	000.00	450,000.00	3,645.00	18,225.00	3,645.00	0.00	775.00	3,500.00	0.0081		0.000	0.000	
00004	04100001	服务器	000.00	25,000.00	405.00	4,050.00	405.00	0.00	950.00	750.00	0.0162		0.000	0.000	
00005	04200001	电脑	000.00	3,000.00	48.60	534.60	48.60	0.00	465.40	90.00	0.0162		0.000	0.000	
00006	04200002	电脑	000.00	3,000.00	48.60	534.60	48.60	0.00	465.40	90.00	0.0162		0.000	0.000	
00007	04200003	电脑	640.00	4,640.00	75.17	795.37	75.17	0.00	844.63	139.20	0.0162		0.000	0.000	
合计			640.00	899,640.00	13,902.69	40,337.69	13,902.69	0.00	302.31	6,989.20			0.000	0.000	

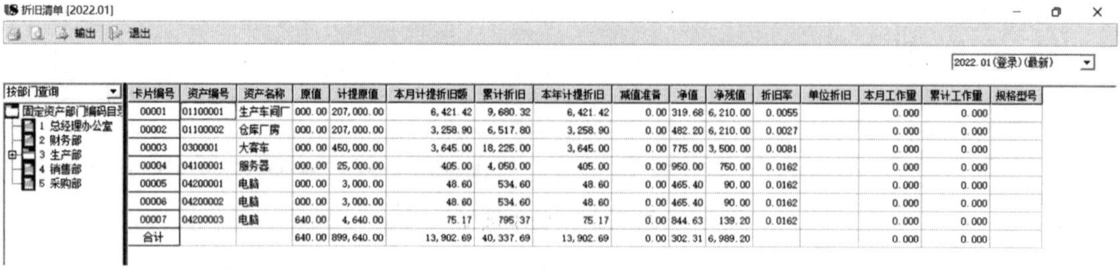

图 7-26　折旧清单

(4) 单击“退出”按钮，显示“计提折旧完成”点击“确定”按钮，打开“折旧分配表”窗口，如图 7-27 所示。

部门编号	部门名称	项目编号	项目名称	科目编号	科目名称	折旧额
1	总经理办公			660204	折旧费	75.17
2	财务部			660204	折旧费	453.60
301	生产车间			5101	制造费用	6,421.42
302	仓库			660204	折旧费	3,258.90
4	销售部			6601	销售费用	48.60
5	采购部			660204	折旧费	3,645.00
合计						13,902.69

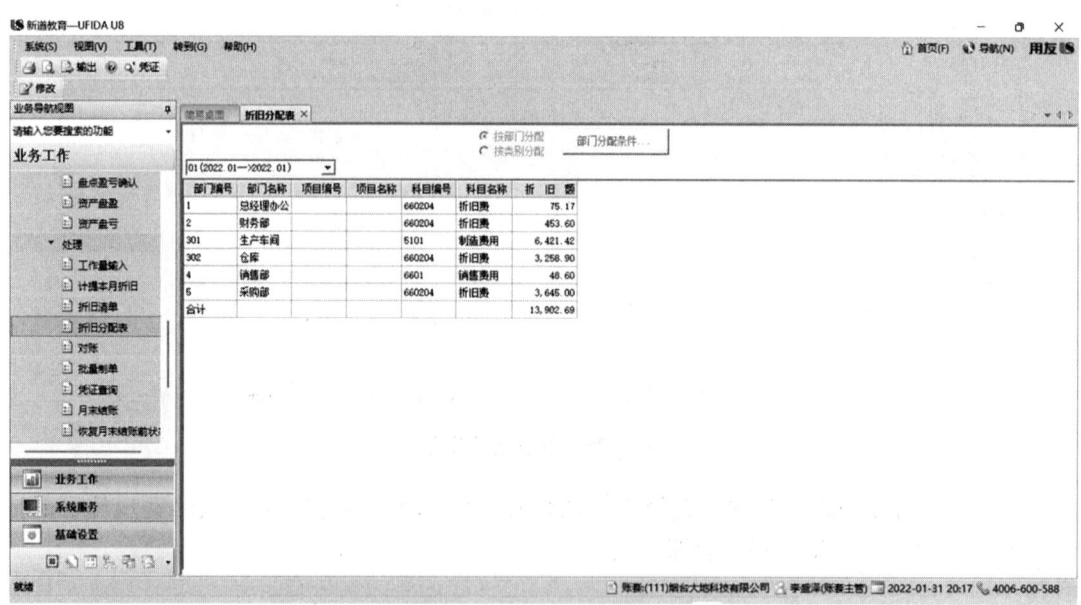

图 7-27　折旧分配表

(5) 单击“凭证”按钮，生成一张记账凭证。

(6) 修改凭证类别为“转账凭证”。

(7) 单击“保存”按钮，如图 7-28 所示，完成凭证的生成。

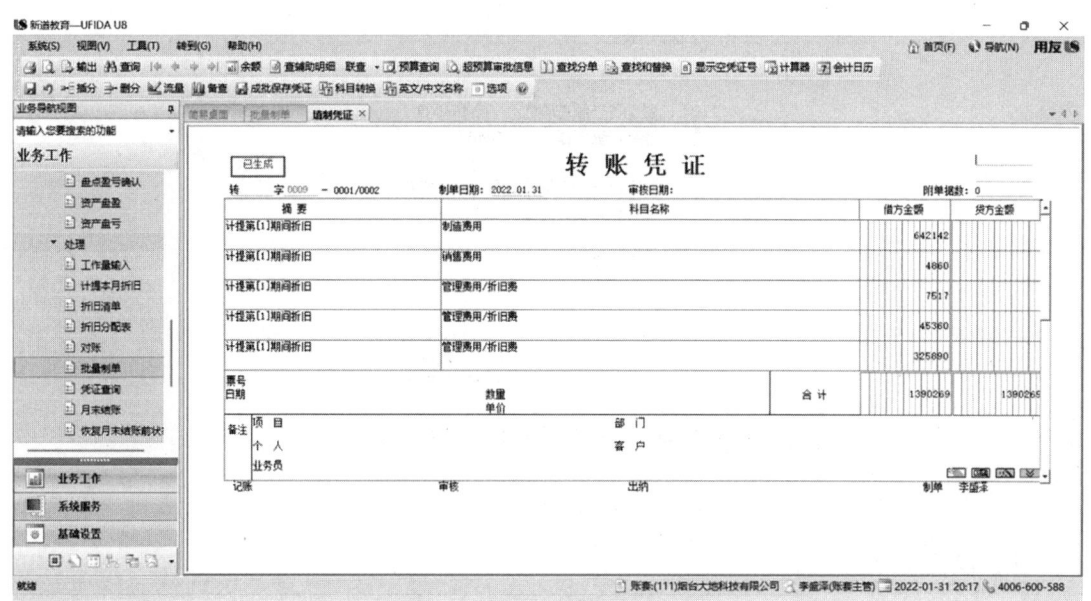

图 7-28　计提折旧转账凭证生成

二、月末结账

每月完成固定资产的相关业务后,就可以进行月末结账,月末结账每月只能进行一次,结账后当期的固定资产数据就无法再次修改。

本章账套演示固定资产月末结账。

(1) 执行"固定资产—处理—月末结账"命令,打开"月末结账"对话框,如图 7-29 所示。

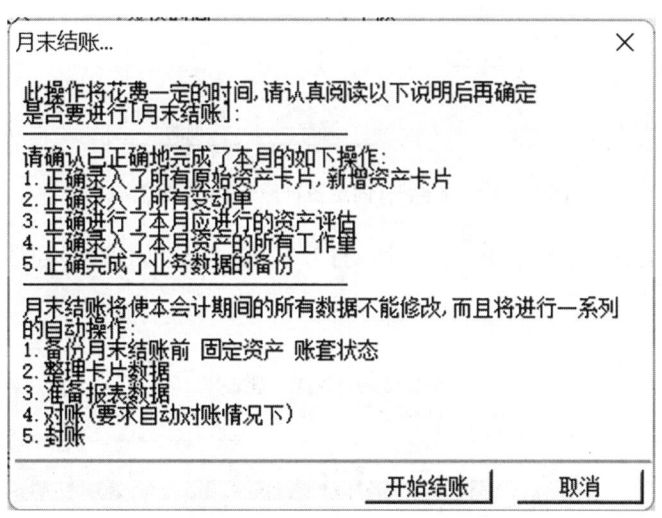

图 7-29　"月末结账"对话框

(2) 单击"开始结账"按钮,系统弹出"与账务对账结果"对话框,如图 7-30 所示。如对账不平衡,其原因主要是总账中相关凭证没有进行审核和记账操作。

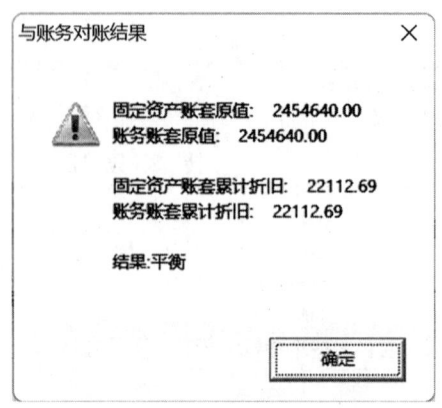

图 7-30 “与账务对账结果”对话框

（3）单击“确定”按钮，完成固定资产月末结账。

三、信息查询

会计信息系统提供固定资产相关账表的查询，主要包括分析表、减值准备表、统计表、账簿和折旧表。

本章账套演示账表管理功能中查询固定资产原值一览表。

（1）执行“固定资产—账表—我的账表—统计表—(固定资产原值)一览表”命令，弹出“条件-(固定资产原值)一览表”窗口，如图 7-31 所示。

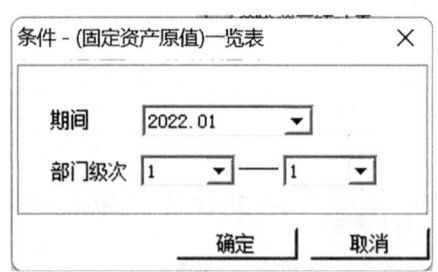

图 7-31 “条件—(固定资产原值)一览表”窗口

（2）输入相关信息后，单击“确定”按钮，打开“(固定资产原值)一览表”窗口，如图 7-32 所示。

锁定格式 | 格式锁定状态:未锁定

(固定资产原值)一览表

使用单位:烟台大坤科技有限公司　　期间: 2022.01

部门级次1--1

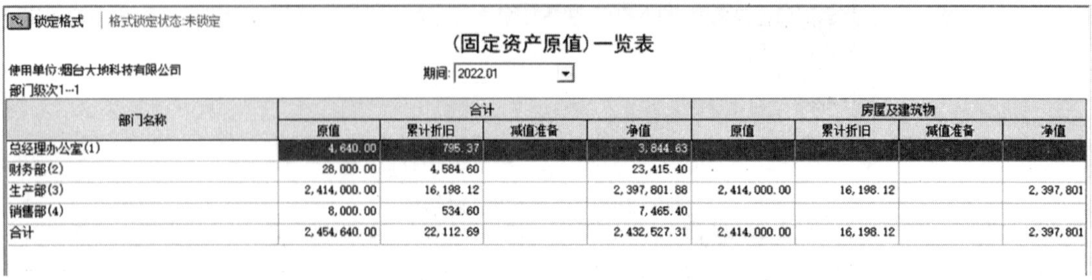

部门名称	合计				房屋及建筑物			
	原值	累计折旧	减值准备	净值	原值	累计折旧	减值准备	净值
总经理办公室(1)	4,640.00	795.37		3,844.63				
财务部(2)	28,000.00	4,584.60		23,415.40				
生产部(3)	2,414,000.00	16,198.12		2,397,801.88	2,414,000.00	16,198.12		2,397,801
销售部(4)	8,000.00	534.60		7,465.40				
合计	2,454,640.00	22,112.69		2,432,527.31	2,414,000.00	16,198.12		2,397,801

图 7-32 (固定资产原值)一览表

思考题

1. 固定资产管理子系统的主要功能包括哪些？
2. 固定资产管理系统和其他子系统之间有什么关系？
3. 什么是固定资产原始卡片？
4. 固定资产管理子系统可以进行哪些账表查询？

实验一　固定资产系统初始化

一、目的与要求

（1）掌握固定资产管理初始化的基本设置。
（2）掌握固定资产初始化操作方法及操作步骤。

二、实验内容

1. 启用固定资产管理系统

启用日期："2022-01-01"。

设置系统参数，固定资产采用"平均年限法（一）"计提折旧，折旧汇总分配周期为一个月。当(月初已计提月份＝可使用月份－1)时计提剩余全部折旧。

固定资产编码方式为"2-1-1-2"；固定资产编码方式采用自动编码方式，编码方式为"类别编码＋序号"，序号长度"5"。

固定资产系统与总账进行对账，对账不平的情况下不允许结账。

固定资产对账科目为"1601 固定资产"，累计折旧对账科目为"1602 累计折旧"。

2. 固定资产选项设置

业务发生后应立即制单，月末结账前一定要完成制单登账业务。

固定资产缺省入账科目：1601。
累计折旧缺省入账科目：1602。
固定资产减值准备缺省入账科目：1603。
增值税进项税额缺省入账科目：22210101。
固定资产清理缺省入账科目：1606。

3. 部门对应折旧科目

部门对应折旧科目信息，如表 7-5 所示。

表 7-5　　　　　　　　　部门对应折旧科目

编号	部门	折旧科目
1	综合部	660205
2	财务部	660205

(续表)

编号	部门	折旧科目
3	采购部	660205
4	销售部	6601
5	加工车间	5101

4. 固定资产增减方式

固定资产增减方式信息,如表7-6所示。

表7-6　　　　　　　　　　固定资产增减方式

编号	增加方式	对应入账科目	编号	减少方式	对应入账科目
1	直接购入	银行存款——工行	1	出售	固定资产清理
2	投资者投入	实收资本	2	盘亏	待处理固定资产损溢
3	捐赠	营业外收入	3	投资转出	长期股权投资
4	盘盈	待处理固定资产损溢	4	捐赠转出	固定资产清理
5	在建工程转入	在建工程	5	报废	固定资产清理
6	融资租入	长期应付款	6	毁损	固定资产清理

5. 固定资产类别

固定资产类别的相关信息,如表7-7所示。

表7-7　　　　　　　　　　固定资产类别

固定资产类别编码	固定资产类别名称	使用年限（月）	残值率	计提属性	折旧方法	卡片样式
01	房屋及建筑物	360	3%	正常计提	平均年限法(一)	通用样式
011	厂房	360	3%	正常计提	平均年限法(一)	通用样式
02	机器设备	120	3%	正常计提	平均年限法(一)	通用样式
03	交通工具	120	3%	正常计提	平均年限法(一)	通用样式
04	办公设备	60	3%	正常计提	平均年限法(一)	通用样式
041	服务器	60	3%	正常计提	平均年限法(一)	通用样式
042	电脑	60	3%	正常计提	平均年限法(一)	通用样式

6. 固定资产原始卡片

固定资产原始卡片信息,如表7-8所示。

表 7-8　　　　　　　　　　　固定资产原始卡片　　　　　　　　　　单位:元

编码	名称	固定资产类别	增加方式	使用部门	预计使用时间(月)	开始使用日期	原值	残值率	累计折旧
00001	加工车间厂房	厂房	在建工程转入	加工车间	360	2018-11-01	1 207 000	3%	3 258.90
00002	加工车间厂房	厂房	在建工程转入	加工车间	360	2018-11-01	1 207 000	3%	3 258.90
00003	大客车	交通工具	直接购入	采购部	120	2018-08-01	450 000	3%	14 580.00
00004	服务器	服务器	直接购入	财务部	60	2018-03-01	25 000	3%	3 645.00
00005	电脑	电脑	直接购入	财务部	60	2020-02-01	3 000	3%	486.00
00006	电脑	电脑	直接购入	财务部	60	2020-02-01	3 000	3%	486.00
00007	电脑	电脑	直接购入	综合部	60	2020-02-01	4 640	3%	720.44

固定资产使用状态:在用。

7. 期初对账

实验二　固定资产业务处理

一、目的与要求

(1) 掌握固定资产管理系统日常业务处理。
(2) 掌握固定资产管理系统日常业务处理类型、操作方法及操作步骤。

二、实验内容

1. 修改固定资产卡片

2022年1月1日,将资产编号为"00003"的大客车的使用部门变更为综合部。

2. 新增固定资产

2022年1月1日,销售部购入笔记本电脑投入使用,原值5 000元,预计使用年限为5年,净残值3%,计提折旧方式采用年数总和法。

3. 计提折旧

计提本月折旧。

4. 减少固定资产

2022年1月10日,将资产编号为"00003"的大客车出售,售价400 000元。

5. 批量制单

制作新增固定资产、计提本月折旧、减少固定资产的凭证并传递到总账系统

6. 总账外部凭证处理

凭证由出纳签字、审核、记账。

7. 固定资产系统对账及结账

与总账系统进行对账并结账。

8. 固定资产变更

2022年2月1日,由于生产工艺技术升级致使厂房提前更新换代,计划将资产编号为"00001"的加工车间厂房计提折旧,采用加速折旧法"年数总和法"。

9. 计提减值准备

2022年2月28日,对资产进行期末计价核算,资产编号"00004"的服务器因市价降幅较大计提减值准备5 000元,并填制转账凭证。

第八章 应收款管理系统

知识导航

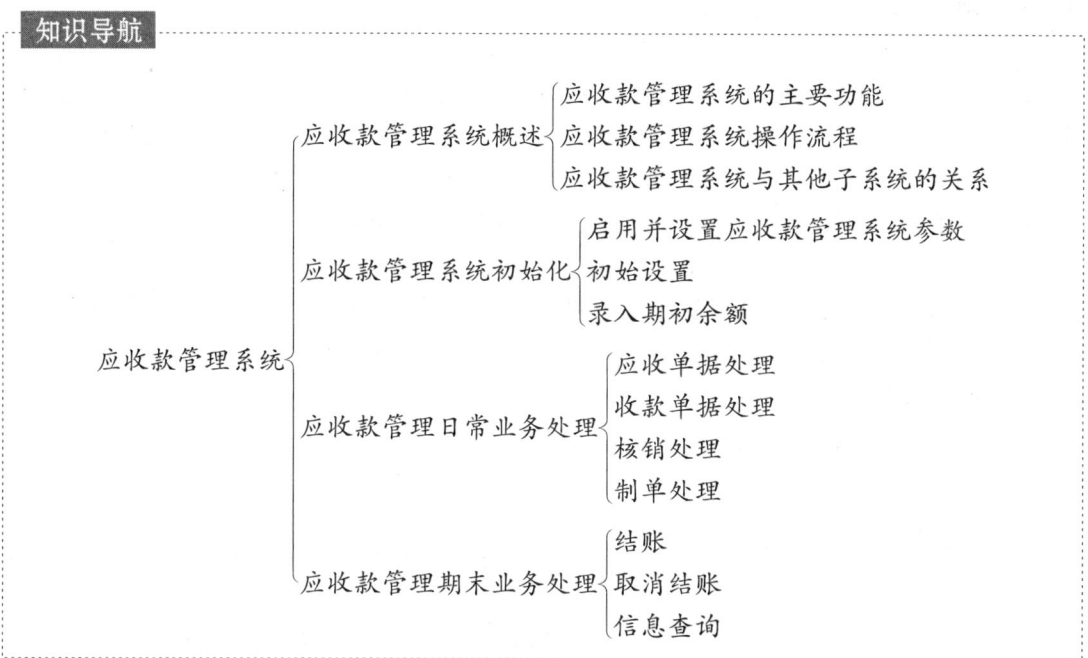

学习目标

1. 掌握应收账款管理系统初始化设置、日常业务处理的操作方法。
2. 掌握应收款管理系统期初余额录入的方法。
3. 熟悉应收账款管理系统期末处理的操作方法。
4. 熟悉应收账款系统查询统计功能。
5. 了解应收账款管理系统的功能以及与其他子系统之间的关系。

第一节 应收款管理系统概述

企业在日常经营活动过程中因销售产品或商品,提供劳务等往来业务与客户之间产生应收往来款项。应收款管理系统主要用于核算和管理企业与客户之间的往来账项,对客户信用额度、应收票据、应收账款、预收账款、应收款型的账龄和坏账准备等信息进行记录、汇总、核算。

一方面应收款管理系统详细记录了应收款型来源、变动信息,便于企业进行实时追踪,及时、准确掌握客户往来账款信息,使企业管理人员能够依据不同客户的具体情况,精准制定合适的收款策略,及时收回资金,提高资金运转速度。另一方面应收管理系统提供了按地区、种类、客户的不同分类销售数据、账龄分析、应收账款周转分析等统计分析报告,为企业制定销售政策提供依据。

一、应收款管理系统的主要功能

1. 初始设置

进行初始设置的主要目的是使得系统的初始运行与企业的业务管理相匹配。初始设置功能主要包括：系统控制参数设置，单据类型、账龄区间（账期内和逾期两部分）、坏账准备、预警级别等基础信息设置，期初余额的录入。

2. 日常业务处理

日常业务处理主要包括应收单据和收款单据的录入、审核、核销、转账、汇兑损益、制单处理等功能。

3. 期末业务处理

期末业务处理主要包括月末结账和恢复月末结账两个功能。

4. 信息查询

信息查询包括单据查询和账表查询。单据查询包括应收单据、收款单据、记账凭证等内容的查询；账表查询包括总账表、余额表、明细账的查询以及应收账款分析、账龄分析、欠款分析等统计分析报表的查询功能。

二、应收款管理系统操作流程

应收账款管理系统的操作流程，如图 8-1 所示。

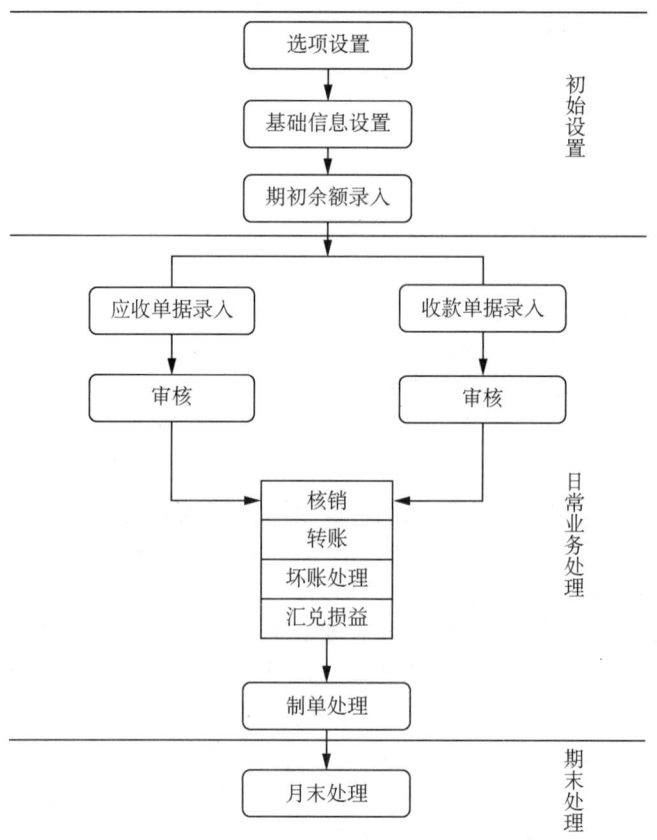

图 8-1　应收账款管理系统操作流程

三、应收款管理系统与其他子系统的关系

企业对应收款管理的不同要求,使得系统与其他子系统的接口以及系统的操作流程会有一定差异,图 8-2 所示的是应收款管理系统与其他子系统的主要关系。

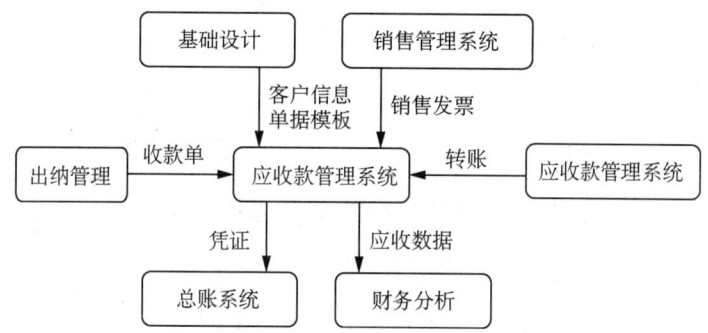

图 8-2 应收账款管理系统与其他子系统的主要关系

第二节 应收款管理系统初始化

启用应收款管理系统后,必须先完成系统初始化才能进行日常业务操作,系统初始化的作用是建立应收款管理系统的基础数据和核算要求。

一、启用并设置应收款管理系统参数

1. 系统启用

在使用应收款管理系统之前,应先启用应收款管理模块。启用方法有两种,一种是建立账套之后直接启用;另一种是账套主管在企业应用平台的基本信息中勾选启用。

本章演示在企业应用平台启用应收款管理系统。

(1) 执行"开始—程序—用友 U8V10.1—企业应用平台"命令,打开"登录"窗口。

(2) 输入操作员:001;密码:1;选择账套"[111]default 烟台大地科技有限公司";选择操作日期"2022-01-01",如图 8-3 所示。

(3) 单击"登录"按钮,进入企业应用平台。

(4) 在"基础设置"模块中,执行"基本信息—系统启用"命令,打开"系统启用"窗口。

(5) 勾选"AR 应收款管理"复选框,弹出"日历"窗口,选择启用日期"2022-01-01",如图 8-4 所示。

(6) 单击"确定"按钮,系统弹出"确实要启用当前系统吗?"提示框,单击"是"按钮,完成应收款管理系统的启用。

图 8-3　登录企业应用平台

图 8-4　启用应收款管理系统

2. 开户银行

开户银行设置用于满足企业进行收款结算处理,系统支持多个开户行及账号的设置,满足企业不同业务处理,开户银行信息包括开户编码、开户名称、银行账号、基本信息等。

(1) 进入"企业应用平台"的"基础设置"页签,执行"基础档案—收付结算—本单位开户银行"命令,进入"开户银行"设置窗口。

(2) 单击"增加"按钮,打开"增加开户银行"对话框,如图8-5所示。

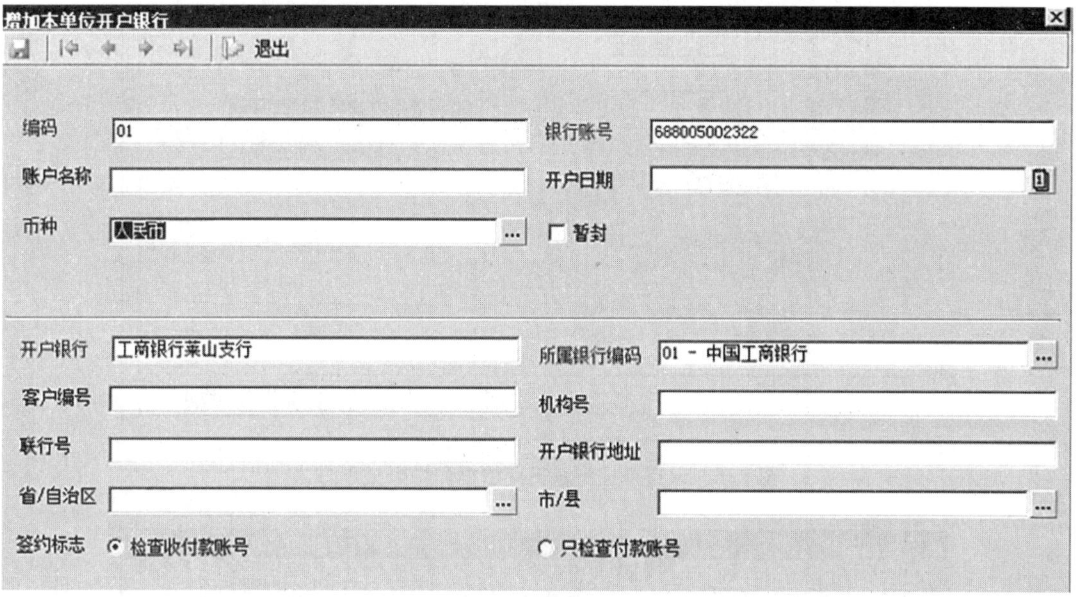

图8-5 开户银行信息录入

3. 设置系统参数

应收账款管理系统参数影响系统的使用效果,应根据企业的经营管理要求设置。有些选项在设置后不能修改,部分选项在使用过程中可随时修改,其中应收账款核算模型只有在系统启用时或者没有任何业务处理的情况下可以从"简单核算"改为"详细核算"。因此,系统参数的设定一定要结合企业的实际情况慎重选择。

应收账款管理系统账套参数主要包括:常规参数、凭证参数、权限与预警参数、核销设置参数。

本章账套设置坏账处理方式为"应收余额百分比法",按信用方式根据单据提前7天自动报警,单据审核日期依据为"单据日期"。

(1) 在用友企业应用平台,执行"业务工作—财务会计—应收款管理—设置—选项"命令,打开"账套参数设置"窗口。

(2) 执行"编辑"命令,弹出"选项修改需要重新登录才能生效"对话框,点击"确定"按钮,打开"常规"选项卡,单击"坏账处理方式"栏的下三角按钮,选择"应收余额百分比法","单据审核日期依据"栏选择"单据日期",如图8-6所示。

(3) 打开"权限与预警"选项卡,单据报警选择"信用方式",在提前天数栏填入"7",如图8-7所示。

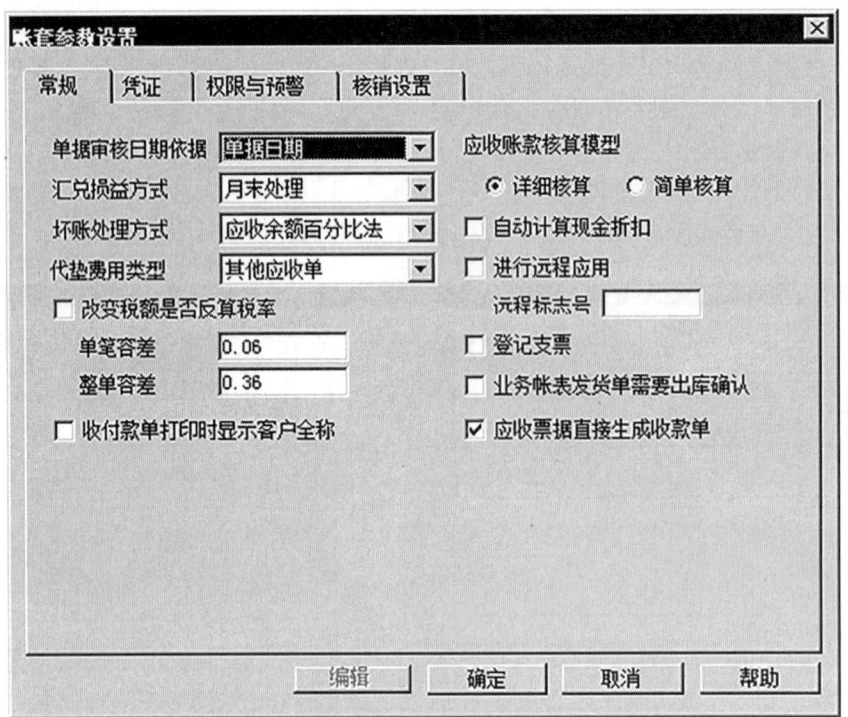

图 8-6 设置单据审核日期依据和坏账处理方式

图 8-7 设置权限与预警

（4）单击"确定"按钮。

二、初始设置

1. 设置基本科目

企业在经营过程中经常使用的会计科目可以预先在系统中设置,在生成凭证时系统会自动选择相关科目,简化凭证生成操作。

本章账套设置应收账款管理系统的基本科目,如表 8-1 所示。

表 8-1　　　　　　　　　　　　基本科目设置

基础科目种类	对应科目	币种
应收科目	1122　应收账款	人民币
销售收入科目	6001　主营业务收入	人民币
税金科目	22210102　应交税费—应交增值税—销项税额	人民币
销售退回科目	6001　主营业务收入	人民币
商业承兑科目	1121　应收票据	人民币
预收科目	2203　预收账款	人民币

（1）在应收款管理系统中,执行"设置—初始设置"命令,打开"初始设置"窗口。

（2）选中"设置科目"下的"基本科目设置",单击"增加"按钮,双击"基本科目种类"对应栏,从列表中选择"应收科目",如图 8-8 所示。

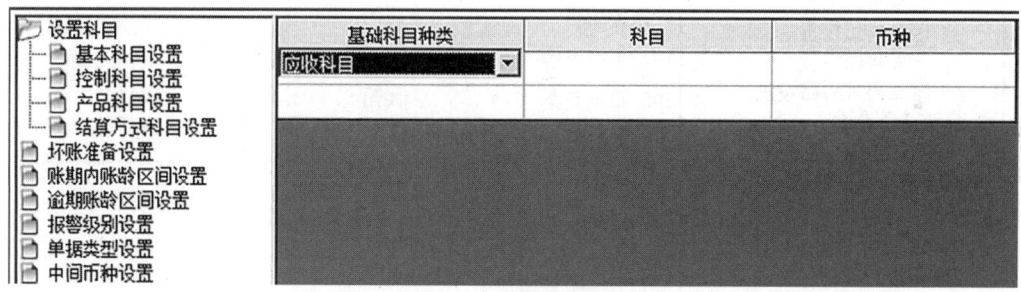

图 8-8　应收科目设置

（3）双击"科目"对应栏,选择科目"1122",双击"币种"对应栏,选择科目"人民币"。同理可添加其他基本科目,如图 8-9 所示。

基础科目种类	科目	币种
应收科目	1122	人民币
销售收入科目	6001	人民币
税金科目	22210102	人民币
销售退回科目	6001	人民币
商业承兑科目	1121	人民币
预收科目	2203	人民币

图 8-9　基本科目设置

2. 设置结算方式科目

为每种结算方式设置一个默认科目，系统制单时自动按不同的结算方式生成相应的账务处理中的会计科目。结算科目核算的币种必须与录入的币种一致，科目必须设为末级科目，科目不能是已经在科目档案中指定为应收款管理系统或者应付款管理系统的受控科目。

本章账套设置应收款管理系统的结算方式科目，如表8-2所示。

表 8-2　　　　　　　　　　结算方式科目设置

结算方式	对应科目	币种
现金结算	1001　库存现金	人民币
现金支票结算	1001　库存现金	人民币
转账支票结算	100201　工行存款	人民币

（1）在应收款管理系统中，执行"设置—初始设置—结算方式科目设置"命令，进入"结算方式科目设置"窗口。

（2）单击"增加"按钮，在"结算方式"栏下拉列表中选择"现金结算"，单击"币种"栏，选择"人民币"，在"科目"栏录入或选择"1001"。同理录入其他的结算方式科目，如图8-10所示。

图 8-10　结算方式科目设置

3. 设置坏账准备

坏账准备设置是指对坏账准备期初余额、坏账准备科目、对方科目以及提取比率进行设置。在第一次使用系统时，应直接输入期初余额。在以后使用系统时，坏账准备的期初余额由系统自动生成不能修改。坏账准备提取比率可以分别按销售收入百分比法和应收账款余额百分比法直接输入计提的百分比。

本章账套坏账准备采用应收余额百分比法，提取比例为0.5%，坏账准备期初余额为0，坏账准备科目为"1231 坏账准备"，坏账准备对方科目为"6702 信用减值损失"。

（1）在应收款管理系统中，执行"设置—初始设置—坏账准备设置"，打开"坏账准备设置"窗口，录入计提比率：0.500；坏账准备期初余额：0.00；坏账准备科目：1231 坏账准备；坏账准备对方科目：6702 信用减值损失，如图8-11所示。

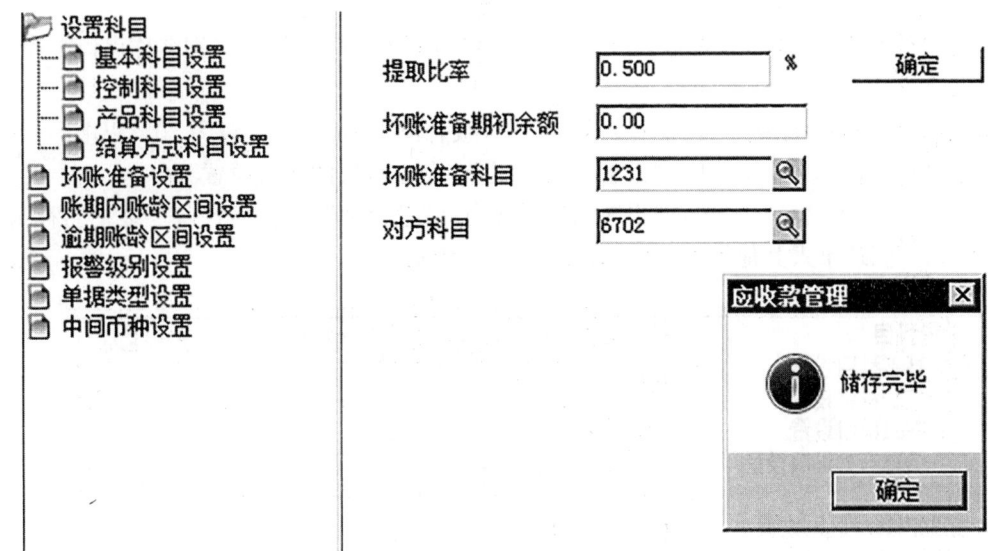

图 8-11 坏账准备设置

（2）单击"确定"按钮，系统弹出"存储完毕"对话框，单击"确定"按钮。

4．设置账龄区间

为了对应收账款进行账龄分析，需设置账龄区间，直接输入总天数和起始天数，系统根据输入的总天数自动生成相应的区间。系统内应收款的账龄设置分为两部分：账期内账龄区间设置和逾期账龄区间设置。

本章账套设置系统的账期内账龄区间总天数分别为 90 天和 120 天。

（1）在应收款管理系统中，执行"设置—初始设置—账期内账龄区间设置"命令，打开"账期内账龄区间设置"窗口。

（2）在"总天数"栏输入"90"后回车，再次输入"120"后回车，如图 8-12 所示。

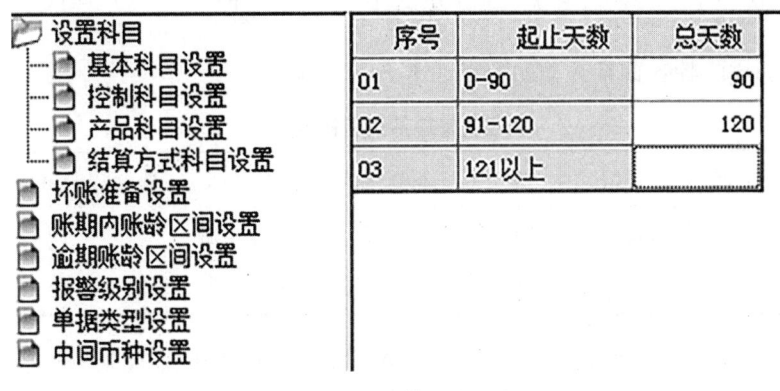

图 8-12 账期内账龄区间设置

（3）可以同样方法设置"逾期账龄区间设置"。

5．设置报警级别

通过设置报警级别，系统可以按照往来单位欠款余额与其授信额度的比例将客户分为不同类别,以便于掌握各个往来单位的信用情况。

在进行报警级别设置时,直接输入级别名称和各区间的比率。其中,级别名称可以采用对应的编号或者文字形式。

本章账套设置报警级别:A级总比率为10%,B级总比率为20%,C级为20%以上。

(1) 在应收款管理系统中,执行"设置—初始设置"命令,打开"初始设置"窗口。

(2) 在"初始设置"窗口中,单击"报警级别设置",在"总比率"栏输入:10,在"级别名称"栏输入:A,回车。同理录入其他级别及比率,如图8-13所示。

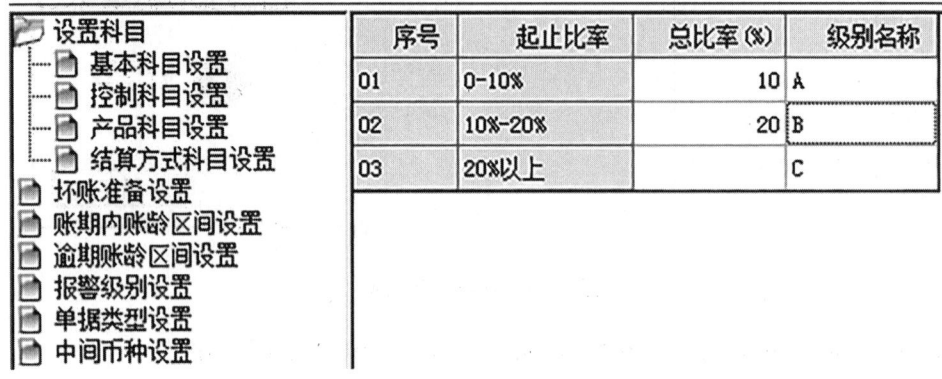

图8-13 报警级别设置

三、录入期初余额

通过期初余额录入功能,用户可以将启用应收款管理系统前的客户往来款项导入系统中,保证数据的连续性和完整性。以后年度,系统会自动将上年度未结清的单据转为下一年度的期初余额。

在应收款管理系统中,往来款项期初余额是按单据形式录入的,包括发票录入、收款单据录入、应收单据录入。录入后,应与总账系统中客户往来账的账户余额进行核对,保证账账相符。

本章账套的应收款管理系统期初数据如表8-3所示。

表8-3　　　　　　　　　　　应收款管理系统期初余额　　　　　　　　　　　单位:元

单据名称	方向	日期	客户	科目编码	货物名称	数量	无税单价	价税合计
销售专用发票	正	2021.12.15	济南信达	1122	笔记本电脑	20	9 000	203 400
销售专用发票	正	2021.12.25	潍坊和兴	1122	台式电脑	20	12 000	271 200

(1) 在应收款管理系统中,执行"设置—期初余额"命令,打开"期初余额—查询"窗口。

(2) 单击"确定"按钮,打开"期初余额明细表"窗口。

(3) 单击"增加"按钮,打开"单据类型"窗口,选择"单据名称"为"销售发票","单据类型"为"销售专用发票","方向"为"正向",如图8-14所示。

(4) 单击"确定"按钮,打开"销售专用发票"窗口。

(5) 单击"增加"按钮,修改开票日期为"2021-12-15",在"客户名称"栏录入:济南信达,或

图 8-14　单据类别

单击"客户名称"栏参照按钮,选择"济南信达汽车配件有限公司",在"税率"栏录入:13,在"科目"栏录入:1122 或单击"科目"栏参照按钮,选择"1122 应收账款"在"销售部门"栏录入"销售部",在"货物编号"栏录入:002,在数量栏录入:20,在无税单价栏录入 9000,如图 8-15 所示。

图 8-15　录入期初销售专用发票

(6) 单击"保存"按钮。

(7) 以同样的方式录入另一张销售专用发票。应收单据的录入方式与销售发票的录入流程相似,可以参照销售发票的过程进行操作。

第三节　应收款管理日常业务处理

应收款管理系统的日常业务处理主要包括应收处理、收款处理、票据管理、核销处理、制单处理等,实现企业与客户之间往来业务的记录和核算。

一、应收单据处理

应收单据处理是指用户进行应收单据的输入和管理工作,主要功能包括应收单据录入和应收单据审核。

1. 应收单据录入

应收单据录入是对未收到款项的往来业务进行记录,需要输入客户信息和货物信息。

本章账套在系统内填制一张销售专用发票,信息如表 8-4 所示。

表 8-4　　　　　　　　　　　销售发票信息　　　　　　　　　　　单位:元

单据名称	日期	客户	销售部门	货物名称	数量	无税单价	税率	销售类型	出库类别
销售专用发票	2022.01.06	威海华山	销售部	主机	10	6 000	13%	普通销售	出库—销售出库

图 8-16　单据类别

(1) 在应收款管理系统中,执行"应收单据处理—应收单据录入"命令,打开"单据类别"窗口。"单据名称"栏选择"销售发票","单据类型"为"销售专用发票","方向"为"正向",如图 8-16 所示。

(2) 单击"确定"按钮,打开"销售专用发票"窗口。单击"增加"按钮,开票日期为"2022-01-06"。

(3) 单击"销售类型""参照"按钮,进入"销售类型基本参照"窗口。单击"编辑"按钮,进入"销售类型"窗口。单击"增加"按钮,输入销售类型编码:01,销售类型名称:普通销售,如图 8-17 所示。

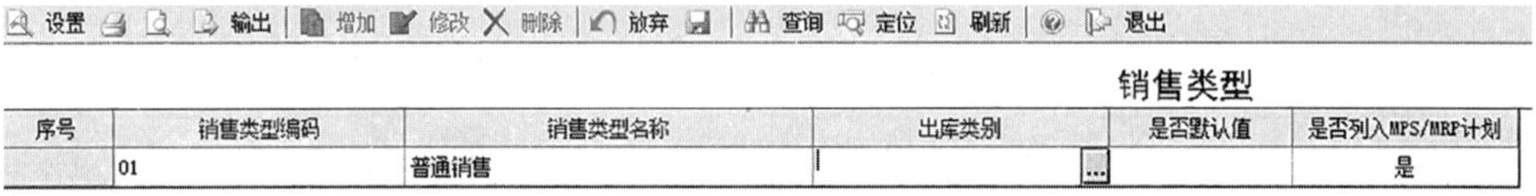

图 8-17　销售类型设置

(4) 单击"出库类别"参照按钮,进入"收发类别档案基本参照"窗口。单击"编辑"按钮,进入"收发类别"窗口,单击"增加"按钮,录入收发类别编码:1,收发类别名称:出库,保存。同理,在出库类别下增加"11 销售出库",如图 8-18 所示。

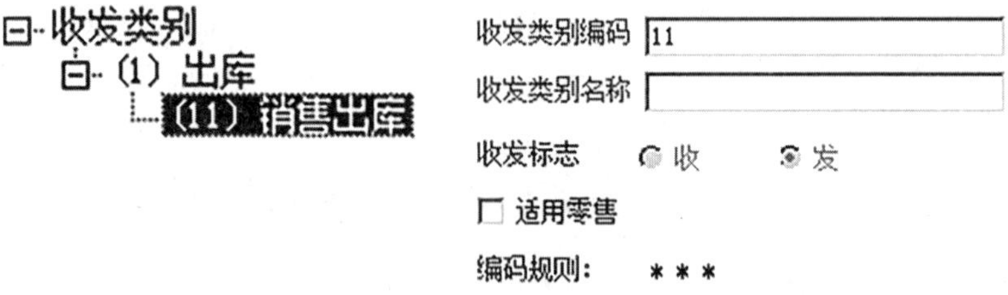

图 8-18　收发类别设置

(5) 单击"退出"按钮,"出库类别"选择为"销售出库"。

(6) 单击"退出"按钮,"销售类型"选择为"普通销售"。

(7) 在"客户简称"栏录入:004,或单击"客户简称"栏参照按钮,选择"威海华山","销售部门"栏录入"销售部",修改"税率"为13%。

(8) 在"存货编码"栏录入:003,或单击"存货名称"栏参照按钮,选择"主机",在"数量"栏录入:10,在"无税单价"栏录入:6000,右下角处本单位开户银行选择"工商银行莱山区支行",如图 8-19 所示。

图 8-19　录入销售专用发票

（9）单击"保存"按钮，完成销售发票的录入。

2. 应收单据审核

应收单据审核是对保存后的单据进行审核确认，已审核的应收单据不允许修改和删除。

应收单据的审核方式有两种，一是在单据保存后在录入界面直接单击"审核"按钮即可完成审核（一次只能审核一张单据）；二是在应收单据审核功能模块中进行统一审核（一次可审核多张单据）。

本章账套在应收单据审核功能模块中进行审核。

（1）在应收款管理系统中，执行"应收单据处理—应收单据审核"命令，打开"应收单查询条件"窗口，如图 8-20 所示。

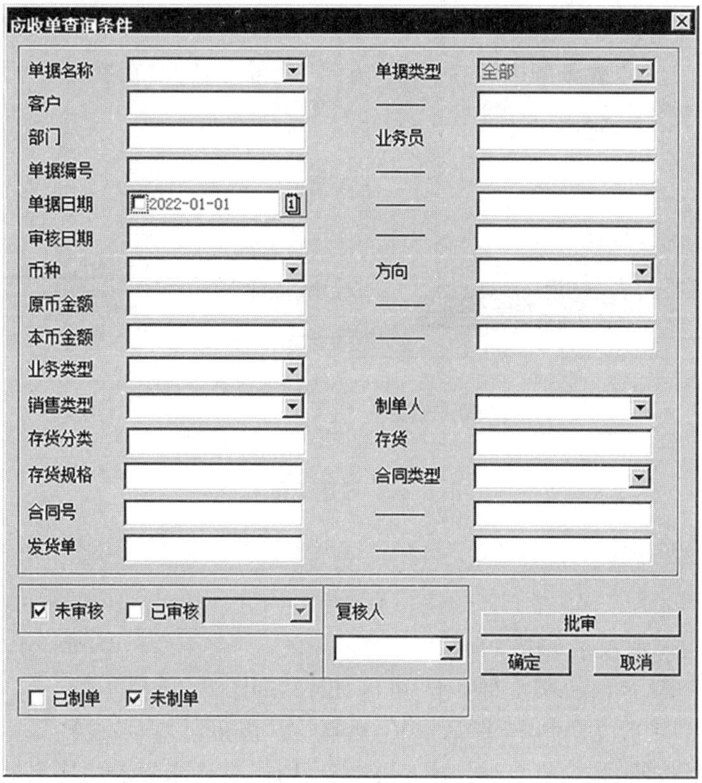

图 8-20　应收单查询条件

(2) 单击"确定"按钮,打开"应收单据列表"窗口。

(3) 双击"选择"栏,选择本次要审核的单据,如图 8-21 所示。

选择	审核人	单据日期	单据类型	单据号	客户名称	部门	业务员	制单人	币种	汇率	原币金额
Y		2022-01-06	销售专...	0000000003	威海华山机械有限公司	销售部		李盛泽	人民币	1.00000000	67,800.00
合计											67,800.00

图 8-21 应收单据列表

(4) 单击"审核"按钮,系统提示"本次审核成功单据 1 张"。

(5) 单击"确定"按钮。

二、收款单据处理

收款单据处理是对已收到款项的单据进行记录和核算,主要功能包括收款单据的录入和审核。

1. 收款单据录入

收款单据录入是指对已经收到的应收款项的结算单进行输入,包括货款、预收款、代付款等。

本章假设 2022 年 1 月 15 日,收到威海华山的转账支票一张,支付前主机的货款,金额为 67 800 元。

(1) 在应收款管理系统中,执行"收款单据处理—收款单据录入",打开"收款单"窗口。

(2) 单击"增加"按钮,修改开票日期为"2022-01-15",在"客户"栏录入:004 或单击"客户简称"栏参照按钮,选择"威海华山",在"结算方式"栏录入:202,在"金额"栏录入:67 800,在"摘要"栏录入:收到货款,如图 8-22 所示。

图 8-22 收款单录入

(3) 单击"保存"按钮。

2. 收款单据审核

本章账套采用在录入界面进行审核。

(1) 保存收款单后,在录入界面单击"审核"按钮,如图 8-23 所示。

(2) 系统弹出"是否立即制单"对话框后,选择"否"按钮。

如果选择"是"按钮,系统将自动生成一张收款凭证,本章账套采用集中批量生成凭证的方式,因此,此处选择"否"按钮。

图 8-23　收款单审核

三、核销处理

核销是对往来已达账项进行标注的过程,表明该笔业务已经结清。单据核销的作用是解决建立收款与应收款的对应关系,加强往来账项的管理。核销分为手工核销和自动核销两种。自动核销时,由用户提供客户名称,系统自动将该客户的应收单据和收款单据进行核销。手工核销时,由用户提供客户名称,并由用户决定核销的单据。

本章账套将威海华山的应收单据与收款单据进行手工核销。

(1) 在应收款管理系统中,执行"核销处理—手工核销"命令,打开"核销条件"窗口。

(2) 在"客户"栏中输入:004 或威海华山,如图 8-24 所示。

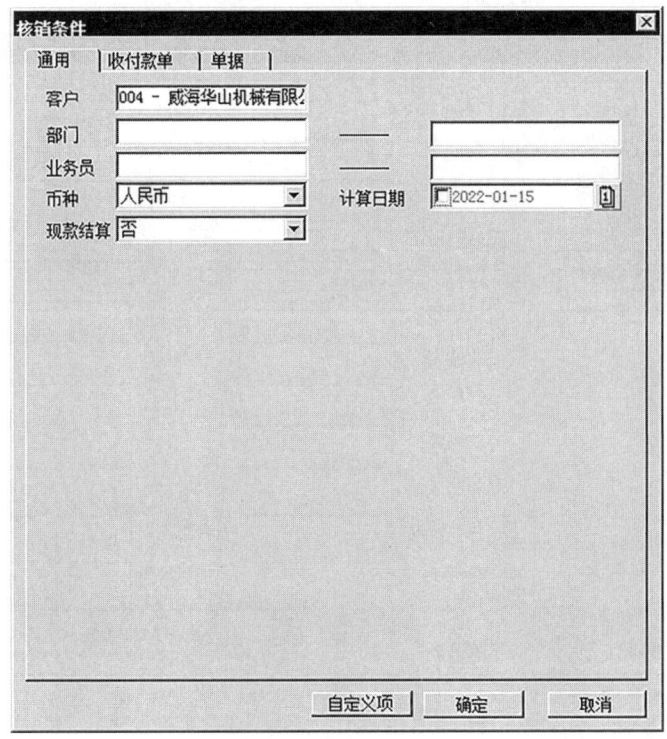

图 8-24　核销条件

(3) 单击"确定"按钮，打开"单据核销"窗口，在对应行的"本次结算"栏录入：67 800，如图8-25所示。

单据日期	单据类型	单据编号	客户	款项类型	结算方式	币种	汇率	原币金额	原币余额	本次结算金额	订单号
2022-01-15	收款单	0000000001	威海华山	应收款	转账支票	人民币	1.00000000	67,800.00	67,800.00	67,800.00	
合计									67,800.00	67,800.00	67,800.00

单据日期	单据类型	单据编号	到期日	客户	币种	原币金额	原币余额	可享受折扣	本次折扣	本次结算
2022-01-06	销售专...	0000000003	2022-01-06	威海华山	人民币	67,800.00	67,800.00	0.00		67800
合计							67,800.00	67,800.00	0.00	

图 8-25　单据核销

(4) 单击"保存"按钮，完成核销并显示未核销的应收款或收款单金额。

四、制单处理

制单即生成凭证，将凭证传递至总账。制单处理分为立即制单和批量制单，包括应收单据和收款单审核、转账处理、坏账处理等操作，系统会自动弹出"是否立即制单"对话框，选择"是"便可立即生成凭证。此外，系统还提供了一个统一的制单平台，可以将多张单据成批生成凭证，也可依据规则进行合并制单等处理。

本章账套对发票和收款单进行制单处理。

(1) 在应收款管理系统中，选择"制单处理"，打开"制单查询"窗口。

(2) 选择"发票制单"和"收付款单制单"，如图 8-26 所示。

图 8-26　制单查询

（3）单击“确定”按钮，进入“应收制单”窗口。

（4）双击第一列的“选择标志”栏，如图 8-27 所示。

应收制单

凭证类别 收款凭证　　　　制单日期 2022-01-31

选择标志	凭证类别	单据类型	单据号	日期	客户编码	客户名称	部门	业务员	金额
2	收款凭证	收款单	0000000001	2022-01-15	004	威海华...			67,800.00
1	收款凭证	销售专...	0000000003	2022-01-06	004	威海华...	销售部		67,800.00

图 8-27　应收制单

（5）单击“制单”按钮，生成凭证。

（6）修改制单日期和凭证类别，单击“保存”按钮，如图 8-28、图 8-29 所示。

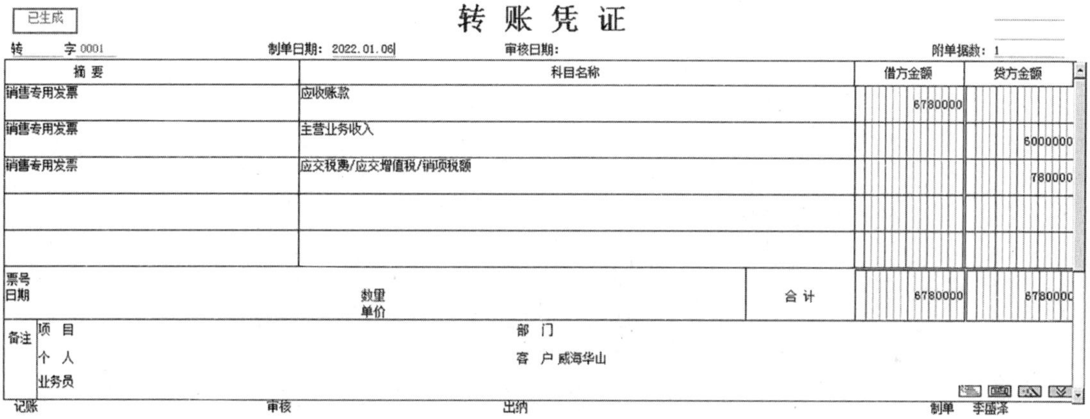

图 8-28　销售发票生成凭证

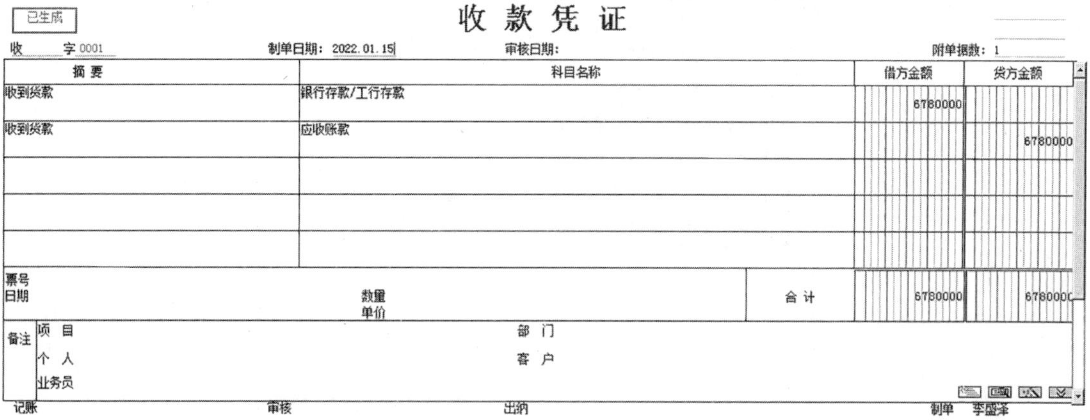

图 8-29　收款单生成凭证

第四节 应收款管理期末业务处理

一、结账

如果当月业务已全部处理完毕,就可以执行"月末结账"功能。月末结账后,本月将不能再进行任何业务处理。

（1）在应收款管理系统中,执行"期末处理—月末结账"命令,打开"月末处理"窗口。

（2）双击一月"结账标志"栏,如图 8-30 所示。

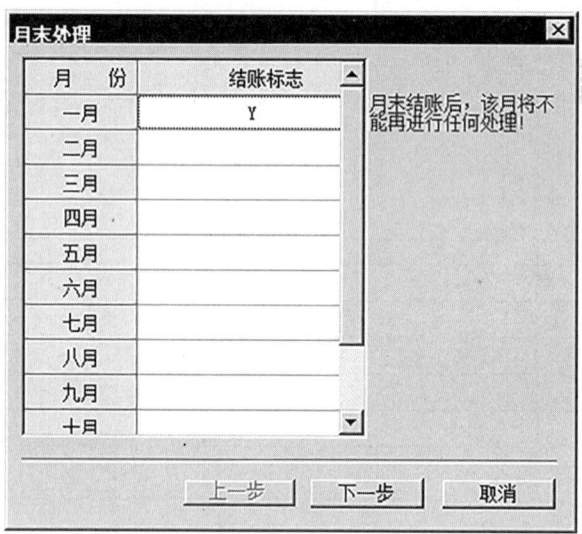

图 8-30 月末处理

（3）单击"下一步"按钮,打开"月末处理—处理情况"窗口,如图 8-31 所示。

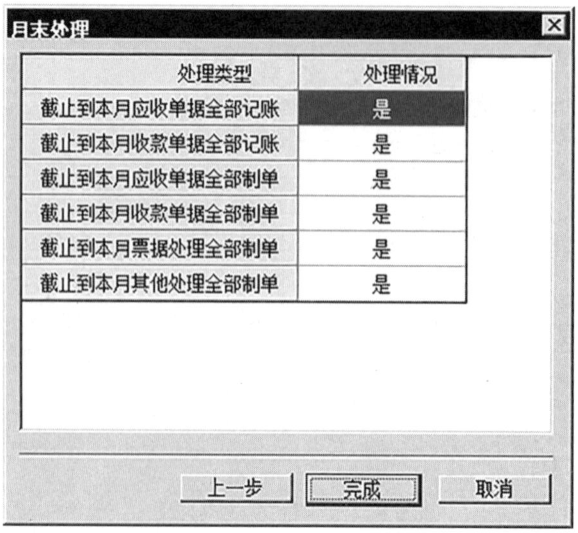

图 8-31 月末处理—处理情况

(4) 单击"完成"按钮,系统弹出"1月份结账成功"信息提示框,如图8-32所示。

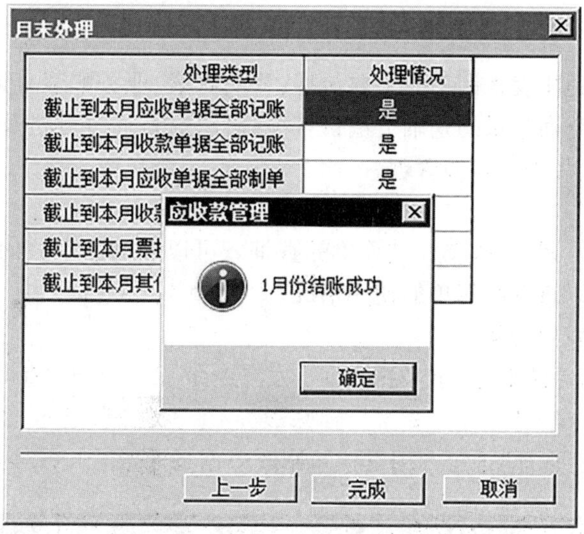

图8-32 月末处理—结账成功

(5) 单击"确定"按钮,退出结账界面。

二、取消结账

如果执行完月末结账功能后,发现有错误,可以取消月末结账。如果取消结账操作时总账已经结账,则不能执行该项操作。

(2) 在应收款管理系统中,执行"期末处理—取消月结"命令,打开"取消结账"窗口。
(2) 单击"确定"按钮,系统弹出"取消结账成功"信息提示框,如图8-33所示。

图8-33 取消结账

(3) 单击"确定"按钮,完成"取消结账"操作。

三、信息查询

应收款管理系统的账表查询功能主要包括:我的账表、业务账表查询、统计分析和科目账表查询。用户可以在查询结果的基础上进行各项统计分析,通过分析及时发现应收款管理存在的问题,加强对企业往来账项的管理。

1. 单据查询

单据查询包括对发票、应收单及结算单的查询。可以查询已审核的各类应收单据的收款情况、结余情况,也可以查询结算单的使用情况。

本章账套以查询发票为例。

(1) 在应收款管理系统中,执行"单据查询—发票查询"命令,打开"查询条件选择—发票查询"窗口。

(2) "发票类型"栏选择"销售专用发票",修改单据日期,如图8-34所示。

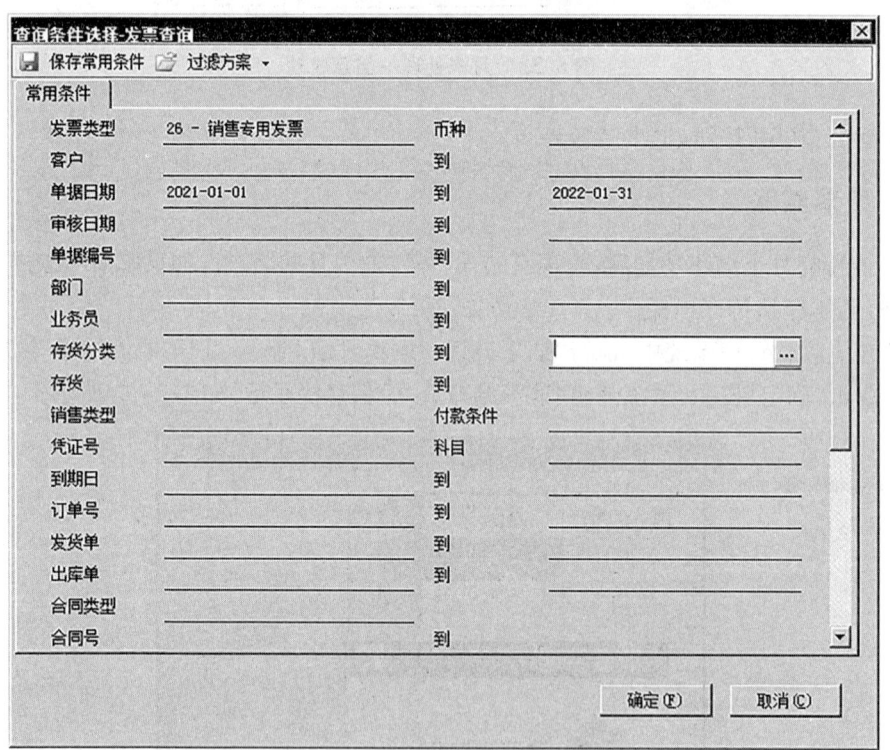

图8-34 查询条件选择—发票查询

(3) 单击"确定"按钮,进入"发票查询"窗口,如图8-35所示。

单据日期	单据类型	单据编号	客户	币种	汇率	原币金额	原币余额	本币金额	本币余额	打印次数
2021-12-15	销售专…	0000000001	济南信达汽车配件有限公司	人民币	1.00000000	203,400.00	203,400.00	203,400.00	203,400.00	
2021-12-25	销售专…	0000000002	潍坊和兴机械有限公司	人民币	1.00000000	271,200.00	271,200.00	271,200.00	271,200.00	
合计							474,600.00	474,600.00	474,600.00	474,600.00	

图8-35 发票查询

2. 业务账表查询

业务账表查询包括对业务总账、业务明细账、业务余额表和对账单的查询,并可以实现总账、明细账、单据之间的联查。

本章以业务总账的查询为例。

(1) 在应收款管理系统中,执行"账表管理—业务账表—业务总账"命令,打开"应收总账表"窗口。

(2) 单击"确定"按钮,打开"应收总账表"窗口,如图 8-36 所示。

应收总账表

币种:
期间:2022.1 - 2022.1

期间	本期应收	本期收回	余额	月回收率%	年回收率%
	本币	本币	本币		
期初余额			474,600.00		
202201	67,800.00	67,800.00	474,600.00	100.00	100.00
总计	67,800.00	67,800.00	474,600.00		

图 8-36 应收总账查询

3. 科目账表查询

科目账表查询包括对科目余额表和科目明细表的查询,并且可以实现总账、明细账、凭证之间的联查。

本章以查询单位往来科目余额表为例。

(1) 在应收款管理系统中,执行"账表管理—科目账查询—科目余额表"命令,打开"客户往来科目余额表"查询条件窗口。

(2) 单击"确定"按钮,打开"科目余额表",显示应收相关科目余额信息,如图 8-37 所示。

科目余额表

科目 全部
金额式
期间 2022.01-2022.01

科目		客户		方向	期初余额	借方	贷方	方向	期末余额
编号	名称	编号	名称		本币	本币	本币		本币
1122	应收账款	004	威海华山机械有限公司	平		67,800.00	67,800.00	平	
小计				平		67,800.00	67,800.00	平	
合计				平		67,800.00	67,800.00	平	

图 8-37 科目余额表

(3) 单击左上角科目选择栏,可切换查询科目,单击"退出"按钮退出查询界面。

思考题

1. 应收账款管理子系统的主要功能包括哪些?
2. 什么是应收单据核销?
3. 应收款管理子系统可以进行哪些统计分析?

实验一　应收款管理系统初始化

一、目的与要求

（1）掌握应收款管理系统初始化的相关内容。
（2）掌握应收款管理系统初始化操作方法及操作步骤。

二、实验内容

1. 启用应收款管理系统
2. 启用客户档案的数据权限控制
3. 设置应收款管理系统参数

设置应收款核销方式为"按单据"，单据审核日期为"单据日期"，坏账处理方式为"应收余额百分比法"，代垫费用类型为"其他应收单"，应收款核算类型为"详细核算"，受控科目制单方式为"明细到单据"，非控科目制单方式为"汇总方式"，核销操作不生成凭证，启用客户权限，按信用方式根据单据提前7天自动报警。

4. 基本科目种类所对应科目

基本科目种类所对应科目信息，如表8-5所示。

表8-5　　　　　　　　　　　基础科目种类对应科目

基础科目种类	对应科目
应收科目	1122　应收账款
预收科目	2203　预收账款
销售收入科目	6001　主营业务收入
税金科目	22210102　应交税费—应交增值税（销项税额）
销售退回科目	6001　主营业务收入
银行承兑科目	1121　应收票据
商业承兑科目	1121　应收票据
现金折扣科目	6603　财务费用
票据利息科目	6603　财务费用
票据费用科目	6603　财务费用
收支费用科目	6601　销售费用

5. 结算方式对应科目

结算方式对应科目，如表8-6所示。

表 8-6　　　　　　　　　　　　　结算方式对应科目

结算方式	对应科目	
现金结算	1001	库存现金
现金支票	1001	库存现金
转账支票	100201	工行存款
商业承兑汇票	100201	工行存款
银行承兑汇票	100201	工行存款
电汇	100201	工行存款

6. 坏账准备

提取比例为 0.5%，坏账准备期初余额为 788，坏账准备科目为"1231 坏账准备"，坏账准备对方科目为"660206 管理费用——其他"。

7. 账龄区间

账期内账龄区间设置总天数为 10 天、30 天、60 天、90 天；

逾期账龄区间设置总天数分别为 30 天、60 天、90 天、120 天。

8. 报警级别

A 级总比率为 10%，B 级总比率为 20%，C 级总比率为 30%，D 级总比率为 40%，E 级总比率为 50%，总比率为 50% 以上时为 F 级。

9. 单据修改设置

将销售专用发票、其他应收单和收款单的单据编号设置更改为"完全手工"。

10. 期初余额

应收款管理系统期初余额信息，如表 8-7 所示。

表 8-7　　　　　　　　应收款管理系统期初余额　　　　　　　　单位：元

单据名称	方向	开票日期	客户名称	发票号	科目编码	货物名称	数量（台）	无税单价
销售专用发票	正	2021.10.15	上海华强	98765	1121	电脑B	120	3 500
销售专用发票	正	2021.12.01	上海华强	87654	1121	电脑B	80	3 500
销售专用发票	正	2021.10.01	北京华锦	76543	1122	电脑A	100	4 000

11. 应收款系统与总账对账

实验二　应收款管理系统业务处理

一、目的与要求

(1) 掌握应收款管理系统单据处理的相关内容。

(2) 掌握应收款管理系统商业票据业务的相关内容。

(3) 掌握应收款管理系统转账处理业务的相关内容。

二、实验内容

1. 增加本单位开户行信息

编码:01

银行账号:001987654321

币种:人民币

开户银行:工行北京分行中关村分理处

所属银行编码:01

2. 设置销售类型

(1) 增加销售类型编码:01,销售类型名称:普通销售。

(2) 增加收发类别编码:1,名称:销售出库,收发标志:发。

3. 单据处理

(1) 2022年1月1日,向天津华硕销售电脑A产品50台,无税单价4 000元,开具增值税专用发票(票号:1357900)。

(2) 2022年1月2日,向北京华锦销售电脑A产品100台,无税单价4 000元,开具增值税专用发票(票号:1357901)。

(3) 2022年1月5日,向沈阳华益销售电脑B产品50台,无税单价3 500元,开具增值税专用发票(票号:1357902),用转账支票代付运费1 000元。

(4) 2022年1月8日,向上海华强销售电脑A产品120台,无税单价4 000元,开具增值税专用发票(票号:1357903)。

(5) 2022年1月10日发现,2022年1月2日向北京华锦销售的电脑A产品100台,无税单价应为3950元。

(6) 2022年1月10日发现,2022年1月8日向上海华强销售的电脑A产品120台录入错误,应删除。

(7) 2022年1月15日,收到天津华硕转账支票支付货款226 000元。

(8) 2022年1月15日,收到沈阳华益电汇货款及运费198 750元。

(9) 2022年1月20日发现,2022年1月15日收到沈阳华益货款应为200 000元。经协商多付货款1 250元不予退款,转作预收账款。

(10) 2022年1月20日发现,2022年1月15日收到天津华硕货款226 000元错误,应删除。

4. 票据管理

2022年1月1日,收到北京华锦公司当日为归还2021年应收账款452 000元而开具的商业承兑汇票一张(票号:246801),面值452 000元,到期日2022年1月31日。

5. 转账、坏账处理

(1) 2022年1月31日,据三方协议,我公司同意将1月1日形成的天津华硕公司226 000元应收账款中220 000元转为向北京华锦公司的应收账款。

(2) 2022年1月25日,经核查天津华硕公司6 000元应收账款无法收回,转为坏账。

6. 结账

第九章 应付款管理系统

知识导航

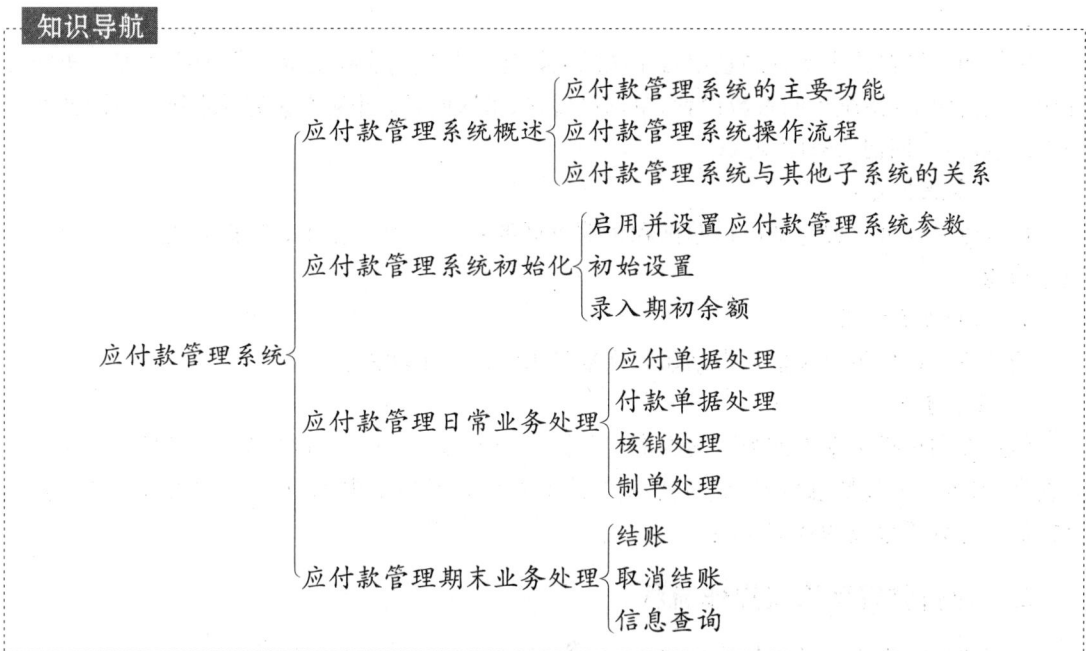

学习目标

1. 掌握应付账款管理系统初始化设置、日常业务处理的操作方法。
2. 掌握应付款管理系统期初余额录入的方法。
3. 熟悉应付账款管理系统期末处理的操作方法。
4. 熟悉应付账款系统查询统计功能。
5. 了解应付账款管理系统的功能以及与其他子系统之间的关系。

第一节 应付款管理系统概述

应付账款是指企业在日常经营活动过程中因采购产品或商品、接受劳务等往来业务,向供货单位或者提供劳务单位支付款项。应付账款是企业负债的重要组成部分,其入账时间与物资采购或者接受劳务的时间一致。应付款管理系统主要用于核算和管理企业与供应商之间的往来账项,通过发票、其他应付单、付款单等单据的录入,对企业的往来账款进行综合管理,及时准确地提供往来账款余额资料、各种分析报表,企业可以清楚地掌握自己的信用利用情况,以此来调整支付政策,提高企业财务管理能力。

一方面应付款管理系统详细记录了企业采购业务及其他业务所形成的应付款项,反映企业的应付账款金额,跟踪应付账款到期日,处理应付款的支付、冲销业务,从而帮助企业制定更合理有效的采购管理制度;另一方面,通过应付款管理系统提供的应付款账龄分析表、欠款情况分析、付款情况分析等多种数据分析报表,企业可以更准确地掌握自己的信用情况,据此调整支付政策。

一、应付款管理系统的主要功能

1. 初始设置

进行初始设置的主要目的是使得系统的初始运行基础与企业的业务管理相匹配。初始设置功能主要包括:系统控制参数设置,单据设置、账龄区间(账期内和逾期两部分)、预警级别等基础信息设置,期初余额的录入。

2. 日常业务处理

日常业务处理主要包括应付单据和付款单据的录入、审核、核销、转账、汇兑损益、制单处理等功能。

3. 期末业务处理

期末业务处理主要包括月末结账和恢复月末结账两个功能。

4. 信息查询

信息查询包括单据查询和账表查询。单据查询包括应付单据、付款单据、记账凭证等内容的查询;账表查询包括总账表、余额表、明细账的查询以及应付账款分析、付款账龄分析、欠款分析等统计分析报表的查询功能。

二、应付款管理系统操作流程

应付账款管理系统的操作流程,如图9-1所示。

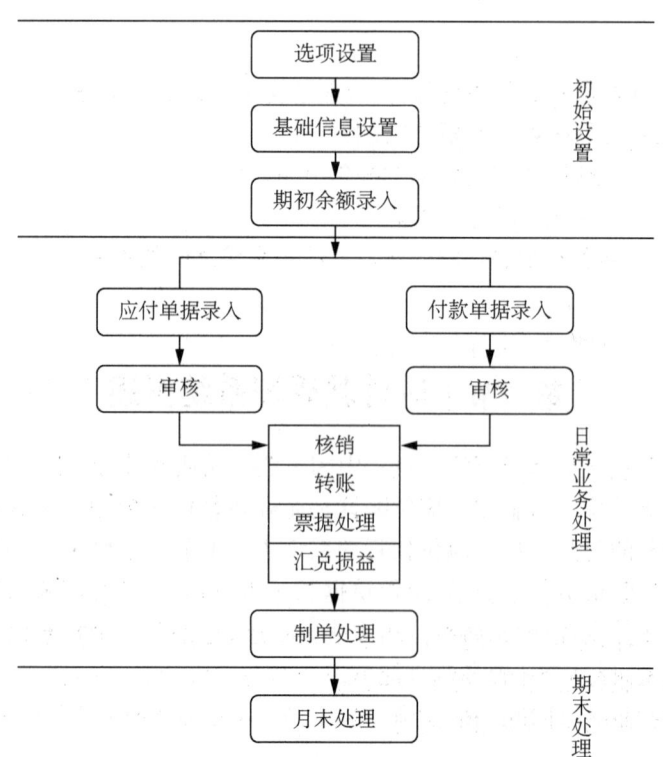

图 9-1 应付账款管理系统操作流程

三、应付款管理系统与其他子系统的关系

企业对应付款管理的不同要求,使得系统与其他子系统的接口以及系统的操作流程会有一定差异,图 9-2 所示的是应付款管理系统与其他子系统的主要关系。

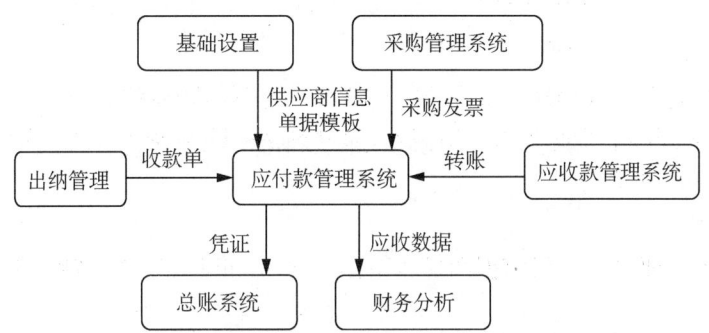

图 9-2　应付账款管理系统与其他子系统的主要关系

第二节 | 应付款管理系统初始化

启用应付款管理系统后,必须先完成系统初始化才能进行日常业务操作,系统初始化的作用是建立应付款管理系统的基础数据和核算要求。

一、启用并设置应付款管理系统参数

1. 系统启用

在使用应付款管理系统之前,应先启用应付款管理模块。启用方法有两种,一种是建立账套之后直接启用;另一种是账套主管在企业应用平台的基本信息中勾选启用。

本章演示在企业应用平台启用应付款管理系统。

(1) 执行"开始—程序—用友 U8V10.1—企业应用平台"命令,打开"登录"窗口。

(2) 输入操作员:001;密码:1;选择账套"111 烟台大地科技有限公司";选择操作日期"2022-01-01",如图 9-3 所示。

(3) 单击"登录"按钮,进入企业应用平台。

(4) 在"基础设置"模块中,执行"基本信息—系统启用"命令,打开"系统启用"窗口。

(5) 勾选"AP 应付款管理"复选框,弹出"日历"窗口,选择启用日期"2022-01-01",如图 9-4 所示。

(6) 单击"确定"按钮,系统弹出"确实要启用当前系统吗?"提示框,单击"是"按钮,完成应付款管理系统的启用。

2. 设置系统参数

应付账款管理系统参数影响系统的使用效果,应根据企业的经营管理要求设置。有些选项在设置后不能修改,部分选项在使用过程中可随时修改,其中应付账款核算模型只有在系统启用时或者没有任何业务处理的情况下可以从"简单核算"改为"详细核算"。因此,系统参数的设定一定要结合企业的实际情况慎重选择。

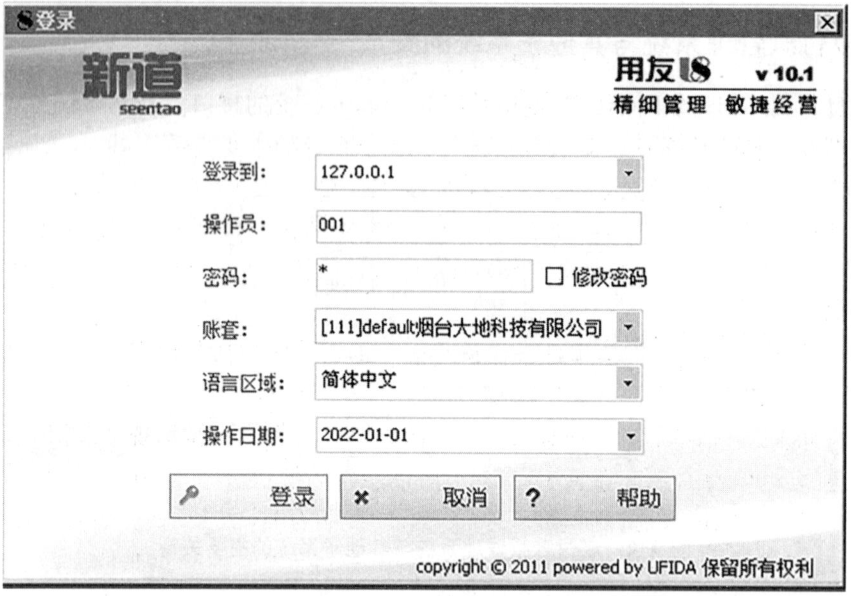

图 9-3 登录企业应用平台

图 9-4 启用应付款管理系统

应付账款管理系统账套参数主要包括：常规参数、凭证参数、权限与预警参数、核销设置参数、收付款控制参数。

1）常规参数设置

单据审核日期依据：系统提供两种确认单据审核日期的依据，即单据日期和业务日期。如果选择单据日期,则在进行单据审核时,自动将单据的审核日期记为该单据的单据日期。如果选择业务日期,则在进行单据审核时,自动将单据的审核日期记为当前业务日期。

汇兑损益方式:系统提供外币余额结清和月末处理两种汇兑损益方式。外币余额结清是指仅当某种外币余额结清时才计算汇兑损益。月末处理是指每个月末计算汇兑损益。

应付账款核算模型:系统提供简单核算和详细核算两种应付账款的核算模型。简单核算是指应付账款管理系统将采购管理系统传递过来的发票生成凭证,再传递到总账。详细核算是指应付账款管理系统对往来业务进行详细的核算、控制、查询、分析,追踪每一笔业务的应付和付款情况,并对应付款项进行各种分析。

是否自动计算现金折扣:如果供应商提供了在信用期间内提前付款可以优惠的政策,可以选择自动计算现金折扣,系统会在"核算处理"中显示"可享受折扣"和"本次折扣",并计算可享受的折扣。如果选择了"不显示现金折扣",则系统既不计算也不显示现金折扣。

是否进行远程应用:如果选择了进行远程应用,则系统在后续处理中提供远程传输收付款的功能。但必须在此填写远程标志号,远程标志号必须为两位 01—99。如果企业在异地有应收业务,可通过远程应用功能,在两地之间进行收付款单等的传递。如果选择不进行远程应用,则系统在后续处理中将不提供远程传输收付款单的功能,且不需要填写远程标志号。

是否登记支票:选择登记支票,则系统自动将具有票据管理结算方式的付款单登记支票登记簿。若不选择登记支票,则用户也可以通过付款单上的登记按钮,手工填制支票登记簿。

2) 凭证参数

受控科目制单方式:明细到供应商是指将一个供应商的多笔业务合并生成一张凭证时,如果核算多笔业务的控制科目相同,系统将自动将其合并成一条分录。明细到单据是指将一个供应商的多笔业务合并生成一张凭证时,系统会将每一笔业务形成一条分录。

非控科目制单方式:明细到供应商是指将一个供应商的多笔业务合并生成一张凭证时,如果核算多笔业务的科目相同,系统将自动将其合并成一条分录。明细到单据是指将一个供应商的多笔业务合并生成一张凭证时,系统会将每一笔业务形成一条分录。汇总方式是指将多个供应商的多笔业务合并生成一张凭证时,如果核算多笔业务的科目相同,系统将自动将其合并成一条分录。

控制科目的依据:应付控制科目是指所有带来供应商往来辅助核算并受控于应付账款管理系统的科目。应付账款管理系统提供了六种设置控制科目的依据,即按供应商分类设置、按供应商设置、按地区分类设置、按采购类型设置、按存货分类设置、按存货设置。

采购科目依据:系统提供了五种设置存货采购科目的依据。即按存货分类设置、按存货设置、按供应商设置、按供应商分类设置、按采购类型设置。

其他设置:包括月末结账前是否全部生成凭证、方向相反的分录是否合并、核销是否生成凭证、预付冲应付是否生成凭证、红票对冲是否生成凭证等。

3) 权限与预警参数

权限与预警参数包括是否启用供应商权限、是否启用部门权限、是否根据单据自动报警、是否信用额度控制、是否根据信用额度自动报警等内容,其设置要根据用户的需要确定。

本章应付款管理账套设置:启用供应商权限,并按信用方式根据单据提前 7 天自动报警。

(1) 在用友企业应用平台,执行"系统服务—权限—数据权限控制设置",打开"数据权限控制设置"窗口。勾选"供应商档案"复选框,如图 9-5 所示,单击"确定"按钮返回。

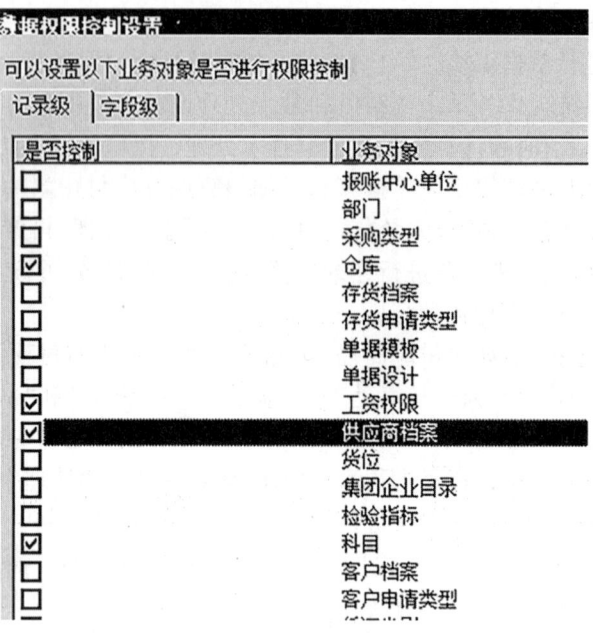

图9-5 数据权限控制设置

(2) 在用友企业应用平台,执行"业务工作—财务会计—应付款管理—设置—选项"命令,打开"账套参数设置"窗口。

(3) 执行"编辑"命令,打开"权限与预警"选项卡,勾选"启用供应商权限"复选框,选择按照"信用方式"进行单据自动报警,"提前天数"栏填入:7,如图9-6所示。

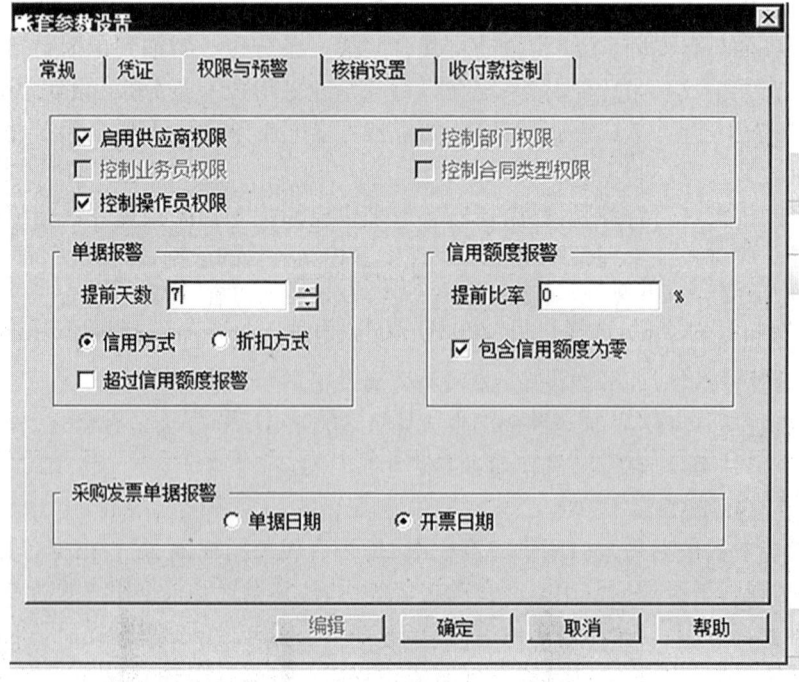

图9-6 账套参数设置

(4) 单击"确定"按钮。

二、初始设置

1. 设置基本科目

企业在经营过程中经常使用的会计科目可以预先在系统中设置,在生成凭证时系统会自动选择相关科目,简化凭证生成操作。

本章账套设置应收账款管理系统的基本科目,如表 9-1 所示。

表 9-1　　　　　　　　　　基本科目设置

基础科目种类	对应科目	币种
应付科目	2202　应付账款	人民币
预付科目	1123　预付账款	人民币
税金科目	22210101　应交税费—应交增值税(进项税额)	人民币
采购科目	1402　在途物资	人民币
商业承兑科目	2201　应付票据	人民币
银行承兑科目	2201　应付票据	人民币

(1) 在应付款管理系统中,执行"设置—初始设置"命令,打开"初始设置"窗口。

(2) 选中"设置科目"下的"基本科目设置",单击"增加"按钮,双击"基本科目种类"对应栏,从列表中选择"应付科目",如图 9-7 所示。

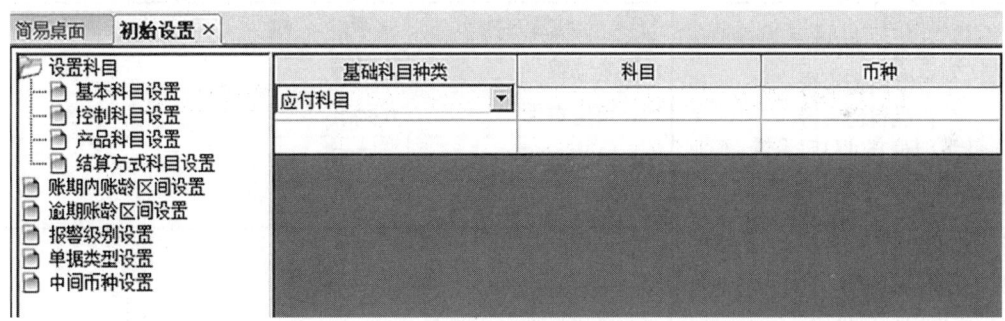

图 9-7　应付科目设置

(3) 双击"科目"对应栏,选择科目"2202",双击"币种"对应栏,选择科目"人民币"。同理可添加其他基本科目,如图 9-8 所示。

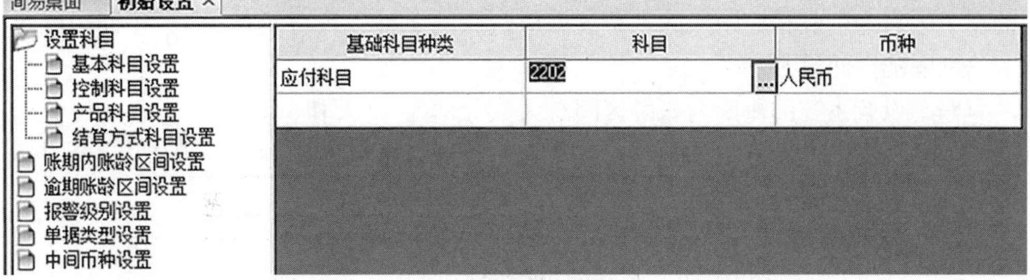

图 9-8　基本科目设置

2. 设置结算方式科目

为每种结算方式设置一个默认科目,系统制单时自动按不同的结算方式生成相应的账务处理中的会计科目。结算科目核算的币种必须与录入的币种一致,科目必须设为末级科目,科目不能是已经在科目档案中指定为应收款管理系统或者应付款管理系统的受控科目。

本章账套设置应收款管理系统的结算方式科目,如表 9-2 所示。

表 9-2　　　　　　　　　　　结算方式科目设置

结算方式	对应科目	币种
现金结算	1001　库存现金	人民币
现金支票	100201　工行存款	人民币
转账支票	100201　工行存款	人民币

(1) 在应付款管理系统中,执行"设置—初始设置—结算方式科目设置"命令,进入"结算方式科目设置"窗口。

(2) 单击"增加"按钮,在"结算方式"栏下拉列表中选择"现金结算",单击"币种"栏,选择"人民币",在"科目"栏录入或选择"1001"。同理录入其他的结算方式科目,如图 9-9 所示。

图 9-9　结算方式科目设置

3. 设置账龄区间

为了对应付账款进行账龄分析,需设置账龄区间,直接输入总天数和起始天数,系统根据输入的总天数自动生成相应的区间。系统内应付款的账龄设置分为两部分:账期内账龄区间设置和逾期账龄区间设置。

本章账套设置系统的账期内账龄区间总天数分别为 90 天和 120 天。

(1) 在应付款管理系统中,执行"设置—初始设置—账期内账龄区间设置"命令,打开"账期内账龄区间设置"窗口。

(2) 在"总天数"栏输入"90"后回车,再次输入"120"后回车,如图 9-10 所示。

(3) 可以同样方法设置"逾期账龄区间设置"。

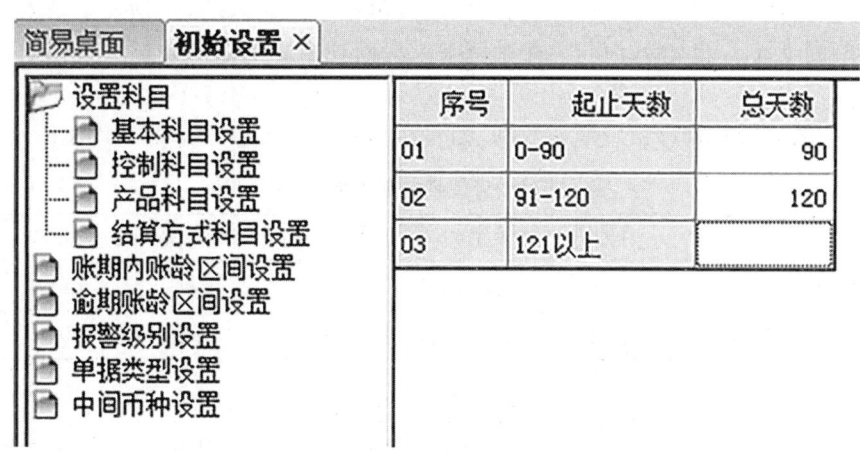

图 9-10 账期内账龄区间设置

4. 设置报警级别

通过设置报警级别，系统可以按照往来单位欠款余额与其授信额度的比例将供应商分为不同类别，以便于掌握各个供应商的信用情况。

在进行报警级别设置时，直接输入级别名称和各区间的比率。其中，级别名称可以采用对应的编号或者文字形式。

本章账套设置报警级别：A级总比率为20%，B级总比率为40%，C级为40%以上。

（1）在应付款管理系统中，执行"设置—初始设置"命令，打开"初始设置"窗口。

（2）在"初始设置"窗口中，单击"报警级别设置"，在"总比率"栏输入：20，在"级别名称"栏输入"A"回车。同理录入其他级别及比率，如图9-11所示。

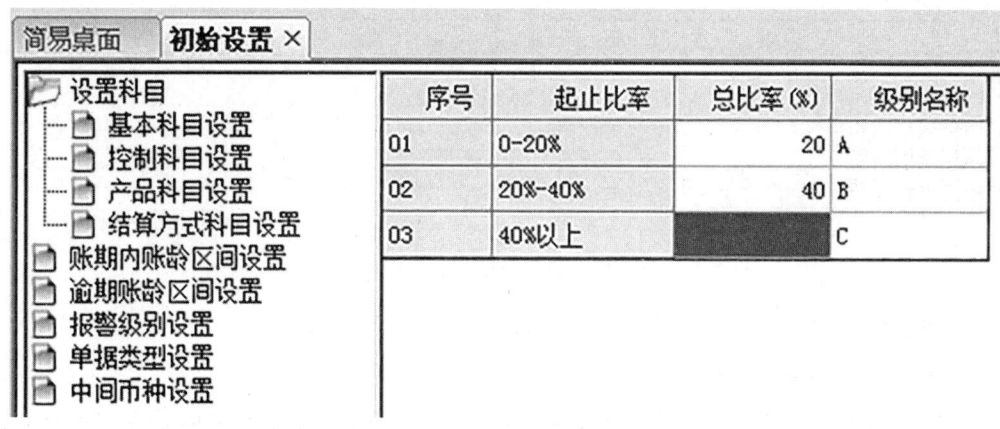

图 9-11 报警级别设置

三、录入期初余额

通过期初余额录入功能，用户可以将启用应付款管理系统前的供应商往来款项导入系统中，保证数据的连续性和完整性。以后年度，系统会自动将上年度未结清的单据转为下一年度的期初余额。

在应付款管理系统中，往来款项期初余额是按单据形式录入的，包括发票录入、付款单据录入、应付单据录入。录入后，应与总账系统中供应商往来账的账户余额进行核对，保证账账相符。

本章账套的应付款管理系统期初数据，如表9-3所示。

表9-3　　　　　　　　　应付款管理系统期初余额　　　　　　　　单位：元

单据名称	方向	日期	客户	科目编码	货物名称	数量（台）	价税合计
采购专用发票	正	2021.12.09	重庆恒星	2202	主机	40	277 500
采购专用发票	正	2021.12.20	济南飞达	2202	显示器	120	600 000

（1）在应付款管理系统中，执行"设置—期初余额"命令，打开"期初余额—查询"窗口。

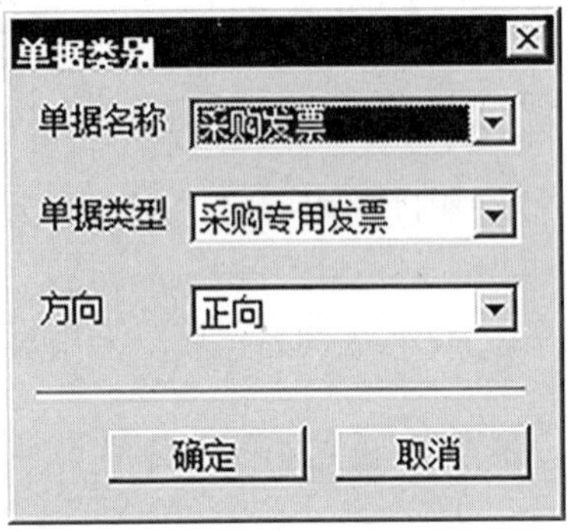

（2）单击"确定"按钮，打开"期初余额明细表"窗口。

（3）单击"增加"按钮，打开"单据类型"窗口，选择"单据名称"为"采购发票"，"单据类型"为"采购专用发票"，"方向"为"正向"，如图9-12所示。

（4）单击"确定"按钮，打开"采购专用发票"窗口。

（5）单击"增加"按钮，修改开票日期为"2021-12-09"，在"供应商"栏录入：重庆恒星，或单击"供应商"栏参照按钮，选择"重庆恒星钢材有限公司"，在"税率"栏录入：13，在"科目"栏录入：2202 或单击"科目"栏参照按钮，选择"2202 应付账款"，在"存货编码"栏录入：003，在数量栏录入：40，在原币价税合计栏录入：277500，如图9-13所示。

图9-12　单据类别

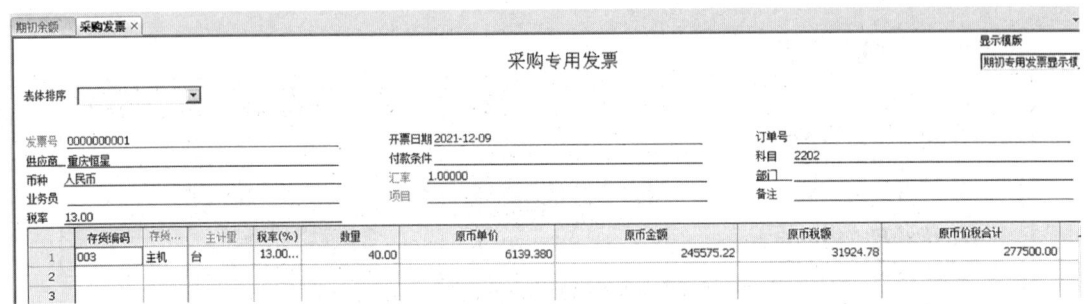

图9-13　录入期初采购专用发票

（6）单击"保存"按钮。

（7）以同样的方式录入另一张采购专用发票。应付单据的录入方式与采购发票的录入流程相似，可以参照采购发票的过程进行操作。

第三节　应付款管理日常业务处理

应付款管理系统的日常业务处理主要包括应付处理、付款处理、票据管理、核销处理、制单和期末处理等，实现企业与供应商之间往来业务的记录和核算。

一、应付单据处理

应付单据处理是指用户进行应付单据的输入和管理工作,主要功能包括应付单据录入和应付单据审核。

1. 应付单据录入

应付单据录入是对尚未付款项的往来业务进行记录,需要输入供应商信息和货物信息。本章账套在系统内填制一张采购专用发票,信息如表9-4所示。

表9-4　　　　　　　　　采购发票信息　　　　　　　　　单位:元

单据名称	日期	供应商	采购部门	货物名称	数量	无税单价	税率
采购专用发票	2022.01.16	青岛广源	采购部	显示器	50	4 000	13%

（1）在应付款管理系统中,执行"应付单据处理—应付单据录入"命令,打开"单据类别"窗口。"单据名称"栏选择"采购发票","单据类型"为"采购专用发票","方向"为"正向",如图9-14所示。

采购发票与应付单是应付款管理系统日常核算的单据,如果应付款系统与采购系统集成使用,在采购管理系统中录入采购发票,在应付款管理系统中可以对这些单据进行查询、核销及制单等操作,此时应付系统需要录入的只限于应付单。如果没有使用采购系统,则所有发票和应付单均需在应付系统中录入。

图 9-14　单据类别

（2）单击"确定"按钮,打开"采购专用发票"窗口。单击"增加"按钮,开票日期为"2022-01-16"。在"供应商"栏录入:005,或单击"供应商"栏参照按钮,选择"青岛广源",在"税率"栏录入:13。

（3）在"存货编码"栏录入:004,或单击"存货名称"栏参照按钮,选择"显示器",在"数量"栏录入:50,在"原币单价"栏录入:4000,如图 9-15 所示。

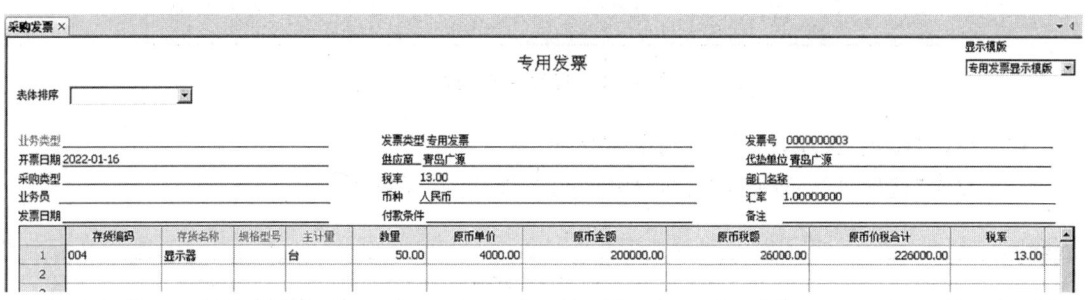

图 9-15　录入采购专用发票

（4）单击"保存"按钮,完成采购专用发票的录入。

2. 应付单据审核

应付单据审核是对保存后的单据进行审核确认,已审核的应付单据不允许修改和删除。

应付单据的审核方式有两种,一是在单据保存后在录入界面直接单击"审核"按钮即可完成审核(一次只能审核一张单据);二是在应付单据审核功能模块中进行统一审核(一次可审核多张单据)。

本章账套在应付单据审核功能模块中进行审核。

(1) 在应付款管理系统中,执行"应付单据处理—应付单据审核"命令,打开"应付单查询条件"窗口,如图 9-16 所示。

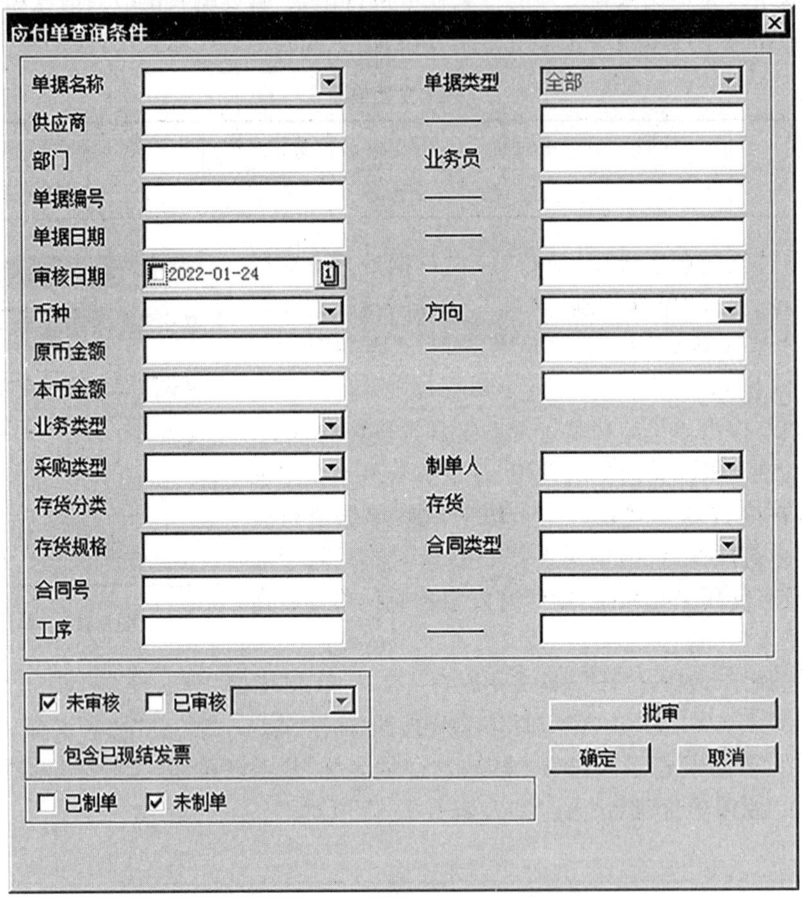

图 9-16　应付单查询条件

(2) 单击"确定"按钮,打开"应付单据列表"窗口。

(3) 双击"选择"栏,选择本次要审核的单据,如图 9-17 所示。

单据处理 ×

应付单据列表

记录总数:1

选择	审核人	单据日期	单据类型	单据号	供应商名称	部门	业务员	制单人	币种	汇率	原币金额	本币金额	备注
Y		2022-01-16	采购专...	0000000003	青岛广源钢材有限公司			李盛泽	人民币	1.00000000	226,000.00	226,000.00	
合计											226,000.00	226,000.00	

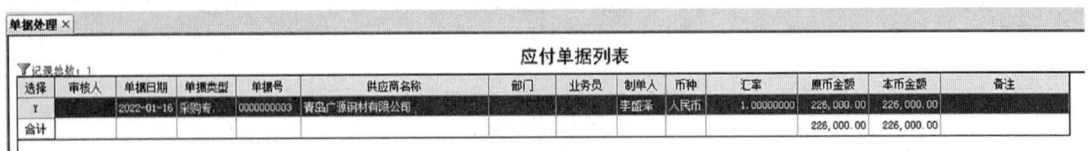

图 9-17　应付单据列表

(4) 单击"审核"按钮,系统提示"本次审核成功单据 1 张"。

(5) 单击"确定"按钮,单击"退出"按钮退出当前窗口。

二、付款单据处理

付款单据处理是对已支付款项的单据进行记录和核算,主要功能包括付款单据的录入和审核。

1. 付款单据录入

付款单据录入是指对已经支付的应付款项的结算单进行输入,包括支付货款、预付款等。

本章假设 2022 年 1 月 27 日,以转账支票支付向青岛广源公司购买 50 台显示器的货税款 226 000 元。

(1) 在应付款管理系统中,执行"付款单据处理—付款单据录入"命令,打开"付款单"窗口。

(2) 单击"增加"按钮,修改开票日期为"2022-01-27",在"供应商"栏录入:005 或单击"供应商"栏参照按钮,选择"青岛广源",在"结算方式"栏录入:202 或单击"结算方式"栏的下三角按钮选择"转账支票结算",在"金额"栏录入:226 000,在"摘要"栏录入:支付货款,如图 9-18 所示。

图 9-18 付款单录入

(3) 单击"保存"按钮。

2. 付款单据审核

本章账套采用在录入界面进行审核。

(1) 保存付款单后,在录入界面单击"审核"按钮,如图 9-19 所示。

图 9-19 付款单审核

(2) 系统弹出"是否立即制单"对话框后,选择"否"。

如果选择"是",系统将自动生成一张付款凭证,本章账套采用集中批量生成凭证的方式,因此,此处选择否。

三、核销处理

核销是对往来已达账项进行标注的过程,表明该笔业务已经结清。单据核销的作用是解决建立付款与应付款的对应关系,加强往来账项的管理。核销分为手工核销和自动核销两种。自动核销时,由用户提供供应商名称,系统自动将该供应商的应付单据和付款单据进行核销。手工核销时,由用户提供供应商名称,并由用户决定核销的单据。

本章账套将青岛广源的应付单据与付款单据进行手工核销。

(1) 在应付款管理系统中,执行"核销处理—手工核销"命令,打开"核销条件"窗口。

(2) 在"供应商"栏中输入"005"或"青岛广源",如图9-20所示。

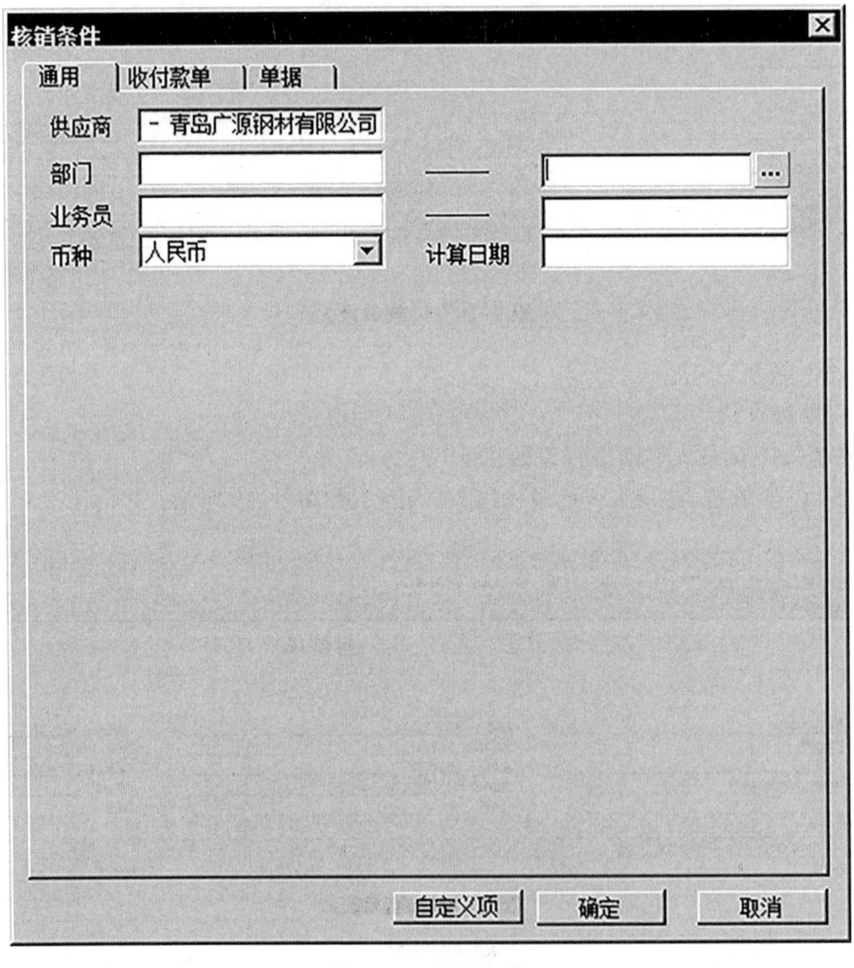

图 9-20 核销条件

(3) 单击"确定"按钮,打开"单据核销"窗口,在对应行的"本次结算"栏录入:226 000。如图 9-21 所示。

图 9-21 单据核销

（4）单击"保存"按钮，完成核销并显示未核销的应付款或付款单金额。

四、制单处理

制单即生成凭证，将凭证传递至总账。制单处理分为立即制单和批量制单，包括应付单据和付款单审核、转账处理等操作，系统会自动弹出"是否立即制单"对话框，选择"是"便可立即生成凭证。此外，系统还提供了一个统一的制单平台，可以将多张单据成批生成凭证，也可依据规则进行合并制单等处理。

本章账套对采购发票和付款单使用制单处理功能进行制单处理。

（1）在应付款管理系统中，选择"制单处理"，打开"制单查询"窗口。

（2）选择"发票制单"和"收付款单制单"，如图 9-22 所示。

图 9-22 制单查询

（3）单击"确定"按钮，进入"应付制单"窗口。

（4）单击"全选"按钮，如图 9-23 所示。

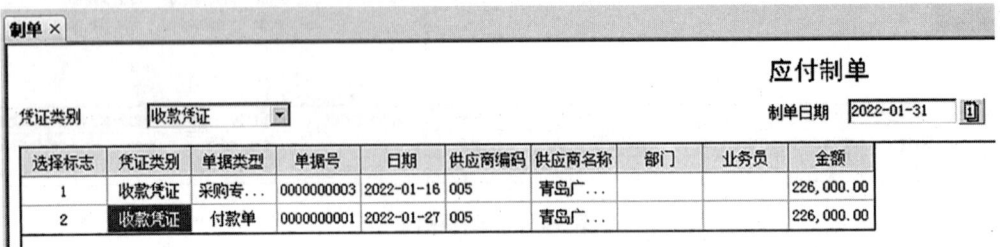

图 9-23　应付制单

（5）单击"制单"按钮，生成凭证。

（6）修改制单日期和凭证类别，单击"保存"按钮，如图 9-24、图 9-25 所示。如果所选的凭证类别有误，可以在生成凭证后再作修改。如果一次生成多张记账凭证，可以通过单击"下张"按钮，依次对所生成的凭证进行修改和保存，直至全部完成。若生成的凭证未被保存，将视为放弃本次凭证生成的操作。

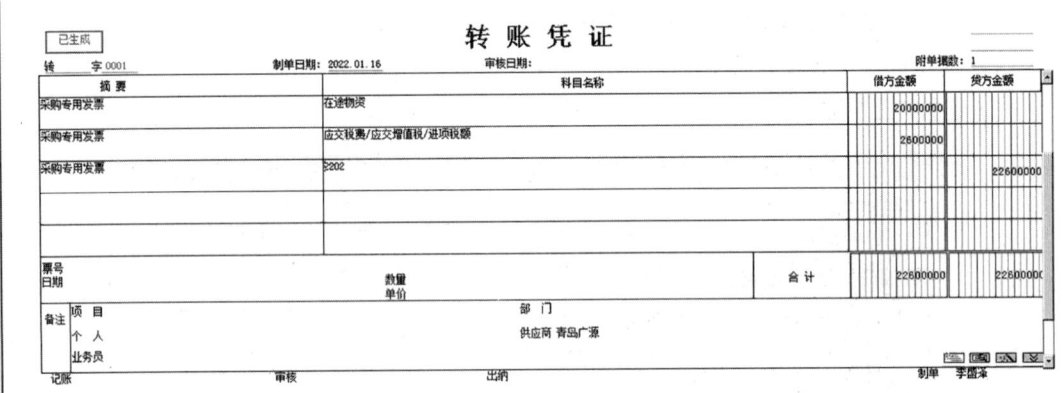

图 9-24　采购发票生成凭证

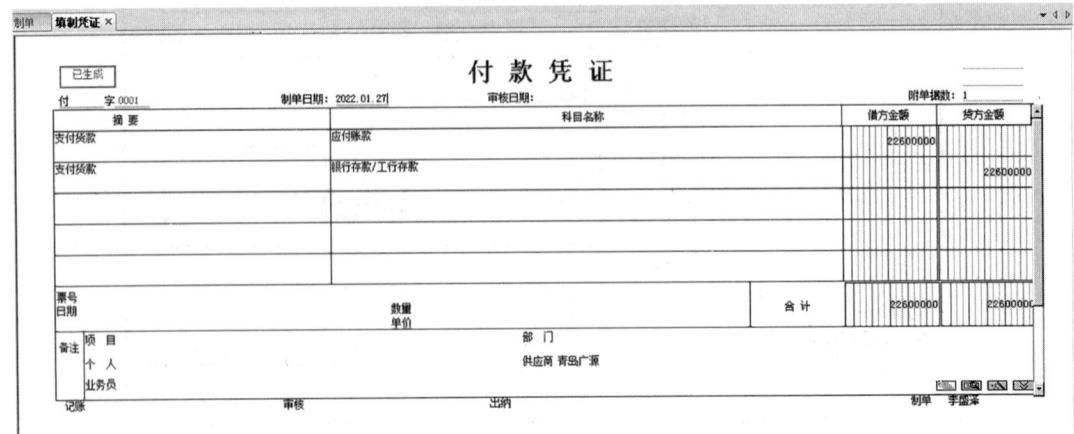

图 9-25　付款单生成凭证

第四节 应付款管理期末业务处理

一、结账

如果当月业务已全部处理完毕，就可以执行"月末结账"功能。月末结账后，本月将不能再进行任何业务处理。

（1）在应付款管理系统中，执行"期末处理—月末结账"命令，打开"月末处理"窗口。
（2）双击一月"结账标志"栏，如图9-26所示。

图 9-26 月末处理

（3）单击"下一步"按钮，打开"月末处理—处理情况"窗口，如图9-27所示。

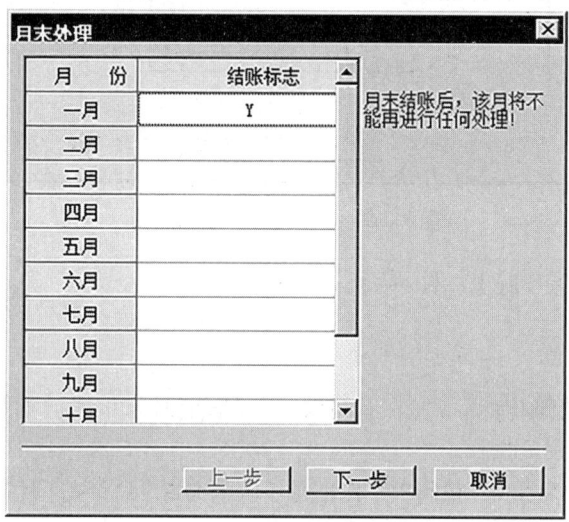

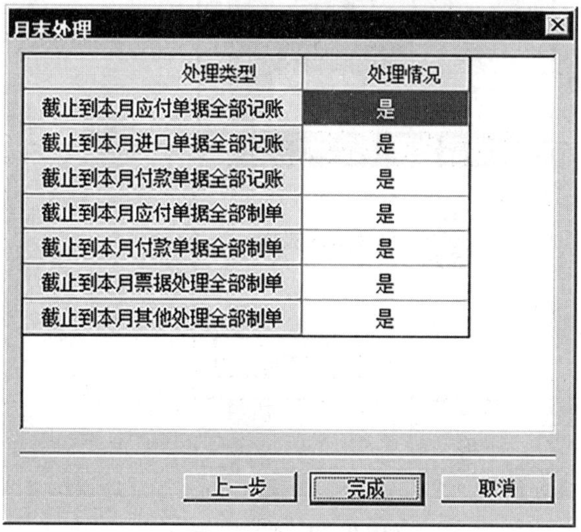

图 9-27 月末处理—处理情况

（4）单击"完成"按钮，系统弹出"1月份结账成功"信息提示框，如图9-28所示。

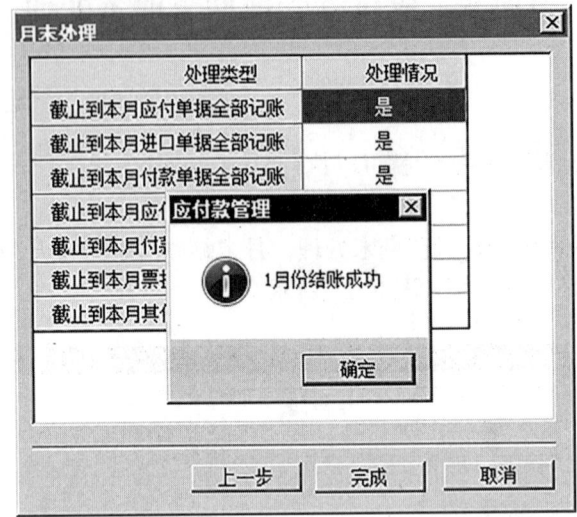

图9-28　月末处理—结账成功

（5）单击"确定"按钮，退出结账界面。

二、取消结账

如果执行完月末结账功能后，发现有错误，可以取消月末结账。如果取消结账操作时总账已经结账，则不能执行该项操作。

（1）在应付款管理系统中，执行"期末处理—取消月结"命令，打开"取消结账"窗口。

（2）单击"确定"按钮，系统弹出"取消结账成功"信息提示框，如图9-29所示。

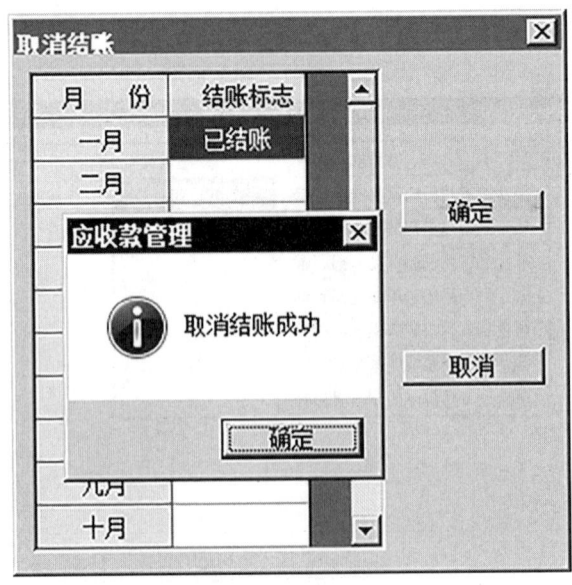

图9-29　取消结账

(3) 单击"确定"按钮,完成"取消结账"操作。

三、信息查询

应付款管理系统的账表查询功能主要包括:我的账表、业务账表查询、统计分析和科目账表查询。用户可以在查询结果的基础上进行各项统计分析,通过分析及时发现应付款管理存在的问题,加强对企业往来账项的管理。

1. 单据查询

单据查询包括对发票、应付单及结算单的查询。可以查询已审核的各类应付单据的付款情况、结余情况,也可以查询结算单的使用情况。

本章账套以查询应付款管理系统中生成的凭证为例。

(1) 在应付款管理系统中,执行"单据查询—凭证查询"命令,打开"凭证查询条件"窗口,如图 9-30 所示。

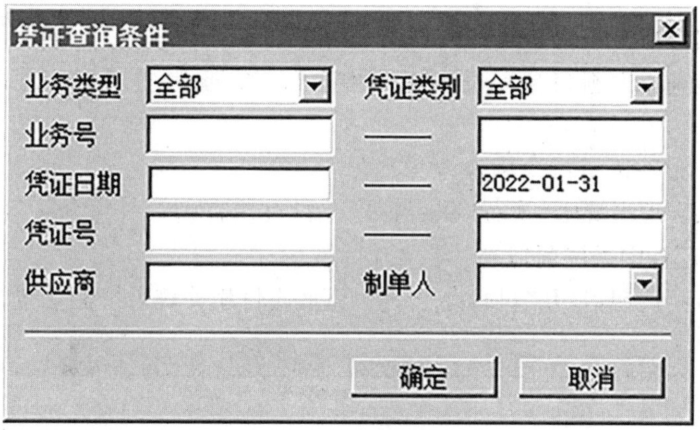

图 9-30 凭证查询条件

(2) 单击"确定"按钮,进入"凭证查询"窗口,如图 9-31 所示。

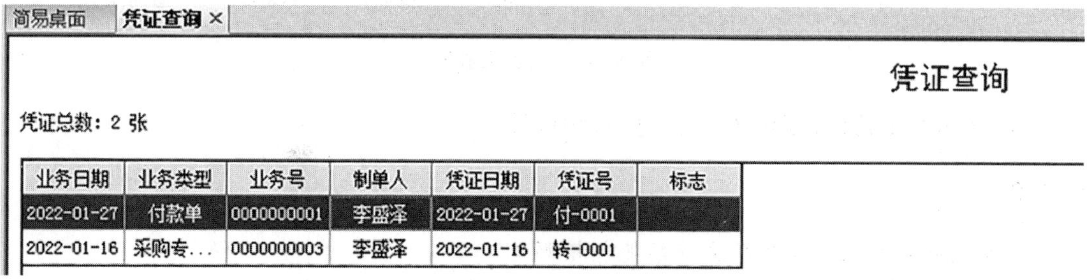

图 9-31 凭证查询

2. 业务账表查询

业务账表查询包括对业务总账、业务明细账、业务余额表和对账单的查询,并可以实现总账、明细账、单据之间的联查。通过业务账表查询,可以及时了解一定期间内应付账款发生、付款结算的汇总情况以及期末应付款结存情况,加强对往来账项的监督管理。

本章以业务总账的查询为例。

(1) 在应付款管理系统中，执行"账表管理—业务账表—业务总账"命令，打开"应付总账表"窗口。

(2) 单击"确定"按钮，打开"应付总账表"窗口，如图9-32所示。

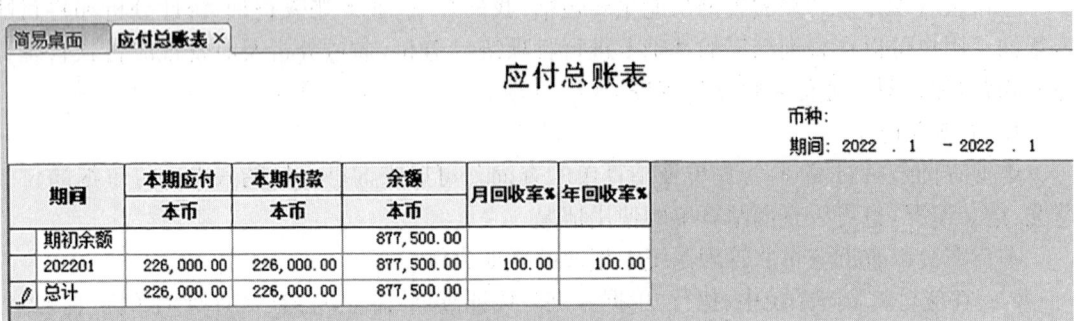

图9-32 应付总账表

3. 科目账表查询

科目账表查询包括对科目余额表和科目明细表的查询，并且可以实现总账、明细账、凭证之间的联查。

本章以查询单位往来科目余额表为例。

(1) 在应付款管理系统中，执行"账表管理—科目账查询—科目余额表"命令，打开"供应商往来科目余额表"查询条件窗口。

(2) 单击"确定"按钮，打开"科目余额表"，显示应付相关科目余额信息，如图9-33所示。

图9-33 科目余额表

(3) 单击左上角科目选择栏，可切换查询科目。

思考题

1. 应付账款管理子系统的主要功能包括哪些？
2. 什么是应付单据核销？
3. 应付款管理子系统可以进行哪些统计分析？

实验一　应付款管理系统初始化

一、目的与要求

（1）掌握用应付款管理系统初始化的相关内容。
（2）掌握应付款管理系统初始化操作方法及操作步骤。

二、实验内容

1. 启用供应商档案的数据权限控制
2. 启用应付款管理系统并进行系统参数设置

设置应付款核销方式为"按单据"，单据审核日期为"业务日期"，应付款核算类型为"详细核算"，受控科目制单依据为"明细到供应商"，非控科目制单方式为"汇总方式"，启用供应商权限，按信用方式根据单据提前7天自动报警。

3. 基本科目种类对应科目设置

基本科目种类对应科目信息，如表9-5所示。

表9-5　　　　　　　　　　基本科目种类对应科目

基础科目种类	对应科目
应付科目	2202　应付账款
预付科目	1123　预付账款
采购科目	1401　材料采购
税金科目	22210101　应交税费——应交增值税（进项税额）
银行承兑科目	2201　应付票据
商业承兑科目	2201　应付票据
现金折扣科目	6603　财务费用
票据利息科目	6603　财务费用
票据费用科目	6603　财务费用
收支费用科目	6601　销售费用

4. 结算方式科目

结算方式对应科目，如表9-6所示。

表9-6　　　　　　　　　　结算方式对应科目

结算方式	对应科目
现金结算	1001　库存现金
现金支票	100201　工行存款
转账支票	100201　工行存款

(续表)

结算方式	对应科目
商业承兑汇票	100201　工行存款
银行承兑汇票	100201　工行存款
电汇	100201　工行存款

5. 逾期账龄区间

逾期账龄区间设置总天数分别为30天、60天、90天、120天。

6. 报警级别

A级总比率为10%，B级总比率为20%，C级总比率为30%，D级总比率为40%，E级总比率为50%，总比率为50%以上时为F级。

7. 单据修改设置

将采购专用发票的单据编号设置更改为"完全手工编号"。

8. 期初余额

应付款管理系统期初余额信息，如表9-7所示。

表9-7　　　　　　　　　　应付款管理系统期初余额

单据名称	方向	开票日期	客户名称	发票号	科目编码	货物名称	数量（台）	无税单价（元）
采购专用发票	正	2021.7.15	沈阳守信	22445	2201	主机A	200	1 800
采购专用发票	正	2021.7.15	天津诚信	44556	2202	主机B	300	1 500
采购专用发票	正	2021.9.15	上海铭心	66778	2202	显示器	250	1 200

9. 应付款系统与总账对账

实验二　应付款管理系统业务处理

一、目的与要求

(1) 掌握应付款管理系统单据处理的相关内容。
(2) 掌握应付款管理系统商业票据业务的相关内容。
(3) 掌握应付款管理系统转账处理业务的相关内容。

二、实验内容

1. 单据处理

(1) 2022年1月2日，从上海铭心采购主机B300台，单价1 500元，发票号：88990。
(2) 2022年1月3日，从天津诚信采购显示器500台，单价600元，发票号：88991。
(3) 2022年1月10日，发现1月3日从天津诚信采购显示器应为600台，修改单据。
(4) 2022年1月15日，电汇方式支付1月2日上海铭心采购款508 500元。

(5) 2022年1月15日,电汇方式支付1月3日天津诚信采购款339 000元。
(6) 2022年1月25日,1月15日支付天津诚信金额错误,应为406 800元,修改单据。

2. 票据管理

(1) 2022年1月1日,向天津诚信公司签发并承兑商业承兑汇票一张(票号:234566)面值500 000元,到期日2022年1月31日。
(2) 2022年1月31日,付款结算到期的签发给天津诚信公司的商业承兑汇票。

3. 核销处理

4. 转账处理

2022年1月31日,据三方协议,我公司将应付上海铭心的339 000元的应付账款转为伊犁华通的应付账款。

5. 结账

第十章 会计信息系统发展趋势

知识导航

会计信息系统发展趋势
- 物联网、云计算、电子商务技术
  - 物联网及其优势
  - 物联网对会计信息化的影响
  - 云计算技术对会计信息系统的影响
  - 电子商务对会计信息系统的影响
- 区块链技术在会计信息系统的应用
  - 区块链技术
  - 区块链技术与会计信息系统融合的必要性
  - 区块链技术在企业会计应用中存在的困难和对策
- ERP与会计信息系统
  - ERP系统的概念及特点
  - ERP系统对会计信息系统的影响
  - ERP环境下会计信息系统的发展趋势

学习目标

1. 了解影响会计信息系统发展的新技术。
2. 了解物联网、云计算、电子商务技术对会计信息系统发展的影响。
3. 了解区块链技术应用于会计信息系统的难点和措施。
4. 理解ERP系统与会计信息系统的融合方式。

第一节 物联网、云计算、电子商务技术

一、物联网及其优势

随着信息技术日新月异的发展,物联网迅速为人们熟知,被公认为是继计算机、移动通信、互联网后世界信息革命下一个万亿级产业,在全球掀起新的浪潮,其前景和市场必将成为世界经济新的增长点,也必将改变人们的生活方式。

物联网是将所有物品通过各种信息传感设备与互联网相连接,实现物体信息的智能化交换、定位等一系列信息化管理手段的网络,简而言之,就是物物相连的互联网。物联网是知识经济高速发展的产物,是物体与信息的高度结合,具有三大优势:一是实现了物体与网络的互联,能对信息进行实时操作,实现数据与实物的同步,这表明在物联网时代,智能芯片将被广泛运用,成为物联网系统中的重要组成部分。二是实现了实物与信息数据的直接关联,标志着现

代实物及数据的追踪技术已经有了质的飞跃,标志着实物与信息相互连通的实现,令数据信息的交换变得有据可循,为企业实现智能化提供保障,同时确保信息的有效真实,帮助使用者做出正确的决策,提高企业的经济效益。三是实现了信息的实时化处理,意味着将人工录入存在的影响因素降到可控范围内,从而保证数据信息的真实性、有效性、准确性,同时实现实物与信息的同步更新,便于对实物和信息进行管理,利于企业实时处理数据信息。

二、物联网对会计信息化的影响

(1) 将会计信息来源进行统一。将物联网技术与企业的信息采集系统相结合,构建一个比较完整的数据库,企业不仅能够实现信息化智能管理,而且还可以保证各部门所需数据来自同一个数据库。

(2) 进一步优化信息传递流程。随着经济多元化的发展,消费者的需求也逐渐趋于个性化,不少传统产业被先进的信息化产业所取代,复杂、冗长的企业组织结构无法适应当下的环境要求,这就要求企业建立适应经济增长的集约型模式,将生产、销售、服务三大环节衔接紧密,才能在激烈的市场竞争中站稳脚跟,满足消费者的需求,进而提高企业经济效益。

(3) 有助于企业内部信息系统的一体化。企业各部门之间的信息传输与共享均来源于企业信息系统的建立与完善,虽然企业已经将计算机与互联网技术相结合,实现了信息化统筹管理,然而大多数企业依旧存在着信息系统与子系统之间无法互联互通,使整个信息系统无法成网络状,这就必然导致部门之间的信息无法共享与交流。物联网的出现在很大程度上解决了大多数企业这一问题,将计算机、互联网、物联网相结合,建立一个比较完整的信息网络,使各部门的信息实现传递、共享,促进企业内部各部门协调发展,共同为实现企业利润最大化目标不断努力。

三、云计算技术对会计信息系统的影响

云计算是一种按使用量付费的模式,这种模式提供便捷、按需的网络访问,进入可配置的计算资源共享池(资源包括服务器、应用软件、网络、存储、服务),只需投入少量的管理工作或与服务供应商进行简单的交互,即可快速访问资源。基于云计算的两大特性:分布式处理和并行处理,云计算被广泛运用于处理大数据问题。

云计算服务最大的特征在于可以为企业提供个性化自助服务,而且具有较好的可扩展性、虚拟化、可靠性、通用性、灵活性。依托云计算完善企业会计信息系统,其必要性主要体现在以下几个方面:

第一,在企业会计信息系统中应用云计算技术可以有效降低会计管理成本。在会计信息系统中采用云计算模式,企业可以减少在系统建设初期的软硬件设施投入,而且会计信息系统后期的运营管理以及维护升级等一系列的费用投入都可以得到有效的控制,不仅有利于减少财务会计管理任务,而且还可以有效降低财务会计管理成本。

第二,在企业会计信息系统中应用云计算技术能够满足企业个性化的服务要求。云计算技术的智能化水平非常高,现阶段一些财务会计系统无法完成的财务会计处理业务,云计算服务商可以根据企业的业务需求以及业务流程,在云计算平台进行相应的调整,满足企业的会计业务需求。

第三,在企业会计信息系统中应用云计算技术能够确保会计准则与会计处理办法的一致

性。在企业的财务会计业务处理过程中,当会计准则出现变化时,云计算服务商一般可以及时提供相应的会计处理办法,进而确保企业的财务会计业务处理能够准确地适用相应的会计准则办法。

第四,在企业会计信息系统中应用云计算技术能够使财务会计工作的异地协同性更强。将云计算技术运用于会计信息化,可以通过云平台实现企业大规模的数据整合以及数据信息的实时共享,这对于推进财务共享服务的应用,以及提高财务会计集约化提供了良好的基础条件。

四、电子商务对会计信息系统的影响

电子商务即依托互联网媒介,打破时间、地域限制,进行线上交易,是虚拟交易环境下的一种快速简捷的商业活动。一方面,具有虚拟、便捷的特征。电子商务交易流程都是在电子信息系统上完成的,没有纸质凭证,且交易活动不受地域限制,买卖双方在互联网技术营造的虚拟交易环境下完成商业活动。另一方面,具有安全、动态的特征。电子商务24小时实时、实地进行交易,商品交易服务等信息动态更新,对网络信息安全程度要求极高,需要在一个相对安全可靠的网络环境中进行完成商业交易。电子商务对会计信息系统的创新和进步具有正向影响,促进会计信息系统不断与时代发展的要求结合,提高会计信息系统的效率,对社会经济产生了巨大推动作用。

1. 对会计信息系统输入功能的影响

传统会计信息系统输入通过纸质介质进行处理,其产生的各项数据与结果也都是通过纸质介质传播,而受电子商务影响的会计信息系统输入处于无纸化办公环境。无纸化办公环境是基于科技与网络的发展而形成的一种现代化办公方式,数据与资料通过网络进行传输,提高了办公效率。无纸化办公对会计信息系统产生了巨大影响,会计活动完成后,一经确认,电子数据就会自动进入会计信息处理系统,省去了人工记账的复杂环节,也让会计数据信息更加准确,更具实时性,提高了会计信息系统的效率,促进了会计信息系统发展的巨大进步。

2. 对会计信息系统功能结构的影响

我国会计信息系统作为一个独立系统存在,内容包罗万象,不仅包括财务报表等数据信息,还包括其他业务核算模块等信息,电子商务的发展对传统会计信息系统产生了巨大冲击。电子商务的特点之一就是所有的交易均通过网络进行操作,这就要求相应的会计信息系统也要具备网络会计核算的能力,除了传统会计信息系统的功能,还要融入企业内联网的各项基本业务信息,同时提供电子数据凭证,避免会计信息失真情况的发生。此外,除了传统的会计信息系统模块,还要增加针对电子商务会计信息的处理模块,保证电子商务信息能够及时传输,实现会计信息系统对电子商务的相应功能,促进电子商务与会计信息系统同步发展。

3. 对会计信息处理速度的影响

市场经济背景下,社会高速发展,在电子商务影响下的会计信息系统,也要不断提高信息处理速度,以适应当前高速发展的社会经济现状。电子商务的发展带动了会计信息系统的发展,电子商务让会计信息处理趋向无纸化办公,而通过计算机和网络传输能够大大提高会计信息处理效率,并提高会计信息处理的准确率,避免由于人工计算与操作导致会计信息失真情况的发生,提高会计信息处理速度,让会计信息系统的发展适应当前社会发展速度。

4. 对会计凭证的影响

会计凭证作为会计核算结果的确认,在会计信息系统中是非常重要的。传统会计凭证都是通过手写笔记进行确认,但由于笔迹各异,字体不同,导致字迹难以辨认、无法分清的情况时有发生。而电子商务影响下的会计信息系统改变了会计凭证确认方式,通过统一的电子笔记进行确认,有利于会计人员清晰辨认笔迹,避免非法修改原始凭证,保证了会计信息系统的安全。

第二节 区块链技术在会计信息系统的应用

区块链技术已引起全世界关注,国内外全面研究该技术,并投入使用"区块链+会计"的先进系统,以优化财务环境,提升财务数据的质量,提高财务、审计等的工作效率,以改善、解决当前会计信息系统、会计行业的现状和问题。区块链技术对会计信息系统的发展将是革命性的,一方面,能够实时记录和公布信息,数据存储和传递更加安全,信息质量得到保障,报告标准化和主动化;另一方面,新型会计信息系统促使会计人员的职能发生转变,工作重心逐渐向公司决策和战略管理发展。因此,不断学习新技术,接受新理念,跟上时代进步的步伐,才能更好地促进财务管理和会计核算不断发展。

一、区块链技术

区块链是一种按照时间顺序,将数据区块以顺序相连方式组合的链式数据结构,并以密码学方式保证其不被篡改和不被伪造的分布式账本。在区块链中,各参与节点共同记录、共同维护,保证数据一致性。

区块链的特征主要包括以下几点:一是去中心化,即不需要交易中心。在区块链系统中,每笔交易记录都会在每一个节点的账本中被记录,并且每新增一笔交易,所有的节点都会共同记录,并利用密码学原理检测交易是否合理。二是匿名性,在区块链中,各个节点依照一定的算法进行数据的交换,且会有专门的程序规则判断数据交换是否被允许,无需通过信任中介,交易双方也不需要通过公开自己的身份来让对方对自己产生信任。三是不可篡改,当交易进行时,一笔新的交易添加至区块链后,区块链上的所有节点都会共同记录,加密技术保证新的交易信息与其前后信息互相关联,所以单独对某条记录进行篡改的难度和成本都非常高。四是开放性,区块链具有超强的开放性,除了直接相关交易双方的私有数据会被加密,其他储存在节点中的数据都是对外公开的,信息高度透明。五是自治性,区块链节点记录不受人为的干扰,由机器完成所有的工作,每个节点都是基于协商一致的规范和协议,即根据一套公开透明的算法来进行操作,这种高度自治性大大降低了第三方监督成本。

二、区块链技术与会计信息系统融合的必要性

(一)提升会计信息质量

会计信息涵盖财务信息和非财务信息,现代社会由于会计业务量较大且烦琐,在传统的会计信息系统中通过人机合作模式,采用中心化模式,即由会计人员人工输入、汇总和统筹数据信息,而会计人员可能有意或无意篡改相关数据信息,出现财务造假和舞弊。在区块链技术下每个节点是独立的,可以消除无效信息,通过点对网的做账方式,会计信息在区块的每个节点

都会被审查,只有控制了全网超过51%的节点才能有效修改各节点数据,可以有效防止信息造假。即使数据被修改,借助区块链技术去中心性、安全性和可追溯性的特点,也可实现对修改记录的实时监测和追溯,提升会计信息质量。

(二) 实现会计信息共享

传统会计信息系统中,企业管理者和所有者因委托代理关系,可能出现信息不对称,且传统会计工作由人工逐笔录入系统中,各系统有关数据单独存储在各自数据库中,难以实现信息共享,带来了数据孤岛。区块链技术运用分布式核算和存储,建立分布式账簿,每一节点数据可在区块链中共享,建立内部区块链,实现不同部门信息全部上链,企业外部通过联盟链共享、开放信息,相关部门验证、监督信息,信息使用者可以通过公开接口查询和利用信息,且交易双方私有信息加密,降低了信息不对称,实现信息共享。

(三) 降低财务会计成本

传统会计信息系统中因可能出现的账实不一问题需要对账,增加了会计成本。在进行审计时因需询证业务单位和银行,增加了审计成本,同时伴随第三方中介代理出现的寻租现象和代理成本增加。区块链技术可以实现报告、登记、确认和审计等环节的自动完成,在抑制传统会计信息系统因人为原因带来财务风险的同时,提升财务人员的工作效率,通过其自动操作和点对网的传播,降低了资金成本和时间成本。同时区块链技术采用分布式记账方式,降低了传统会计信息系统中数据备份在一台服务器中的维护成本和被攻击风险。最后,基于区块链技术构建的智能化平台,更为公开、透明和可信,可减少逆向选择和道德风险,降低了企业运营成本和高层运用财务信息的决策成本。

三、区块链技术在企业会计应用中存在的困难和对策

(一) 存在的主要困难

1. 与现行会计法规制度不相融

现行的会计制度体系是建立在传统经济环境下的产物。当大数据时代来临,必然会出现会计确认、计量、记录、报告与现行会计制度不相容的问题。如:数字资产的确认,历史成本和公允价值的计量,借贷记账法的应用,会计主体的假设等等。只有顶层设计与大数据时代的经济环境相契合,才能更好地指导区块链技术与现行的会计信息系统相融合。此外,由于区块链去中心化的特点,无需中介介入,所以在会计行业应用时会弱化会计的监督职能,当出现链上违规行为时,容易出现责任不清的现象,使会计监督找不到责任主体,且存在现有的法规体系不能对这些违规行为进行准确界定和依法惩处的问题。因此,区块链技术与现行会计法规制度存在不相融的问题。

2. 性能不足导致会计信息传递不及时

尽管区块链技术已经广泛应用于保险、医疗、教育等各个领域,但其自身还是存在一定的局限性。如会计存量和增量信息庞大,而目前区块链的交易吞吐量和延时响应处理效率较低,区块链的性能很难通过增加节点的数量进行横向扩展。而会计讲究时效性,一项业务发生之后,会计人员需要及时将经济业务进行反映。而区块链性能不足会导致业务不能及时处理,会计信息的传递出现延误,从而影响到信息使用者对会计信息的使用。

3. 会计系统存在存储冗余的弊端

区块链对于发生的经济业务活动按照时间进行记录,链条上包含着过去交易的信息。每

发生一笔新的交易，就会产生新的链条来储存发生的交易信息和过去所有的交易信息，这会造成链条越来越长。另外，分布式账本的特点是全员记账，区块链要求每个节点都要有一份数据来备份，这些链上的数据将会占据每个节点越来越多的存储空间。对会计信息系统而言，这意味着日益增长的会计信息将会占用大量的存储空间，一旦会计信息的数量超过系统所能承担的范围，就会出现存储冗余。所以将区块链技术应用于会计信息系统时，会计信息的存储是一个不得不考虑的问题。

（二）可采取对策

1. 建立与区块链技术契合的会计法规制度

要使区块链技术更好地应用于会计行业，需要调整现有的会计制度体系，使其更适合区块链会计信息系统的应用。新的会计制度体系应充分考虑区块链分布式记账、信息不可篡改的特点，优化或重新认定会计假设、会计要素确认、会计记账方法、会计凭证账簿报表体系、会计核算方法和计量属性、信息披露的内容和方式、会计档案保管以及会计监督检查等。同时，要根据区块链技术去中心化、去信任、自治性的特点制定相适应的法规制度来实施一定的监管。在监管方式上，可以采取建立一种符合国家监管的"弱中心化"的方式，这样既可以保持区块链原有的特点，又可方便国家在一定程度上对企业进行监管。

2. 提高会计信息处理效率

从区块链技术本身来看，目前影响区块链性能的因素主要包括通信传输、信息加密解密、共识机制、交易验证机制等几个环节，提高性能的方法主要包括：闪电网络、隔离验证、RSK 侧链、分片、分层等手段。例如将数据库分区，将一个大数据库分割成许多小的、可独立处理的区块，缩短响应时间，提高处理会计信息的速度。另一种思路是调整共识机制。例如采用 EOS 提出的 DPOS，其做法是将共识限制在被选举出来的某一部分节点上，缩短达成共识、生成区块和数据运算的时间，加快会计信息的传递。此外，也可考虑在会计信息系统中应用正在试验的异步共识以及 DDBFT 共识机制，能有效降低算法复杂度，提高处理效率，加快数据的记录速度。

3. 扩展会计信息存储容量

针对区块链会计信息存储冗余的问题，可考虑利用分布式存储方法来解决，建立一个区块链容量可扩展模型。该模型是将一条完整的区块链分割成若干部分，存储在不同节点中，节点根据功能分为存储节点、验证节点和用户节点，不同功能的节点执行不同的任务。在该模型中，由于将节点根据功能进行划分，每个节点无需储存所有数据，模型可以根据会计信息的时效性进行必要数量的备份，然后分散至不同的节点。从整体上看，节点存储的信息容量比原来减少很多，达到存储容量优化的效果，解决了区块链应用于会计系统的存储冗余问题。区块链技术与会计的结合是数字化时代的要求，将为会计理论和会计方法注入新的内容，使会计焕发新的生机，促进高质量的会计信息更好地为社会经济服务。

第三节　ERP 与会计信息系统

一、ERP 系统的概念及特点

ERP 系统是企业资源计划的简称，是指建立在信息技术基础上，集信息技术与先进管理思想于一身,以系统化的管理思想,为企业员工及决策层提供决策手段的管理平台。它是从 MRP 发展而来的新一代集成化管理信息系统,其核心思想是供应链管理,跳出了传统企业边界,从供应链范围优化企业的资源,优化现代企业的运行模式,反映了市场对企业合理调配资源的要求,对于改善企业业务流程,提高企业核心竞争力具有显著作用。

ERP 系统的主要特点包括以下几点:

(1) 资源整合与数据存储。ERP 将企业信息系统进行整合,数据只能通过专一的系统进行输入,数据精确且一致。

(2) 实用而且便利。ERP 旨在对企业的所有人、物、财、时间、空间等资源进行整合和优化管理,协调企业各部门的运作,提高企业核心竞争力,使企业获得很好的经济效益。ERP 是一个软件,也是一个管理工具,具有实用性的特点。在这种环境下,可以便捷地获得企业内部所产生的任何信息。

(3) 实时管理和互动。ERP 的整体性在于"实时和动态管理上",最主要的是部门之间的协调和岗位间的配合问题,实现实时的动态配合和互动。运用 ERP 管理系统将工作内容与工作方式信息化,通过可靠的信息化管理工具,实现企业高效快速的运转。

随着 ERP 信息技术的不断发展和完善,该系统功能日益强大,ERP 系统能够实现企业资源使用效率最大化,对企业的生产、人力资源管理和会计处理以及财务管理有很大的帮助。因此,ERP 系统被越来越多的企业所青睐并应用。为了更好地记录资金的来源和用处,分析资金的使用情况以及企业的经营情况,会计信息系统能够帮助管理层分析企业目前的经营状况、资金周转率、现金流量以及企业的损益情况。经过社会的发展以及科学技术的支持,会计信息系统从记录方式到功能作用都发生了很大的改变。企业使用 ERP 系统后,原有会计信息系统也会发生相应的改变。

二、ERP 系统对会计信息系统的影响

ERP 系统是对各种资源的集成管理,其中财务模块是最核心的模块,ERP 系统下的财务模块与会计信息系统在很多方面都是不同的。ERP 环境下对会计信息系统的影响主要表现在以下三点。

1. 对会计信息输入的影响

首先,数据收集范围更广。ERP 系统集财务信息与业务信息于一体,在数据收集方面范围更广,不仅包括自己的交易日期、交易金额、账户,还包括发生地点、联系人等。其次,保证数据的质量,这主要体现在 ERP 系统的集成性。ERP 系统下各模块的数据由相关部门提供,经过 ERP 系统的记录后,为企业的各个部门共享,保证了企业信息的一致性。最后,ERP 系统下数据信息受人为因素影响很少,主要是电子技术的处理,减少了人为主观因素的干扰。

2. 对会计信息处理的影响

首先,按照 ERP 业务的流程设置,业务人员在电脑上录入相关的会计信息,信息系统自动生成凭证,会计人员只需对自动生成的凭证进行审核,保证了财务处理的及时性。其次,增加了信息系统事中控制的能力。由于 ERP 系统下信息是共享的,业务人员及时地对由业务活动引起的会计信息进行整理,传递到会计信息系统,会计信息系统就能及时地更新财务状况。再次,会计信息系统制定相应的规则和制度,对业务进行实时监控,保证业务的顺利完成,及时监督业务流程中的风险,减少企业的损失。最后,提高了企业的决策能力。由于系统对信息的集

成性,通过计算机处理的数据是综合考虑各部门的利益做出的决策,决策更能够被广泛接受。

3. 在会计信息输出方面的影响

首先,会计信息输出形式多样。ERP 系统不只是针对一个企业建立的系统,如果企业与上下游企业都建立了良好的客户关系,并且承诺信息共享,那么 ERP 信息能够被更多的企业看到,每个企业根据自己的需要对数据进行合理的处理,输出结果满足自身的需要。其次,会计信息输出内容多样。传统的财务软件的输出结果就是会计相关报告,而 ERP 系统功能强大,能够输出相关经济业务所需的信息。

4. 对内部控制的执行情况的影响

由于企业内部控制的执行来说,ERP 对其有着正向意义,自动化下的信息处理使企业会计信息的安全性得到了正向提升,对于保障企业经营的内部控制具有积极的意义。在 ERP 系统下,需要不同权限的员工对业务进行操作,正确划分 ERP 的权限系统,对于企业员工的权责分离等内部控制执行有着正向促进作用。而在自动化的信息处理下,避免了员工因私而弄虚作假的行为,有助于内部控制的执行。

5. 对会计风险的影响

对于实施 ERP 系统的企业来说,虽然自身的信息管理效率提高,自动化的程度得到提升,但是受 ERP 的影响,企业的会计处理方式发生了变动,因此在传统会计处理方式下未显露的风险也随之开始显现。会计风险因素的增加影响了 ERP 的使用效率。因此在使用 ERP 系统时,企业需要在会计处理时,识别可能产生的风险点,并对风险点产生的原因进行分析,得出降低风险或者化解风险的理论对策,从而将因为使用 ERP 而给企业带来的会计风险降到最低。

三、ERP 环境下会计信息系统的发展趋势

ERP 环境下的会计信息系统业务处理流程仍然将遵循实现会计目标为最终目的。但实现过程则是基于面向服务架构为基础构造的动态业务流程管理,这主要体现在动态性、可运行性、可视性等方面。业务流程重组时要充分考虑应对企业变革的需要与市场环境的多种挑战,通过业务流程库、业务流程管控和业务流程建模完成流程调整,并固化业务,解决线路流程,以保证运行状态持续通畅。在运行过程中,通过监控组件实时监控业务流程各个节点的运营绩效,使整个会计信息系统的信息传输状态可控。在 ERP 环境下,以企业价值链管理理念为指导的会计信息系统的构建,应以发展、动态、前瞻的视角,认识到会计信息系统内在的逻辑性与复杂性,建立适应企业管理需求的会计信息系统。

1. 会计信息系统与 ERP 系统的融会贯通

自 20 世纪 90 年代以来,ERP 系统逐渐发展起来,市场上开发 ERP 软件的企业也越来越多。国外比较著名的有 SAP、QAD、EMS 等,国内的一些软件开发商如金蝶、用友也相继走上了研发 ERP 软件的道路。据统计,我国对 ERP 软件以及相关财务软件的使用占到了企业软件需求的 90% 左右,可以看出我国是一个使用 ERP 系统很大的市场。同时,我国企业在应用 ERP 系统与会计信息系统融合方面是一个亟待解决的问题。由于国内的 ERP 软件设计思想是面向功能的,金蝶、用友的 ERP 软件包括成本核算模块、成本报表模块、预算管理模块等,这种情况下两个信息系统不能很好地融合在一起。西方的 ERP 软件的设计思想是面向流程的,即不存在独立的财务模块,如成本核算模块或者预算管理模块,而是把相关的财务信息集成到各个业务中,如果需要财务信息,就从各个业务中提取相关数据并进行处理。以 SAP 软件为

例，这是一个基于ERP管理的软件。它的主要模块有：销售与分销、生产计划、物料管理、管理会计、财务管理以及人力资源管理。企业进行采购业务时，模块不仅要输入采购品种、采购数量、供应商、支付方式、运输方式，还要计算采购成本、运输成本。这些会计信息随着业务的完成录入在采购模块中，企业在年终核算成本时再从各个业务流程中提取数据，进行总结。

2. 满足企业国际化发展潮流的需要

现在社会中，经济发展国际化，投资不爱地点限制。企业负责人或者职员可以选择不同地区的人，这要求ERP管理下的会计信息系统能支持国际的会计准则。

思考题

1. 影响会计信息系统发展的因素包括哪些？
2. 会计人员应该如何应对会计信息系统的不断变化？
3. 新会计信息系统环境下对会计人才的需求变化有哪些？